追寻教育的诗和远方

ZHUIXUN JIAOYU DE SHI HE YUANFANG

纪卫东　刁伟波　编著

中国海洋大学出版社

·青岛·

图书在版编目（CIP）数据

追寻教育的诗和远方 / 纪卫东,刁伟波编著 . -- 青
岛:中国海洋大学出版社，2022.9
ISBN 978-7-5670-3266-8

Ⅰ.①追⋯　Ⅱ.①纪⋯　②刁⋯　Ⅲ.①地方教育－概
况－海阳　Ⅳ.①G527.524

中国版本图书馆 CIP 数据核字（2022）第 169135 号

出版发行	中国海洋大学出版社
社　　址	青岛市香港东路 23 号　　　　邮政编码　266071
出 版 人	刘文菁
网　　址	http://pub.ouc.edu.cn
订购电话	0532－82032573（传真）
责任编辑	赵孟欣　　　　　　　　　电　　话　0532－85901092
印　　制	青岛海蓝印刷有限责任公司
版　　次	2022 年 9 月第 1 版
印　　次	2022 年 9 月第 1 次印刷
成品尺寸	170 mm×240 mm
印　　张	24.5
字　　数	402 千
印　　数	1～1 600
定　　价	98.00 元

发现印装质量问题,请致电 0532－88785354,由印刷厂负责调换。

本书编写人员

主　　任：纪卫东

副 主 任：刁伟波

编　　委：（按姓氏笔画排序）

　　　　　王永超　包令敬　孙光辉　刘瑞芹　宋晓勇

　　　　　李云辉　冷雪冰　姜风钰　赵建强　姜翠荣

　　　　　倪寿成

参编人员：（按姓氏笔画排序）

　　　　　王志华　孙俊杰　刘彩琴　曲新美　刘静静

　　　　　李文玲　李圣荣　张　颂　冷海涛　张魏魏

　　　　　耿　平　隋运梅　甄艳玲

统　　稿：李云辉　王婧姝

序　言

看了《追寻教育的诗和远方》的书稿后，我感受颇深：海阳市新时代品质教育的深入实施，让我们看到教育不仅有"眼前的点滴"，更重要的是还有"诗和远方"。但在实际工作中，我们只顾匆匆前行，根本无暇顾及前行路上那一道道宜人的风景；我们只顾低头耕耘，也无暇抬头仰望远方那明亮的灯塔。教育的价值不仅是追求一个满意的结果，更重要的是让学生拥有一段精彩的人生旅程。

《追寻教育的诗和远方》这本书是在海阳新时代品质教育的指引下，海阳教育人集体智慧的结晶。书中有海阳教育主管部门对红色校园、平安校园、数字校园、书香校园、美德校园、艺术校园、阳光校园、劳动校园等新时代特色校园建设的顶层设计与科学实施方案；也有高中、初中、小学、幼儿园各个学段的品质校园建设工程和海阳的"新学校"建设工程方案。这些内容不仅打造了崭新的校园环境，更重要的是更新了学校的办学理念，丰富了学校的文化内涵，各学校、各幼儿园均能立足自身特有的资源优势，实施教育品牌创建活动，在全市范围内形成了"一校一品""百花齐放"的可喜局面；书中更有教师成长学院、职业教育学校、综合实践学校、特殊教育学校、体校等各类学校的协同发展，这些学校为不同年龄、不同类型的学生提供了健康成长的乐园。从书中我能感受到海阳的各级各类学校、幼儿园都拥有了教育该有的模样，在不断向好的教育生态中迸发出勃勃生机，争先恐后地向着新时代品质教育的美好愿景勇毅前行。

该书具有独特的写作风格，作者以文字当镜头，记录了海阳"新学校"建设进程中的关键人物、关键事件和关键场景。这本书更像一部电影，一段段精彩的人物刻画和场景深描，在读者头脑中留下一幅幅多姿多彩的教育画卷。通过关键人物,我看到了海阳教育人特有的精气神儿,他们每个人心中都怀有不忘初心、追逐梦想的坚定信念,每个人身上都涌动着振兴教育必定有我的强大力量;通过关键事件,我看到了海阳教育决策者正在加快战略转变,为"新学校"规划发展蓝图,海阳广大教师正在加强课程建设,为"新学校"提供丰富的教育资源,海阳的学校正在打造教育品牌,为"新学校"注入强大的精神动力;通过关键场景,我看到了海阳的学校面貌焕然一新,驻足其间,每一处景物都在"育人",每一面墙壁都在"说话",每一个角落都充满创意,丰富多彩的校园文化对学生的健康发展起到了潜移默化、润物无声的教育效果。

在该书付梓之际,作者让我为这本书作序,我感到由衷的高兴。我相信这本书的出版,将让广大读者看到教育路上更迷人的风景,对自己的初心和使命有更深的认识,对教育的价值和意义产生更新的体验。在此,我衷心祝愿海阳的"新学校"建设工程取得更优异的成绩,祝愿海阳新时代品质教育结出更丰硕的成果,并期待该书受到广大读者朋友的欢迎,在全省乃至全国基础教育优质均衡发展进程中发挥其应有价值!

烟台市教育局副局长　王　旋

2022 年 3 月

目 录

第一章

县域行动　打造充满诗意的心灵栖息地 *001*

　　1. 海阳市红色校园建设 / 002

　　2. 海阳市平安校园建设 / 008

　　3. 海阳市数字校园建设 / 013

　　4. 海阳市书香校园建设 / 019

　　5. 海阳市美德校园建设 / 024

　　6. 海阳市艺术校园建设 / 030

　　7. 海阳市阳光校园建设 / 036

　　8. 海阳市劳动校园建设 / 041

第二章

高中教育　打通多条通往未来的成才之路 *046*

　　1. 山东省海阳市第一中学 / 047

　　2. 海阳市第二中学 / 052

　　3. 海阳市第四中学 / 057

　　4. 烟台市中英文学校 / 062

第三章

初中教育　打造绽放青春光彩的生命场地 *070*

　　1. 海阳市实验中学 / 071

2.海阳市新元中学 / 078

3.海阳市育才中学 / 084

4.海阳市亚沙城初级中学 / 091

5.海阳市英才实验学校 / 095

6.海阳市美宝学校 / 104

7.海阳市凤城街道初级中学 / 109

8.海阳市留格庄镇初级中学 / 115

9.海阳市郭城镇初级中学 / 119

10.海阳市徐家店镇初级中学 / 124

11.海阳市发城镇初级中学 / 129

12.海阳市小纪镇初级中学 / 135

13.海阳市行村镇初级中学 / 140

14.海阳市辛安镇第一初级中学 / 145

15.海阳市辛安镇第二初级中学 / 149

16.海阳市二十里店镇初级中学 / 155

17.海阳市朱吴镇初级中学 / 160

18.海阳市盘石店镇中心学校 / 164

19.海阳市小纪镇泉水头学校 / 169

20.海阳市行村镇赵疃学校 / 174

第四章

小学教育　铺展生命和谐发展的七彩跑道　　　*179*

1.海阳市实验小学 / 180

2.海阳市新元小学 / 187

3.海阳市育才小学 / 193

4.海阳市方圆学校 / 199

5.海阳市亚沙城小学 / 205

6.海阳市方圆街道办事处中心小学 / 211

7.海阳市凤城街道中心小学 / 215

8.海阳市龙山街道中心小学 / 221

9.海阳市留格庄镇中心小学 / 225

10. 海阳市核电装备制造工业园区中心小学 / 230

11. 海阳市郭城镇第一小学 / 234

12. 海阳市郭城镇第二小学 / 240

13. 海阳市徐家店镇中心小学 / 244

14. 海阳市发城镇第一小学 / 249

15. 海阳市发城镇第二小学 / 255

16. 海阳市小纪镇第一小学 / 259

17. 海阳市小纪镇第三小学 / 264

18. 海阳市行村镇小学 / 268

19. 海阳市辛安镇第一小学 / 273

20. 海阳市辛安镇第二小学 / 278

21. 海阳市二十里店镇中心小学 / 283

22. 海阳市朱吴镇第一小学 / 288

22. 海阳市朱吴镇第二小学 / 292

24. 海阳市经济开发区中心小学 / 298

第五章

学前教育　构建充满童真童趣的快乐家园 *304*

1. 海阳市实验幼儿园 / 305

2. 海阳市亚沙城幼儿园 / 312

3. 海阳市凤城街道中心幼儿园 / 317

4. 海阳市华彬幼儿园 / 323

5. 海阳市方圆街道中心幼儿园 / 329

6. 海阳市诚祥幼儿园 / 334

7. 海阳市轻工幼儿园 / 339

8. 海阳市海康幼儿园 / 344

第六章

职业及其他类教育　建设师生幸福成长的神圣殿堂 *349*

1. 烟台轻工业学校 / 350

2. 海阳市教师成长学院 / 355

3.海阳市中小学综合实践学校 / 361

4.海阳市竞技体育学校 / 366

5.海阳市特殊教育学校 / 371

后　记 / 377

第一章

县域行动

打造充满诗意的心灵栖息地

海阳市红色校园建设

　　红色文化资源是中国所具有的优秀特色文化资源,蕴含着崇高的革命精神与厚重的历史文化内涵。习近平总书记在党史学习教育动员大会上指出,"要教育引导全党大力发扬红色传统、传承红色基因,赓续共产党人精神血脉"。对青少年进行红色教育,让红色教育进校园、进教材、进课堂、进学生头脑,是新中国成立前后我党创办并发展教育事业的重要经验之一,同时也是青少年了解社会、走向社会的需要。海阳市教育和体育局以"我心向党·幸福成长"党建特色品牌为统领,以"三红工程"和"六争六比"亮点活动为抓手,推进立德树人,传承红色基因,建设红色校园。2021 年,1 所学校基层党组织被授予"山东省教育系统先进基层党组织"称号,6 所学校被评为"烟台市党建特色品牌学校"。

传承红色基因　赓续精神血脉
——海阳新时代品质教育红色校园建设纪实

"为教育事业奋斗终生，那是铭刻心间的责任，是矢志不渝的担当。这一路考验重重，而我将用一生书写这张答卷……"在2021年海阳市教育系统先锋杯党建"金品牌"大赛上，37个参赛单位的党务工作者对党的承诺铿锵有力。

这是海阳教育立足为党育人、为国育才，努力探索习近平总书记指出的"培养什么人"这个教育首要问题的一个缩影。近年来，海阳市教育和体育局积极响应新时代党的建设总要求，以"我心向党·幸福成长"党建特色品牌为统领，以办好人民满意教育为目标，围绕培养什么人、怎样培养人、为谁培养人这一根本问题，全面加强党对教育工作的领导，以"三红工程"和"六争六比"亮点活动为抓手，推进立德树人，传承红色基因，建设红色校园，凝聚起推动教育高质量发展的磅礴力量。

一、筑牢"红色堡垒"，强基固本聚合力

"关键时期显'硬核'，非常时期勇担当，全体党员教师用自己的实际行动践行初心使命，凝聚战'疫'合力……"在海阳市教体局"品德讲堂"上，市委教育工委常务副书记、局党组书记、局长纪卫东慷慨激昂地为全系统党务工作者上党课。

近年来，海阳市教育和体育局聚焦育人更加全面，在红色领航、立德树人上持续发力。先后出台了《关于开展"高举党旗　立德树人"行动全面推进新时代学校党建工作的意见》《关于实施"三红工程"进一步提升中小学校党建工作的意见》等文件。坚持守正创新，全面加强党对教育工作的领导，在贯彻党的教育方针上坚决不含糊、不动摇，同时不断完善新时代品质教育内涵架构，提升基层党组织党建工作规范化、标准化、星级化水平，推进育人更加全面、质量更加优异。

为了理顺中小学校党组织管理体制，海阳市成立了市委教育工委，将原隶属于镇区街道党（工）委的中小学、幼儿园党组织关系全部转入市委教育工委。全面加强基层党组织班子建设，对规模较大的学校党组织，安排了专门的党建办主任，负责学校党建工作。

为扎实推进基层党组织标准化特色化建设，海阳市出台了《全市教育系统开展"六争六比"创亮点，打造"我心向党·幸福成长"特色品牌促海阳新时代

品质教育高质量发展实施方案》，明确了教育系统党组织"三会一课"标准和基本要求，完善党组织体制管理，推进基层党组织网格化建设，按照年级组、教研组、学科组等合理设置党小组和活动组，推进党的组织进级部、进学科组，构建立体化党组织建设格局，凝聚抓党建、立品牌、树形象、强业务、促发展的工作合力，实现党组织的核心领导作用。2021年，1所学校党组织被授予"山东省教育系统先进基层党组织"称号，5所学校被评为"烟台市党建特色品牌学校"。

二、打造"红色课程"，立体育人担使命

红色是立德树人的鲜亮底色。近年来，海阳市以红色文化课堂为主阵地，依托市域独有的红色文化资源，以生动鲜活的先进人物和典型事迹作为"活素材"，整合红色文化及乡土文化，以实施"传承红色基因"发展工程为抓手，开展"传承红色文化，弘扬地雷战精神"革命爱国主义教育，赓续红色血脉，大力实施"红色校园"建设，使红色文化教育深入人心，成效显著。

打造"红色课堂＋教育基地"两位一体教学模式，发挥本地红色资源优势，找准发力点，推动红色现场教育深入中小学生心灵。结合建党、国庆等重要纪念日，让教师带领学生"走出去"，依托许世友将军在胶东纪念馆和地雷战纪念馆等红色资源，推出一批长、中、短研学路线，走访先模、寻访遗迹，观看革命话剧，接受体验式教育，重温光荣历史，培养红色情怀；紧扣"为党育人、为国育才"的任务，采取"听、讲、读、唱、研、访、做"等灵活多样的形式深入推进党史学习教育，通过组织开展一次红色寻访、一个初心电台、一封红色家书、一首红歌合唱、一个老物件、一顿忆苦思甜饭、一节党课的"七个一"系列活动，开展"红色足迹"研学实践活

动，通过现场讲述、实地感触、交流感悟的方式持续深化红色教育，陶冶道德情操。

充分发挥优质教育资源的辐射和带动作用，建立"组团联建、校际联动"共建共享机制。统筹整合各校力量，以主校为关键点，辐射带动兄弟学校同步开展"共绘红色画卷""共唱红色歌曲"等校际共建活动，形成优势互补、互促互助的教学模式。同时，把好"大手牵小手"关键点，积极引导、发动学生家长共同参与到活动中来，通过孩子影响父母、影响家庭，将活动向校外延伸，向社会各界拓展。例如，凤城小学开展"传承红色记忆，唱响凤翔篇章"主题活动，组织1000多名学生开展红歌合唱比赛，郭城初中带动相关片区学校共同组织开展"共绘红色画卷"活动，展出优秀作品100多幅。

三、争做"红烛先锋"，见贤思齐展风采

推进学校党建与业务工作深度融合，以高质量的党建助推教育高质量发展，凝聚抓党建、立品牌、树形象、强业务、促发展的工作合力。充分发扬党员教师甘当"红烛"的敬业精神，发挥党员干部"七带头一领先"敢为人先的"先锋"作用，倡树爱岗敬业、无私奉献之风，引导广大教师立德树人、行为世范。

党员教师高勤海是海阳市第一中学第一党支部的党支部书记，从教30年来一直奋战在高中教育教学第一线。他勇挑重担、勤于思考、开拓创新，注重全面提升学生核心素养，形成"语文单元整合拓展"教学特色，研究成果获山东省教育教学成果二等奖，被评为"山东省优秀教师""烟台市首批名师"。

滴水汇江海，百花春满园。党的先进性是靠每一名共产党员的先进性来体现的。作为党支部书记，高勤海注重示范引领，开讲座、送教近50节次；关心年轻教师成长，指导青年教师获省市优质课20多次。在海阳教育系统，像高勤海这样，在平凡的岗位上演绎精彩人生的党员教师举不胜举。扎根乡村的山东省英语特级教师褚桂芳，笔耕不辍，用爱与责任点亮山村孩子的梦想；山东省优秀班主任工作室主持人、烟台市名班主任、名师人选马瑞菊，扎根一线，勤于学习，用灵动课堂和先进理念引领学生放飞梦想、茁壮成长。

目前，各学校幼儿园分层分类设立党员示范岗、党员责任区，深化"亮身份、亮承诺，做合格党员""闯难关、解难题，党员在行动"等活动，争做"红烛教学先锋""红烛育人先锋""红烛服务先锋"；实施党员名师计划，挂牌成立名师工作室，党员骨干教师带头上公开课、示范课，发挥党员名师带动效应，加快推

动教师队伍专业化成长。2021年，44人被评为烟台市教坛新秀，11名教师和2名校长入选"烟台市第四批名师名校长"人选，39人被评为"烟台市第七批教学能手"。

四、坚定"红心向党"，奋勇争先添动能

"通过学习，我们知道了地雷战精神是一种敢于担当、敢为人先、敢于胜利的斗争精神，对我们家乡的历史和英雄有了进一步的认识……"打开学习强国APP烟台学习平台，就可以看到海阳市亚沙城小学红色教育进学校、促成长的场景。在党史学习教育中，海阳市凤城街道初级中学共同创作拍摄了《我和我的祖国》快闪视频，以特有的方式向祖国深情告白，向建党百年致敬献礼。

行村镇赵疃学校整合多方力量、集结多方资源打造地雷战党建文化长廊。党史学习教育中，学生们会拿着"永远跟党走""我爱我的祖国"的手牌，在地雷战文化长廊打卡拍照。一时间，在小小的校园中，通过逛街、打卡长廊地标等形式激发学生的参与感、互动感，成为从百年党史中汲取营养的重要学习模式。与此同时，学校依托少先队队会、中学生团课等活动，邀请革命老兵为孩子们讲红色故事，请抗战老战士分享革命英雄故事，推动红色精神入脑入心。2022年1月，赵疃学校入选山东省第三批乡村温馨校园建设典型案例学校，充分发挥了示范引领作用。

围绕立德树人根本任务，海阳市教育和体育局以红色领航为根本要求，持续强化党建带思政、强思政作用，以"价值观引领未来"工程为主抓手，建立党组织主导、校长负责、群团组织参与、家庭社会联动的德育工作机制，深化思政课程建设、研学实践创新，守牢意识形态阵地，把"赓续红色血脉、传承红色基

因"融入各学段育人全过程、教师思想政治和师德师风建设全周期，着力培育听党话、跟党走、堪当民族复兴大任的时代新人。

近年来，海阳市教育教学质量稳步提升，区域育人品牌打造初显成效，工作经验多次在省级教育媒体宣传报道，《山东教育》以专版形式对海阳新时代品质教育做了推介，《现代教育》以"海阳专页"形式对海阳基础教育高质量发展情况进行报道。

站在新时代的起点，海阳市各学校将不忘初心、牢记使命，咬定目标、凝聚力量，全力以赴建设教育高地，在"办人民满意的教育"的求索路上耕耘不辍，再创辉煌。

海阳市平安校园建设

　　国泰民安是人民群众最基本、最普遍的愿望，安全稳定是做好一切工作的前提和基础。习近平总书记指出，"教育是对中华民族伟大复兴具有决定性意义的事业"。作为教育事业的主阵地，作为平安中国建设的重要组成部分，平安校园建设意义重大、责任重大。持续强化校园安全工作，努力为全市教育事业发展提供有力的安全支持，是海阳教育系统的应有担当。近年来，海阳市教体局以"平安海阳"建设为契机，牢固树立"大安全"理念，紧紧围绕维护校园安全稳定目标，通过健全安全管理体系、强化"三防"建设、突出安全教育等措施，深入推进平安校园建设，保障了师生人身财产安全，保持了全市教育系统持续平安稳定的良好局面，为海阳新时代品质教育的实施奠定了坚实的安全基础。

悠悠万事　唯此为大

——海阳新时代品质教育平安校园建设纪实

"安全教育课"上,孩子们用心创作自己的安全小报,集体歌唱安全歌曲,观看安全短视频;"逃生演练"中,孩子们捂住口鼻,排队依次迅速撤离现场;"升旗仪式"后,孩子们用稚嫩的声音讲解着安全知识,呼吁大家注意安全……这是海阳市各中小学校平安校园建设的一个掠影,也是海阳市新时代品质教育的一个缩影。

"悠悠万事,唯此为大。"这是海阳市教体局局长纪卫东经常讲的一句口头禅。他高屋建瓴地指出:"万无一失,一失万无。安全工作是'1',其余工作是'0',没有了'1',后面有多少个'0'都没有意义。要树立'大安全'理念,以严而又严、实而又实、细而又细的作风,把学校建成最安全、家长最放心的地方。"

一、建立"1+2+5"安全管理体系,织密校园安全防护网

平安校园建设,千头万绪,从何入手?纪卫东局长更有自己的一番见地,他指出:"办任何事都要把规矩立在前面,平安校园建设更是如此。我们必须建立一套有海阳特色的、切实可行的校园安全管理长效机制。"以"一套校园安全管理长效机制"为统领,海阳市教育系统分别建立了"两张清单"和"五种管理机制",形成了特色鲜明、行之有效的"1+2+5"安全管理体系。

在海阳市育才小学离大门不远处的公示栏里张贴着两张清单:"海阳市育才小学全员安全责任清单"与"全市学校幼儿园安全项目清单"。两张清单从不同角度详细列出了学校教职工安全责任和近百种安全隐患,并注明了隐患排查时间、排查情况及整改措施、期限和对应部门及责任人等。"这两种清单在市内每所学校推行,目的是促进学校安全管理实现'网格化',做到人人心中有安全、个个办事讲安全、时时处处有防范。同时,学校安全主体责任和安全管理的精细化也得到了更好落实。"海阳市教体局安全管理办公室主任徐强波说。

近年来,海阳市教体局还积极探索建立健全五种管理机制,实现"握指成拳"打造校园安全

全覆盖责任体系,取得明显成效。一是建立包片分工监管机制。实行教体局班子成员包片学校(幼儿园、校外培训机构)安全工作实名监管制度,组织班子成员带头定期检查校园安全工作,全面落实安全生产责任制。二是建立部门配合联动机制。加强部门协调,联合公安、交通、应急救援、消防、卫健等部门组织全市学校、幼儿园开展安全演练 1196 场次,进行部门联合督导检查并下达隐患整改指令书 128 份,拆除泡沫夹芯板房 32 处、PVC 吊顶 10 余处,责令关闭整改校园 1 处。三是建立全员安全责任机制。修订《海阳市教体局安全生产主体责任清单》,落实部门安全生产主体责任,在全市教育系统推进落实校园全员岗位安全主体责任,在全员导师制的基础上,做到全体教职工人人有安全岗位,人人有安全责任,全面彻底排查整改各类安全隐患,确保校园安全稳定。四是建立隐患排查举报机制。制定了《全市教育系统职工隐患排查奖励制度》和《隐患举报奖励制度》,鼓励广大教职工积极参与排查问题隐患和举报问题隐患,做到及时发现并排除事故隐患。五是建立安全项目清单机制。围绕校车安全、消防安全、餐饮和饮用水安全、实验室安全、疫情防控安全等 22 个校园安全方面内容,逐一梳理标准要求,形成《全市学校幼儿园安全项目清单》,明确了学校、幼儿园在校园安全隐患大排查大整治活动中做什么、怎么做,也明确了检查人员在具体工作中查什么、怎么查。

二、扎实推进安全项目建设,夯实校园安全基础

海阳市实验中学是海阳市安全宣传进校园试点学校。走进实验中学,宣传栏里张贴着校园安全挂图,在这里,无论是常规交通标志的识别、安全知识宣传,还是拨打应急求救电话的方法,看似枯燥的安全知识总是能够被生动灵活地展现出来,给孩子们带来最直观的体验。教室里、楼梯上、餐厅里,处处有安全知识,时时有安全警示。教育无小事,细节见本心。营造有利于师生安全学习的良好环境,便是安全工作的细节展现。

海阳市教育和体育局副局长赵建强语重心长地说："安全宣传进校园是推动安全教育纳入国民教育体系，从早抓起，从小抓起，根植安全理念的重要方式。"

经过几年的艰苦努力，海阳市教体局实施并完成三大项目建设，夯实了校园安全基础。

一是开展安全文化建设。在校园宣传栏、黑板报、楼梯、墙角等位置，通过张贴安全知识刊版、设置警示牌等方式，让学生在潜移默化中受到熏陶教育。结合全国512防灾减灾日、消防安全119、交通安全122等时间节点，组织主题板报创办、书画作品征集、安全优质课比赛等活动，营造了浓厚的安全教育氛围。二是实施危房改造工程。投资800余万元对排查鉴定出的公办学校的校舍存在安全隐患处进行加固改造，并全部完成对全市公办学校校舍的抗震安全鉴定、消防安全鉴定工程，为安全工作提供有力保障。三是加强"三防"体系建设。每年投资500余万元为全市公办学校、幼儿园配备专职安保人员200余人。全市公办学校、幼儿园安保器械配备齐全，专、兼职保安配备率100%，视频监控设施安装率100%，一键报警装置安装率100%，硬隔离设施安装率100%。全市建成了集视频监控、一键报警、防撞隔离、人脸识别、日常巡查为一体的校园"三防"安全防范体系。

三、精心抓好四维安全培训，全面提升安全素养

海阳市行村镇小学安全管理办公室主任陈民东抱着一叠厚厚的《安全法》测试题，正匆匆赶往考场。考场上，全体教职员工正在以饱满的热情迎接此次考试。

教师的办公桌上，《校园安全教育20条和校园安全管理12条》工作手册整齐摆放在那里，人手一本，时时牢记。

教室里，一双双闪亮的眼睛，微微皱起的眉头……学生们正在认真观看烟台教育平台"交通安全专题"视频，安全知识正悄无声息地传播。

学生家中，家长们正在班级群中浏览老师分享的安全知识和安全提醒，无形中为家长上了一节节"安全教育课"。

这样的场景时时刻刻出现在海阳市校园中、家庭中，得益于海阳市教体局推出的"四维安全培训"，真正使安全意识、安全知识内化于心。

一是抓好领导干部培训。结合局党组理论中心组学习等途径，集中学习校园安全、疫情防控等政策文件，并对全系统中层以上干部开展《安全生产法》应知应会知识测试。同时，编印《校园安全教育 20 条和校园安全管理 12 条》工作手册，做到人手一本，组织全系统干部职工深入学习、随时学习，做到说出来、写下来、背下来、做出来，达到安全工作内化于心、外化于行。二是抓好教职工安全培训。分层次、分类别开展教育系统全员安全教育培训，组织教职工参与"烟台应急管理"线上安全知识学习和模拟考试，对全市教职工进行《中小学幼儿园安全管理办法》知识测试，做到系统内从业人员合格上岗，在岗人员熟悉岗位安全操作规程、掌握安全操作技能和事故应急处理措施。三是抓好学生安全培训。充分利用烟台市安全教育平台和山东省学校安全在线等信息化手段，认真上好开学安全第一课、安全教育班会课，扎实开展校园安全教育培训。同时，全面推行"1530"安全教育模式："1"是指低年级每天放学前由班主任或任课教师给学生进行1 分钟安全教育，高年级则由 1名学生给全班同学讲解安全知识；"5"是指周末放学前由班主任对学生进行 5 分钟安全教育（对一周的安全情况小结）；"30"

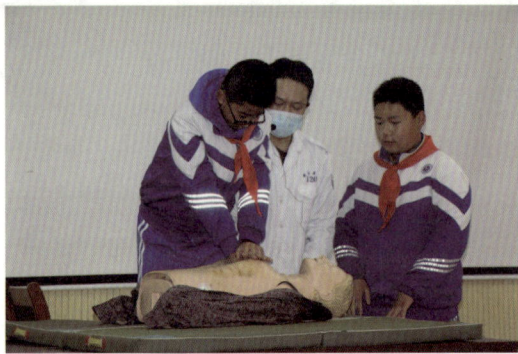

是指节假日放假前由学校主管安全的领导给全校学生上 30 分钟安全教育课。四是抓好家长安全培训。通过班级 QQ 群、微信群、教育公众号等，不定期向家长推送安全教育常识和安全自救互救常识。同时，借助安全教育平台线上组织家长参与安全知识学习，有效提升家长的安全意识和安全技能。

学校安全工作永远在路上，需要持续发力，久久为功。海阳市将持续夯实教育系统安全稳定的根基，努力为广大青少年学生成长成才营造最阳光、最安全的校园环境，以实际行动为海阳新时代品质教育提供更加坚强有力的保障。

海阳市数字校园建设

　　习近平总书记在祝贺国际教育信息化大会开幕时指出："我们将通过教育信息化，逐步缩小区域、城乡数字差距，大力促进教育公平，让亿万孩子同在蓝天下共享优质教育、通过知识改变命运。"2000年以来，我国中小学师生的信息技术应用能力踏上了快车道，城乡教育信息化差距逐步缩小。然而，随着数字经济的崛起，师生现有的信息技术素养已不能完全适应社会的发展，师生的创新发展亟须提升，2018年教育部出台的《教育信息化2.0行动计划》，为未来的教育信息化发展指明了方向。近年来，海阳市教育装备与技术研究中心，立足现状，着眼未来，以信息技术与教育教学深度整合为核心，以"推进数字校园建设、实现优质教育资源全覆盖、提升师生信息素养"为三大着力点，持续推动海阳教育向高品质迈进。

以教育信息化支撑和引领教育现代化

——海阳新时代品质教育数字校园建设纪实

随着信息技术的不断升级,"互联网＋教育"已经成为新时代背景下的一种全新教育形态,是教育现代化发展的创新实践。认真落实《教育信息化2.0行动计划》,围绕"三全两高一大"发展目标,促进信息技术与教育融合创新发展,以教育信息化支撑和引领教育现代化,是海阳教育技术工作的明确目标。

一、以推进数字校园建设为重点,营造基础应用环境

当前,科学技术迅猛发展、日新月异,特别是大数据、人工智能等技术的广泛应用,为教育带来革命性的挑战和颠覆性的变革,因此基础应用环境显得尤为重要。

夯实硬件基础建设。随着教育信息化建设的逐步推进,海阳市于2018年、2019年多方筹集资金1200万元,更新了全市中小学教学班的班班通设备600多台,每所教室都配备了85寸"希沃"一体机,该配置在烟台市处于领先水平。教学触摸一体机不仅屏幕高清,而且内置许多优秀教学资源,教师授课时可以随时调取用来解决教学重点难点,突破了学生的思维限制,拓展了学生的视觉范围,即时的交互功能让越来越多的孩子走上讲台,实现了课堂的和谐共生。

推进数字校园建设。目前,已完成全市46所学校的多媒体录播教室建设,3所学校建设了校园电视台。2021年,海阳市投入50多万元完成新建实验小学、实验中学的实验室和功能室建设,学校信息化建设水平显著提升。先后有8所学校被确定为烟台市数字校园,3所学校被确定为山东省信息化示范单位,8所学校被评为烟台市信息化教学先进单位。

打造安全高效的网络支撑体系。实现海阳市教育和体育局网络中心与烟台网络中心的10G互联,完成全市学校的无线网络建设任务,网络中心统一管理、认证区域内所有学校无线网络中的AP,实现移动终端在任何学校均可通过AP接入城域网,确保移动办公、移动教研及学生个性化学习的正常开展。2021

年投入资金 200 多万元完成教育网络安全防护 2.0 标准建设，并采购校园监控设备，在全市中小学校门口、功能室、伙房、操场等各关键区域安装摄像头，远程管理，展现各学校的新风貌、新风尚、新气象，为海阳新品质教育添彩。

二、以实现优质教育资源全覆盖为重点，推动教育均衡发展

"基础教育必须紧跟新技术、新业态的发展。我们教育工作者只有不断更新教育理念、变革教育形态、优化教学方式，才能适应新形势、提升水平，担负起育时代新人的历史使命。"海阳市教育装备与技术研究中心主任赵建强由衷地说道。

创新教育在线管理，助力实验教学走向远方。强化实验室建设和管理一直是实验教学工作的重点。海阳市于 2019 年创新实验课程管理机制，采用"互联网 + 实验监控"的方式对实验课进行管理与指导。线下各实验教师在实验室内带领学生实践操作，线上各实验学科教研员可以实现远程监控，这种"双线"并行融合创新的做法，切实扭转了忽视实验教学的现象，强化了实验课程的刚性管理，这一创新做法在 2021 年烟台市实验教学工作会议上进行典型经验分享，获得高度评价。海阳市 8 所学校被评为"烟台市实验教学先进单位"，25 名教师被评为"烟台市实验教学先进个人"。

加快教育数字资源建设，实现资源融会贯通。"我们要引进先进、借鉴优质、不等不靠、自建平台、本土开发，让全市各个学校的学生用上本土化的优质学习资源，真正实现优质资源全覆盖。"这是教育装备与技术研究中心科室主任张绍勇在多次到薄弱学校走访后，深有感触地说的一段话。他是这样说的，也是这样做的。2019 年 11 月，该技术中心牵头成立了一支电教骨干团队，组织全市中小学骨干教师约 500 人建设课程资源库，包含教学视频、微课、习题等相关素材，后整合 4000 多套资源，通过"海阳教育云平台"实现全市共享，为广大教师和学生提供免费的网络资源。这一做法在"非常时期"发挥出了真正的价值，面对 2020 年突如其来的疫情，这些成套的学习资源迅速成为网络上"最亮的

星"。听着老师和家长赞不绝口的反馈，多少个日夜的艰辛，化为团队成员们欣慰的笑容。与此同时，为了让"在线学习"真正发挥作用，张主任带领技术中心工作人员考察各种在线平台，进行技术测试，挑选最实用、最稳定的学习平台推荐给学校、教师和家长。那段时间，老师们一边下沉到社区防疫值班，一边组织研讨，可谓是患难之"教"中成学生之美，充分彰显出教育技术工作人员的初心与使命。

三、以提升师生信息素养为重点，深化信息技术应用研究

"全面普及信息技术教学应用，大力推进"互联网 + 教学"与教研，以信息化推动教育特色多样发展。加强学生信息素养教育，培养学生的数字化生存能力。"这是烟台市教育局印发的《关于加快推进教育信息化 2.0 行动的指导意见》中明确提出的要求。

以活动促提升，提升教师运用信息技术的专业技能。每年举办的电化教学和实验教学技能优质课、多媒体网络课件、微课设计、校园影视等信息技术竞赛活动，成为提升教师信息素养和信息化教学创新能力的最佳平台。近几年，几百名教师获得烟台市级、山东省级和国家级优质课、课件、微课、校园影视比赛活动等证书。"作为一名高中生物教师，我们必须在自己的课堂阵地上努力思索，让新媒体、新技术为课堂服务，为学生服务。"海阳市第四中学骆菁菁老师，在先后取得省级优质课、市级优秀课件和微课程资源等证书后，深有感触地说道。不难看出，教师信息素养的提升，也正是在参加一次又一次活动中不断历练而来的。

科学启迪智慧，科技创造未来。加快推进学校创客教育的发展，积极创建创客教育示范校，一直是工作的重中之重。海阳市中小学已建设创意制造室、机器人室、航模室等 92 间，现有烟台市级创客示范校 1 所，并被评为"烟台市第六届创意编程与智能设计大赛优秀组织单位"，获得"烟台市青少年机器人竞赛优秀组织奖"等。

2019 年 1 月，以"创客教育点燃创新梦想"为主题的首届校园创客节在海阳市育才小学召开，烟台市教育装备与技术研究中心领导、海阳

市教体局班子成员、全市中小学校长及参赛选手、辅导教师共计 5000 余人参加了活动。创客节上，创意智造、机器人、航模表演科技感十足，一件件精彩的作品、一场场精彩的展演，充分体现出学生丰富的想象力和创造力，集中展示了海阳市教育系统创客教育的丰硕成果。虽然创客节已经圆满结束，但创客教育留下了深刻的印迹。海阳市育才小学校长孙洪超在接受记者采访时，用"和美"教育理念诠释着创客教育："'和美'课程中'和'是过程与方法，'美'是目标与追求，其核心理念是'和而不同，各美其美'，鼓励更多的教师深入研究，鼓励更多的学生参与其中。"该校拥有极为丰富的前沿科技器材，配备了包括 3D 打印机、无人机、机器人、益智实验器具等设施，并努力实现兴趣小组规模化、兴趣项目多样化。指导教师多次带领学生参加省市级比赛，喜获佳绩，在山东省组织的 3D 设计大赛中，五年级的孙常育、于婷楚两位同学荣获省一等奖，王馨、燕嫁博两位同学荣获省二等奖，38 人次获得烟台市级机器人比赛一、二等奖。

国家级信息化教学实验区试点工作扎实开展。2021 年 3 月海阳市 8 所学校被确定为国家级信息化教学实验区试点学校，从公布之日起，各学校紧锣密鼓地进行试点探索。

小学段立足于"跨学科融合"试点方向的研究，利用跨学科融合教学资源授课平台，深度开展课堂教学。实验教师说："针对高年级，我们老师会将计算机编程语言图形化，形成一个个功能模块在电脑上展示，孩子只要拖动功能块放到需要出现的地方，按照需要的功能进行设计，就可以简单地实现对机器人的编程控制。图形化的编程能让孩子们在愉悦中完成课堂任务，也能让孩子们养成严密的逻辑思维习惯，培养孩子的力学知识、计算思维、创造力、逻辑思维、团队合作等综合能力。"参与研究的教师越来越多，信息化应用水平不断提高。

初中段立足于"新型教学模式"试点方向的研究，海阳市育才中学提出这样的目标：以"数据驱动、因材施教"为突破点，深度推进学科核心素养培育落地，信息技术与教育教学进行创新性深度融合，凝练形成初中学段、全学科的典型信息化教学模式。短短的几个月利用"学乐云"平台、

极课大数据平台,将学生日常周练、单元检测以及专项训练等学业数据采集起来,进行大数据分析,在12月烟台市教育信息化工作会议上做"基于数据分析的精准教学策略和作业设计研究"典型经验交流。

紧紧围绕信息技术与教育教学深度融合这一核心,促使信息技术与学科的课程结构、课程内容、课题资源以及课程实施等融为一体,提高信息技术应用水平,推动教学模式改革与创新,海阳教育人一直在路上。

海阳市书香校园建设

　　腹有诗书气自华,最是书香能致远。阅读是获取知识、增长智慧的重要方式,更是传承文明、提高国民素养的重要途径。近年来,习近平总书记也在多个场合强调阅读的重要性,倡导全社会加强阅读学习。深入贯彻习近平总书记讲话精神,推进书香校园建设,富润学生的精神内涵,是每一位教育工作者的神圣使命。近年来,海阳市在新时代品质教育创建中,紧紧围绕立德树人根本任务,大力培育和践行社会主义核心价值观,以规范语言文字为契机,努力打造书香校园。通过整合、丰富阅读资源,开展多彩读书活动,营造浓郁阅读氛围,让阅读成为师生日常生活方式。激发学生的阅读兴趣,扩大其阅读面,提升其阅读品质,促进其核心素养的提升。

规范语言文字　构建书香校园
——海阳新时代品质教育书香校园建设纪实

"我是中国娃，长着黑眼睛，梳着黑头发，写的中国字，说的中国话，不管在哪里，中国都是我的家！"这是海阳市实验幼儿园一群不到 5 岁的孩子正在用标准的普通话诵唱着儿歌《我是中国娃》。牵手经典，浸润诗意童年；沐浴书香，点亮精彩人生。2021 年，盛世恰逢建党百年，雷乡精神孕育了有活力、有温度、有灵魂的海阳人民，而书香的润泽，更让海阳的中小学生在家乡广袤的大地上快乐学习，诗意成长。从阅读立人到今天的品质阅读，近年来，海阳市在新时代品质教育创建中，将书香校园与语言文字规范化建设有机结合，在各中小学和幼儿园中深入开展语言文字规范化示范校创建活动，取得了丰硕成果。

语言文字工作规范化：夯实语言基石

2001 年 1 月 1 日起施行的《中华人民共和国国家通用语言文字法》第十条规定："学校及其他教育机构以普通话和规范汉字为基本的教育教学用语用字。"学校是语言文字教学工作的主阵地，学校语言文字教学工作直接关系全社会汉字使用规范化和普通话推广的大局。对此，海阳市高度重视，将其列为学校精神文明和校园文化建设的重要内容来抓。海阳市教育体育局局长纪卫东对于学校语言文字规范化建设曾这样讲过："说好中国话，写好中国字，才是一名真正的中国人。"目前，这一思想已潜移默化地植根于师生们的心里。近几年来，海阳市以"写规范汉字、读经典美文"为基础，以"大力推行，积极普及，逐步提高"为重点，不断完善各学校语言文字工作制度，大力倡导写规范字、讲普通话，提高语言文字应用能力。将语言文字工作纳入全市校园文化建设，积极引导广大师生说普通话，写规范字，形成良好的舆论氛围和推行环境。各学校在教学楼、办公楼等场所醒目位置张贴长期性的推广规范用语用字的宣传标语牌。利用电子屏进行推普宣传，校园电视台播放小小百家讲坛、经典诵读等录制视频。利用国旗下讲话、班级文化刊板、专栏宣

传、校园广播站等多种形式和途径，介绍规范语言文字的相关知识，宣传"推广普通话、使用规范字"的重要性。利用每年的推普周发出推普倡议，致家长一封信，召开主题班队会，开展"啄木鸟"行动，将推普工作辐射到家庭和社区。将语言文字规范化意识和应用能力纳入师资建设的管理要求，全市教师必须通过相应等级的普通话水平测试才能上岗，将取得相应等级的普通话等级证书作为教师招聘和职称评聘的重要依据。2017年，海阳市顺利通过了国家三类城市语言文字工作评估，截止到2021年底，全市90所中小学、幼儿园被认定为烟台市级及以上语言文字规范化示范校。

语言文字教学工作常态化：培养读书习惯

为使语言文字工作落地生根，海阳市中小学每年都开展丰富多彩的系列读书活动。2021年的春天如约而至，伴随着和风细雨一起走进校园的还有缕缕书香、琅琅书声。4月以来，海阳市各学校开展了形式多样的读书活动启动仪式。海阳市新元小学举行了"经典浸润诗意童年 书香点亮精彩人生"读书节启动仪式，实验小学举行了"第九届春暖读书季暨首届诗歌节"启动仪式，拉开了海阳市中小学读书季的序幕。"21天阅读习惯养成活动"中，为培养学生良好的读书习惯，海阳市各中小学开展多项活动引领学生坚持每天读书。行村小学立足学生的认知水平，采用层级递进式展开日常阅读：一、二年级"跟着绘本去旅行"，三、四年级"梅兰竹菊读书卡"，五年级"思维导图绽思维之花"。新元小学开展"每日读写"活动，依据不同年龄阶段学生特点，学习适合背诵或理解的诗词，利用每天的早读课、班会课和每节语文课前3分钟的时间对学生进行诗词教育。在老师的指导下，同学们细心阅读，用心记录。眼有所观，心有所感，皆抒发于纸张之上。为了让学生将阅读积累转化为写作能力，海阳市各学校分层开展读书积累活动。新元小学、实验中学等学校组织了"墨吟诗香"书法绘画、绘读书思维导图、诗配画、绘本创作等活动。胸有丘壑，方可口吐莲花。为了形成校园读书新风尚，提高学生语言表达能力，海阳市

各学校相约好书,牵手美文,用丰富多彩的活动传承与演绎经典作品,引领学生成长,让书香飘满校园。新元小学的学生穿上汉服,飘然于芬芳花海中,漫步于竹林松间,去感受这诗意盎然的世界。或吟诵,或浅唱,将古诗词演绎得生动形象,若临其境。实验小学的学生将课本内容排成课本剧,在舞台表演,用最美童音、最纯童心演绎经典,共话成长。古诗是我国文学宝库中的瑰宝,滋养着一代又一代的中华儿女。新元小学的学生们各尽其能,各显身手,用别开生面的赛诗会亲近经典,传承文明。方圆学校、实验小学、实验中学等学校开展"小小百家讲坛"活动,为每一个热爱读书的同学提供一个展示自我的靓丽舞台,让书香溢满校园。与书为友,其乐无穷!

语言文字工作课程化:达成立人目标

一个人的道德修养、文化水平、社会身份往往可以从他的说话用词、语调语气中体现出来。生活是语言的源泉,要给学生创造良好的语言环境,必须丰富学生的生活,将推普工作融入育人课程,推进语言文字工作的课程化。在实际工作中,海阳市探索出了三条渠道,将语言文字工作融入育人课程。一是将写字研究与育人相融合。为引领学生写好规范字,海阳市确立了"立字、立人"的教育理念,把写字教学纳入教学课程管理之中。海阳市教体局配备了书法教研员,各学段均开设了书法课,做到专课专用,同时,将写字教学指导和学生习惯培养纳入课堂教学评比活动中。各学科老师在教学中相互配合,全市上下齐抓共管,加强"正姿""正人"训练,师生养成提笔即练字的良好习惯,做到"认认真真写字,堂堂正正做人"。二是"一主两翼"树立大阅读观。"一主",就是以"语言运用"为主;"两翼"是指课内选文和课外选文相互融合。既给学生呈现阅读材料,又关注学生化阅读为表达的行动,把阅读的目标指向表达,注重学生言语实践的过程。利用好晨读,开展国学积累(传统文化)和"新经典日日诵"诵读活动,努力让语文知识很好地为提高文字运用能力服务。三是将语言文字工作与学生德育主题实践教育相结合。持续开展"好书伴我成长"读书活动。每年5月份定期开展中小学

"读书月"活动,学校通过加强图书室建设,开展读书节、读书交流会、图书漂流等活动,激发师生读书热情,有效提高师生综合素质。近年来,以"读精品书、做文明人""复兴中华,从我做起""学雷锋做有道德的人""中国梦·我的梦""传承优秀文化,争做美德少年"等为主题开展了读书征文和经典诵读比赛活动。

在各种读书活动的带动下,学校的每一面墙壁都在展示书香校园建设成果,学校的每一个角落都洋溢着书香。每个教室的文化墙、图书角都是极富个性的"书场",教室外走廊、楼梯间墙壁上的唐诗、宋词等必读书目学生俯拾垂手、闲步皆得。浓郁的"书香校园"氛围,使学校成为"隐性教本",校园的每一个角落都肩负起育人的功能。教室中、树荫下、大厅中处处都能看到学生们手捧书卷阅读,这也成为校园中的美丽风景。在做好书香校园建设的同时,海阳市还倡导营造良好的家庭读书氛围,家家创造阅读小书房,营造安静的读书环境,让书香常伴左右。家人围坐,书声可闻,书香少年、书香家庭大量涌现。2021年,海阳市有27人获海阳市级及以上书香少年称号,20所学校获海阳市级及以上书香校园称号,有近600个家庭因为在亲子阅读方面的优秀事迹受到了校级及以上的表彰,被评为书香家庭。

腹有诗书气自华,最是书香能致远。海阳市各学校将乘着新时代品质教育的东风,持续推进书香校园建设,让醉人的书香伴随全体师生幸福成长。

海阳市美德校园建设

　　《资治通鉴》有云："德者，才之帅也。"一个人具备了优秀品德，就能统筹个人才学，创造非凡成就。中华五千多年的文明，在历史的长河中熠熠生辉，良行美德，不胜枚举。然而，当今社会人们的思想受到市场经济大潮和西方价值观的冲击，对于中华传统美德正在逐渐丧失应有的坚守与信仰。在这样的时代背景下，建设美德校园显得尤为迫切而必要。借助传统美德课程，在中华学子的血脉中植入民族精神和道德基因，这是每一个教育工作者的神圣使命和必然选择！近年来，海阳市教体局以立德树人为根本任务，丰富德育载体，拓宽德育渠道，实施"全员育人、全程育人、全方位育人"，全面提高中小学生的道德素养，促进学生健康成长，培养德智体美劳全面发展的社会主义建设者和接班人。

培谦谦君子,育文明少年
——海阳新时代品质教育美德校园建设纪实

海阳是德育序列化研究的发源地,1985年开始在全县分步试点实施,1989年在全县推广,并在全国产生较大的影响力。中国教育学会原会长张承先先生高度评价海阳的德育序列化研究,他在听完汇报后挥笔题词:"进行理想道德序列化教育是培养社会主义事业接班人的奠基工程。"近年来,海阳市教体局以立德树人为根本任务,丰富德育载体,拓宽德育渠道,实施"全员育人、全程育人、全方位育人",全面提高中小学生的道德素养,促进学生健康成长,培养德智体美劳全面发展的社会主义建设者和接班人。

海阳市教体局局长纪卫东高屋建瓴地指出:"理想的学校是师生快乐相处、幸福成长的神圣殿堂,也是师生离开之后仍能经常想起的精神家园。"

一、和美环境蕴养,清水溉稻润无声

教育无小事,细节见本心。营造有利于师生修德立身的良好环境,便是德育的细节展现。

德育文化建设,入眼便是教育。"公正、公平、自由、自觉,好啊!"海阳市实验小学家长开放日,一位老人站在校训前不禁读出声来,他竖起大拇指为这则校训点了赞。"学校教学环境好,每一处都透着育人的目的,实验小学真不错!""是啊,积极向善的理念必定教育出幸福阳光的孩子!孩子送到这样的学校,咱们家长放心啊!"家长们一边参观校园,一边交口称赞着学校精心打造的育人环境,许多家长用手机记录下这所烟台市诗意校园的美。

目前,海阳市的每一所校园,从校园文化到长廊文化,从教室文化到餐厅文化,"仁、义、礼、智、信"的中华传统美德渗透其中,"自由、平等、公正、法治"的核心价值观融入其中,用心经营的校园无处不散发着浓郁的德育文化馨香。一山一石、一物一景都润物无声地教育着学生。

近年来,海阳市有2所学校被评为烟台市书香校园,3所学校被评为烟台市法德共进示范校，7 所学校被评为烟台市级文明校园，2 所学校被评为省级文明校园，1 所学校被评为省级乡村温馨校园，2 所学校被评选为山东省家庭教育示范基地，2 所学校被山东省教育厅授予"首批残疾儿童少年随班就读示范校"称号。

家庭文化打造，入门便是深情。 每一个家庭便是一个德育实施的场所，打开家庭这扇门，温情流淌中孩子便如春风中的树苗般伸展成长，良好的家风便在孩子的言行中传承。

家长开放日、好家风征文、智慧家长评选都是家校德育合作的重要举措。家庭教育骨干教师高端论坛、家庭教育指导师培训……走出去的老师，成为家校德育联合的中坚力量。

海阳市教体局基教科科长倪寿成说："家庭教育是孩子人生的第一粒纽扣。家长好好学习，孩子才会天天向上，家校德育共建，能让这枚纽扣系得更牢，系得更好！"

2016 年，海阳市教体局被国家教育行政学院家庭教育研究中心确定为"全国家长学校建设实验基地"。2021 年，海阳市实验中学获评"山东省优秀家长学校"，4 个烟台市"十四五"规划家庭教育课题和 7 个家庭教育资源课申报立项。

二、课程活动协作，温良恭俭践于行

"姐姐的书包破了，我把我的新书包送给姐姐了，姐姐要在外面上大学，我背姐姐的旧书包也

可以，让妈妈把破的地方补了一下。"2020年中国"最美孝心少年"候选人李云鹏用他的实际行动表达了他对亲人的关心。就读于朱吴镇初级中学的李云鹏是孩子们身边的榜样，他先人后己、艰苦朴素的优秀品德也彰显出德育课程实施和德育活动开展的实践效果。

"四位一体"课程新格局，让德育课程有抓手、有落实。海阳市教体局积极构建专题德育课程、学科课程、传统文化课程和实践活动课程"四位一体"的德育课程。

在课程实施上，注重利用别具特色的中华传统节日，让学生体验传统节日厚重的文化感；注重利用别具意味的重要节日，让学生体悟重要节日浓重的家国情感；注重利用别具意义的纪念日，让学生感悟纪念日沉重的历史感。

近年来，4名学生获"烟台市十佳国学小名士"称号，2名学生获"烟台市读书明星"称号，10名学生获"烟台市新时代好少年"称号，4名学生获第三批"齐鲁生态环保小卫士"称号，3所学校获评"烟台市人防教育先进单位"。在烟台市第三届高中生辩论赛中，海阳市教体局荣获市优秀组织奖。

"三位一体"工作新体系，让德育引领有策略、有实效。海阳市教体局用心打造以课题引领拉动、以典型引路带动、以活动展示促动"三位一体"的德育工作体系。

"海阳市中小学德育工作会议"上，3所学校对学校德育工作进行经验交流，全市德育分管领导、骨干班主任160人在会议中听取了优秀经验和做法。以"为学生的健康成长扬帆引航"为主题的心理健康教育月活动，全市53处中小学参加，受益师生5万余人，惠及家长3万余人，受到学校的欢迎和家长的一致好评。

在烟台市中小学优秀德育实施方案评选活动中，5所学校提供的方案，被评为烟台市优秀德育实施方案。海阳市教体局撰写的《立足地域优势　构建"四位一体"德育课程实施新格局》德育课程一体化实施典型案例获评山东省优秀案例。海阳市第四中学撰写的《加强劳动教育锻造时代新人》获山东省

"学习新思想，做好接班人"优秀工作案例。11项烟台市中小学德育课程一体化研究重点课题和17项规划子课题顺利结题。

三、评价体系引领，厚积薄发立足远

好的评价体系是一面旗，是将工作计划、任务、目标转化为实实在在行动的旗帜。

确立评估标准，让学校德育有方向。《海阳市中小学德育工作专项评估指标》是德育工作评价的风向标。分类设置的指标有条不紊地对各项目标任务进行分类比较，理出长短，晒出缺项，亮出动能，引领德育工作者步步扎实、踏出风采。

"教体局德育工作专项评估指标目标明确、层次清晰，学校德育工作只要抓住亮点科学规划、稳步提升，就可以做出自己的特色。这块'山东省优秀家长学校'的牌子是干出来的，也是评出来的。"海阳市实验中学校长王海波说。

擦亮德育品牌，让学校德育有标杆。德育评价让德育工作形成"先进更先进、后进赶先进"的工作态势。2021年烟台市第三届中小学德育品牌评选展示工作会议上，烟台主会场上海阳有3所学校进行了汇报展示，实验小学的"丰实"德育、凤城街道初级中学的"彩凤"德育、实验中学的"融合"德育均受到与会领导的好评。海阳分会场上有100多位校级领导与会，每位领导都专注地倾听汇报，并利用休息时间讨论分享自己学校德育品牌的建设。良好的德育评价体系，促使学校更多地去思考做什么、如何做、怎样做好，有利于学校发展行稳而致远。2021年4月，烟台市德育案例研讨会在海阳市成功举办。目前，全市有3所学校的德育品牌获得"烟台市优秀德育品牌"称号。

2017年，因未成年人思想道德建设工作成绩突出，海阳市教体局被山东省精神文明建设委员会授予"山东省未成年人思想道德建设工作先进单位"荣誉称号。

著名语文特级教师于漪说："教师一个肩膀挑着学生的现在，一个肩膀挑着国家的未来。今天的教育质量就是明天的国民素质。"海阳教育人将继续做好

以社会主义核心价值观为统领的美德校园建设,仰望星空,踏稳求实,以今天的美德校园建设迎接明天的高品质教育。

海阳市艺术校园建设

　　习近平总书记在全国教育大会上强调:"要全面加强和改进学校美育,坚持以美育人、以文化人、以美培元,提高学生审美和人文素养。"习近平总书记在给中央美院老教授的回信中指出:"做好美育工作,要坚持立德树人,扎根时代生活,遵循美育特点,弘扬中华美育精神,让祖国青年一代身心都健康成长。"高雅艺术进校园,助力美育促成长,为进一步推进校园文化建设,寓教育于丰富多彩的艺术活动中,展现海阳市中小学生朝气蓬勃的精神面貌,提高学生的艺术素质和修养。近年来,海阳市教育和体育局引领全市学校积极创建"海阳新时代品质教育艺术校园",通过开展丰富的艺术活动,搭建书画展台,大力培养优秀师资,结合美育因材施教,以美育助力成长,用艺术点亮校园,促进学生全面发展。

以美育助力成长　用艺术点亮校园
——海阳新时代品质教育艺术校园建设纪实

海阳市教体局局长纪卫东驻足在海阳市教育系统书画展作品前，看着学生们亲手创作的一幅幅书画作品，语重心长地说："艺术和科学如同鸟儿的一对翅膀，孩子们要飞得高、飞得远，缺少了哪一样都不行。"

海阳是全国非物质文化遗产——大秧歌的故乡，那高亢的鼓点、激情的舞蹈，孕育了浓厚的乡土艺术气息。海阳市教体局充分挖掘和利用本土丰厚的艺术教育资源，开齐开好音乐、美术、书法等国家艺术课程，以美育人，把培养和践行社会主义核心价值观融入学校艺术教育全过程中，着力培养学生良好的审美情趣和人文素养，保障学生快乐健康成长。

一、艺术活动丰富，比赛精彩纷呈

多年来，海阳市教体局通过扎实开展学校艺术活动比赛，加强美育落实，全面提升学生艺术素质。2021年5月13日，烟台轻工业学校的停车场上，一辆辆大巴车上走下来一群群穿着靓丽演出服、满面笑容的孩子们：他们有的拿着演出的乐器，有的拿着笔墨，有的拿着颜料……他们都来自海阳的各中小学校，来参加全市中小学生艺术展演比赛。孩子们和带队老师互相做着必胜的手势，嘴里发出"耶"的鼓励声。

姹紫嫣红的季节，伴随花开的声音。每年的5月份，海阳市教体局都举办全市中小学生"综合艺术教育月"比赛和中小学生艺术展演活动，活动集中展示海阳各学校一年来的艺术教育成果。2021年共有143个文艺节目、327幅书画作品、103件摄影作品参加了海阳市集中展评。并从中选出优秀作品参加烟台市、山东省第七届中小学生艺术展演活动,参展作品获省级一等奖1个,二等奖1个,三等奖2个;获市级一等奖13个(其中1个获优秀创作奖),二等奖81个。

海阳市教体局每年组织开展中小学生艺术实践工作坊展示活动,2021年共有44个学校参加展示,推选了8个学校的艺术实践工作坊参加烟台市第七届中小学生艺术展演专项展示活动。获得烟台市一等奖2个,二等奖3个。这些活动比赛展示了海阳新时代品质教育下中小学艺术教育的丰硕成果,得到学校、家长、社会各界的一致好评。

二、书画展览搭台,美育润物无声

金秋十月,新元广场国庆假期人头攒动。一块块精美的刊板前挤满了男女老少,一个老人指着一幅书法作品对领着的孙子说:"这些字写得多好啊,字品如人品,这都是谁写的?"孩子高兴地说:"爷爷,这是我们班的学生作品,你没看到后面的指导教师就是我们班主任吗?快给我在同学作品前照张相。"

海阳市委教育工委副书记姜凤钰在展览现场说:"我们每年组织这类校园专题性艺术活动,让学生用手中的画笔展现中小学生学习、宣传、掌握安全知识的重要性,寓教于乐,呈现出学校艺术教育的新风貌。"这是海阳市教体局组织开展的2021年全市中小学安全主题书画展。为保障师生生命安全,树立和落实"隐患就是事故"的安全工作新理念,海阳市教体局利用国庆假期在新元广场组织开展该活动,共收到各学校遴选的书画作品682幅,评选出优秀的作品进行公开展览。展览丰富了市民的假日生活,增强了安全意识,取得良好的社会效果。

除了这些校园主题性展览外,海阳市教体局自2019年开始,每年都举办一次大规模的全市师生综合性书画展。各中小学在校园书画展的基础上选出优秀作品,参加全市教育系统美育成果大阅兵。海阳市教体局局长纪卫东在开幕致辞中说："通过书画展集中展示全市教职工、学生丰富多彩的文化生活和积极向上的精神风貌，为中小学美育发展注入新活力，引领教育奔向诗和远方，谱写海阳新时代品质教育的新篇章。"2019年12月举办了"挥毫中国梦、翰墨教育情"教育系统书画展；2020年举办了"抗击疫情显担当，翰墨飘香育英才"海阳市教育系统第二届迎新年师生书画展；2021年举办了"绘百年风云党史，书爱国育人篇章"第三届迎新年书画展。海阳市教体局局长纪卫东同志在2021年活动开幕致辞中说："通过书画展集中展示全市教职工、学生丰富多彩的文化生活和积极向上的精神风貌，为中小学美育发展注入新活力。"每年的教育书画展都在海阳市教体局各楼层进行作品展览，供全市师生假期或双休日观摩学习。展览也吸引了周边财政局、文化局、纪委等单位组织集体参观，一位财政局的老领导看了海阳教育书画展，深有感触地说："教育上人才济济，艺术作品催人奋进，孩子们能在这样的环境中成长真是人生的一大幸运！"每年一届的书画展都结集出版成册，分发给海阳各学校及获奖的师生，参赛者都备受鼓舞、视若珍宝，也激励大家不断提升艺术修养和精品意识。一届届书画作品集展示和记录了不同时期海阳教育的美育风采。

三、美育因材施教，社团"艺"彩纷呈

走进海阳市实验小学崭新的校园，一名老师正带孩子们在排练大秧歌，她问学生："孩子们，你们最喜欢哪天的课程？"孩子们异口同声地说："喜欢周五的活动课。"海阳市教体局为了给学生提供展示自我的平台，要求各学校充分利用艺术教育资源，积极开设艺术特色活动课。校园里分别开设了书法、合唱、舞蹈、器乐、戏剧、国画、版画、儿童画、剪纸、折纸、陶艺等社团活动，做到周周有训练，月月有提高，学期有成果。精

彩纷呈的艺术社团活动,激发了学生的潜质,培养了学生的艺术特长,丰富了校园文化生活。

2020年10月,海阳一中、海阳市育才小学被评为烟台市艺术特色学校;海阳市育才小学书法社团、海阳市亚沙城小学魅力沙画社团、海阳一中剪纸艺术工作室被评为烟台市优秀学生艺术社团。社团活动进一步扩大了艺术教育的影响力。

四、加强师资培养,领航美育发展

海阳市教体局艺术教育科科长修庆海说:"决定艺术教育水平高低的第一要素在教师,教师的艺术素养有多高,就会引领海阳的艺术教育走多远。"为提高教师的专业水平,加强师资培养,海阳市教体局多措并举。

融入自然生活,充实艺术课堂。2021年10月31日,胶东八路军机关旧址许世友纪念馆外面迎来了一群背着画夹的人:年轻的老师们围住一个年长的画家,正在听他讲解演示,这是海阳市教体局组织的美术教师户外写生活动,年长者是已经退休的王德全老师,此次活动他做专家指导,老师们用画笔展示自我,用佳作传承红色基因。海阳市教体局还组织老师们走进招虎山森林公园,组建美术青年教师团队,坚持每周专业打卡作业活动,让老师们亲近自然,将自然中的美与精神相结合,笔随心动,尽情挥洒,从户外写生中汲取营养,搜集素材带回校园,为美术课堂增趣添彩。

汇集音乐力量,歌声高亢嘹亮。从各学校音乐教师中抽调骨干组建合唱团,间周排练一次,合唱团所有人员积极参加,展示出了海阳市教育系统教职工不怕吃苦、团结协作的风采。2021年教育系统参加了海阳市庆祝中国共产党成立100周年大合唱比赛活动,合唱团精选歌曲、精心制作背景、探索排练方法,演出获全市一等奖第一名的好成绩。教师合唱团的成立与发展,是推动海阳市文化事业蓬勃发展的重要举措,是填补全市教育系统美育工作空白的创新之举。

美育华山论剑,看谁技高一筹。通过校园比赛选拔,海阳市教体局分别在实验小学、育才中学举办全市美术教师、音乐教师基本功展示活动,2021年共推选12人参加了烟台市中小学美术教师基本功展示。同时,海阳市教体局承办了本届烟台市中小学美术教师基本功展示活动,共有121人参加了活动,并取得圆满成功。海阳市获烟台市一等奖1人,二等奖4人。海阳市新元小学的美术教师张霞代表烟台市参加山东省美术教师基本功大赛，获得省级一等奖，并取得了小学组烟台市第一、全省第四名的好成绩，为海阳市及烟台市争得了荣誉。从济南载誉归来的张霞老师在海阳市教体局组织的经验交流中，激动得一时热泪盈眶，她饱含深情地说："感谢组织对我的培养，我只是海阳市中小学美术教师中普通的一员，之所以能取得这样的成绩，除了自己的努力，更离不开团队的力量。教研员一遍遍组织模拟技能测试，对创作的作品、教案等反复修改和打磨。我因为身体不适也一时想过放弃，是领导的鼓励和同事们的帮助使我坚定了信心，自己也逐渐感受到业务能力有了本质的蜕变，感受到了这一路来自己的进步。当我到了济南走进考场的那一刻，我告诉自己是代表海阳市所有美术教师来的，我一定不辜负局领导对我的培养和期望……"海阳教体局东三楼的会议室内掌声雷动。

此外，海阳市教体局艺术教育科每年都到各学校组织课堂"大比武"活动，2021年推选出4节音乐课、4节美术课参加烟台市的评选，其中，获得烟台市优质课一等奖1人，二等奖3人，有力提高了音美、书法教师课堂教学水平。

点画书写人生，翰墨滋养美德。"我们学校来书法家啦！"这是海阳市开发区中心小学的孩子发出的欢呼。海阳市专职书法教研员孙世峰负责书法课程的实施，到学校开展书法教学培训，组织书法课堂大比武活动。中国书协会员于永平、李延庆等纷纷走进校园，书法家手把手教孩子们写字，和孩子一起挥毫泼墨，让书法这一优秀传统文化艺术在孩子们心中生根发芽。由于孩子们的书法基础扎实，在书法展中真草隶篆传承有序，从点画到章法都表现不俗，一些孩子因为书法也考入自己理想的大学，圆了一个书法大学梦。海阳的书法高考连年取得佳绩，其中，海阳二中在2020年高考中，书法高考过关率95%以上，共48人过本科线，赢得了家长赞誉和社会认可。

烟台市教育局体卫艺科科长祁丽薇在组织山东省庆建党百年中小学美术教师教育成果展中，看到海阳市参展25个作品获得13个烟台市一等奖，深有感触地说："海阳是一处文化艺术底蕴深厚的城市，烟台市的美术教师基本功大赛选择在海阳举办，是海阳市多年来艺术教育实力的见证，也是烟台对海阳未来美育蓬勃发展的美好期冀。"

海阳市阳光校园建设

　　少年强则中国强,青少年健康是健康中国建设的根基。习近平总书记始终关心青少年健康成长和全面发展,总书记在全国教育大会上的讲话,是学校体育改革发展的新坐标。他指出,要努力构建德智体美劳全面培养的教育体系,帮助学生在体育锻炼中享受乐趣、增强体质、健全人格、锤炼意志。习近平总书记的讲话,构建了崭新的学校体育"四位一体"目标体系,意义重大。近年来,海阳市教体局严格落实党中央、国务院关于学校体育工作的决策部署,贯彻执行省、市关于促进学生健康系列文件精神,以学生全面发展、增强综合素质为目标,牢固树立健康第一的教育理念,培养担当民族复兴大任的时代新人。海阳市教体局局长纪卫东指出:"坚持整体规划、分层推进、共同发展的组织方针,让学生在丰富多彩的运动中,有选择地参与、学习、享受体育,让每一个学生掌握一定的体育锻炼方法和运动技能,培养体育锻炼的兴趣,养成每天坚持锻炼的习惯,形成积极锻炼、健康向上的良好风尚。"

多彩体育　健康成长
——海阳市新时代品质教育阳光校园建设纪实

"你笑起来真好看，像春天的花一样……"伴着轻松愉快的音乐，在海阳市凤城初级中学的校园里，全体学生以整齐优雅的动作、活泼自信的笑容、热情奔放的活力跳着韵律体能操《你笑起来真好看》。这是该校落实增强体质，增进健康，开展多彩体育活动的一个真实写照，也是全市开展新时代学校体育工作的一个缩影。

一、体育学科建设，让体育"暖"起来

"妈妈，今天我短跑 50 米跑了第一名！"亚沙城小学四年级某同学回到家后，迫不及待地与妈妈分享自己的跑步成绩。该生的妈妈说，学校很注重提高孩子的身体素质，体育课不仅数量增多，内容也更加多元化。体育教师加强钻研，积极实践"新课标"，在课堂上多下功夫，让学生喜欢体育课，让学生乐学、愿练，扎扎实实地上好课。教学中做到课堂与课后相结合，发展技能与体能相结合，传授知识与培养意识相结合，加强对学生进行体质健康意识的培养，促进学生健康意识的形成，强化对学生健康行为能力的指导，切实提高小学生的体质健康水平。体育教师发挥主观能动性，根据"新课标"的精神，创编出更多更好的体育活动内容和形式，增强学生锻炼，提高学生体质，为学生体质健康做贡献。

二、课外体育活动，让体育"热"起来

学校开展精彩纷呈的大课间、体育活动课，形成一校一品、一校多品的体育

特色品牌。亚沙城初中的韵律操培养了学生的核心素养,让他们在运动中健康成长,在运动中收获快乐,在运动中全面发展!一位学生现场表示:"我很喜欢学校创编的韵律操。它不仅让我领略到美妙的艺术魅力,还让我的体质增强、精神放松和内心愉快,更重要的是让我感受到阳光自信、集体荣誉感和校园之家的温暖。"育才小学创编的"健身操"和"守则韵律操"动作优美,融入每天的大课间中进行普及,能够全面锻炼学生的柔韧性和体能。

全市各学校积极开发丰富的大课间、课外体育活动课程,如螳螂拳系列、跆拳道、跳绳、踢毽子、篮球、足球、乒乓球等。丰富多彩的运动项目,学生动在其中,增加了体育训练的内涵。

三、体育比赛,让体育"火"起来

深入开展中小学生阳光体育运动会、"市长杯"校园足球联赛、篮球赛、跳绳踢毽比赛等一系列校园体育比赛活动,使全市中小学生体质健康水平显著提升。各参赛选手在比赛中都积极发扬团队协作、奋力争先的体育精神,为取得比赛胜利拼尽全力,体现出良好的团队意识,更展现了海阳学子自强不息、顽强拼搏的体育精神。一声声激动的呐喊,一个个跃动的身影,一个个胜利的微笑,一次次沮丧的叹息……高高的跃起,快速的奔跑,漂亮的抢断,优美的跳投,组成了一幅幅充满灵动色彩的画卷。让学生动起来,享受运动的乐趣,掌握运动技能,使之成为学生终身受益的生活方式和习惯,同时也使体育的教育功能得到更好的发挥和释放,让体育成为学校全面发展的新亮点。

海阳市委教育工委副书记姜

风钰指出:"我们将按照《海阳市新时代品质教育行动纲要》要求,坚持'求真务实、提质增效、协同共进、守正创新'的基本原则,采取系列措施促进学校体育均衡发展。"

四、课题研究,让体育"强"起来

近年来,海阳市积极申报国家、省、市体育专项课题,已结题100多项。以课题研究为契机,有效地促进了学校体育工作的开展。海阳二中参与了华东师范大学牵头的国家社科基金重点课题、山东省教育科学规划课题

的研究工作,历时3年已顺利结题。徐家店初中自2013年5月以来,成为烟台市"'五·四'学制区域体育与健康课程开发与实施的研究"课题实验学校,在该课题指导方案的引领下,努力创新学校体育活动形式,把每天一小时校园体育活动真正落到实处,从体能"课课练"逐渐发展到体能素质"天天练"。在提高学生耐力、力量、柔韧等体能素质的同时,海阳更为关注的是学生在运动过程中,能够养成良好的运动习惯,体验到活动所带来的快乐。孩子们的生理、心理得到健康发展,体质有所增强,这是学生发展的需要,是家长的最终期盼,更是对学校工作的一种检验。

五、特色学校建设,让体育"领"起来

海阳市积极申报体育特色学校,共有全国校园足球特色学校12所、国家级足球特色幼儿园2所、全国青少年校园篮球特色学校4所、省级体育传统项目

学校5所、烟台市校园足球特色学校10所、全国青少年校园冰雪运动特色学校2所。全市以此为契机,坚持从实际出发,充分发挥特色学校示范引领作用。积极推动3亿人参与冰雪运动,多元化开发与冰雪运动关联度较大的项目。依托林山滑雪场,与滑雪场

联合开展冰雪活动,聘请专业滑雪教练,广泛开展雪地游戏、趣味竞赛、雪地足球赛、雪地拔河比赛等冰雪体验活动。

海阳市教体局体卫科科长迟学波说:"体育是发展素质教育的重要内容之一,要着眼于学生未来发展,把提高学生体质健康水平作为当前教育工作的一件大事来抓,助力新时代品质教育深入实施。"

强身健体,振兴中华。开展多彩的学校体育运动,培养了学生的运动精神,涵养了学生的行为习惯,强健了学生的体魄,丰富了学生的心灵,为建设健康中国做贡献。有健康的体魄,才有人生的辉煌。为了孩子的未来和国家的希望,让我们一起动起来……这是海阳体育工作者共同的心声。

海阳市劳动校园建设

习近平总书记在 2018 年的全国教育大会上强调："要在学生中弘扬劳动精神，教育引导学生崇尚劳动、尊重劳动，懂得劳动最光荣、劳动最崇高、劳动最伟大、劳动最美丽的道理，长大后能够辛勤劳动、诚实劳动、创造性劳动。"这一重要论述，赋予了劳动教育新的内涵，阐明了劳动教育关系着民族发展长远大计。针对劳动教育被淡化、弱化的现象，2020 年 3 月 20 日，中共中央、国务院发布了《关于全面加强新时代大中小学劳动教育的意见》，要求全面构建体现时代特征的劳动教育体系，对新时代劳动教育的实施提出了明确的要求。近年来，海阳市教体局深入挖掘中小学校内外劳动实践蕴含的育人功能，拓展教育空间，创新教育方法，丰富教育形式，增强学生的劳动体验，使学生在劳动实践中得以磨砺，实现了树德、增智、强体、育美的目的，彰显了劳动教育的综合育人价值。

纸上得来终觉浅，绝知此事要躬行
——海阳新时代品质教育劳动校园建设纪实

多彩实践课上，孩子们用灵动的双手粘贴种子画、制作创意沙画、篆刻橡皮章、制作胶东大饽饽；校园种植园里，孩子们用智慧的双手精心管理蔬菜、谷物、中药材；校园餐厅中，孩子们用勤劳的双手择洗菜品、取餐分餐、洗刷碗筷……这是海阳市各中小学校园内劳动的掠影，也是海阳市新时代品质教育劳动校园建设的缩影。

海阳市整体谋划、顶层设计，将劳动教育的普遍性与学校发展的个性化同步实施，从"构建劳动教育特色课程、形成劳动教育实施模式、探索劳动教育评价体系、打造劳动教育特色品牌"等方面，着力构建和推广"1+3+X 新时代劳动教育课程体系"，全面打造劳动教育新样态，以劳动校园创建为学生的全面发展筑牢根基，为学生核心素养的提升赋能。

顶层规划构筑劳动教育基本保障

烟台市教育科学研究院副院长赵霞说："劳动教育课程要坚持以校为本，开足课时，这是对劳动教育课程实施最基本的要求。"根据各学校劳动教育课程开设现状，海阳市教育和体育局紧密结合"开齐课程、开足课时"的政策要求，从顶层对学校劳动教育课程进行规划，提出"1+3+X"新时代劳动品质教育全域推进的实施理念，把劳动教育的点做细、做实、做系统，推动区域内劳动教育全面性、特色化实施。

新时代劳动品质教育将思想教育与劳动实践、日常劳动与主题劳动、国家课程与拓展课程、集中劳动与分散劳动结合，依托"家庭、学校、社会"三条途径，将"培育学生正确的劳动观念、必备的劳动技能、

积极的劳动精神、良好的劳动素养"作为总目标，从"劳动教育必修课程、劳动教育协同课程、劳动教育特色课程"三方面细化实施内容；从"劳动教育主题课程、劳动教育任务清单、劳动教育专题课程"等方面规范实施途径；从"劳动成长档案、劳动成果展评、劳动少年评选"等方面形成多元评价，总体构建新时代劳动品质教育课程体系。

基地建设彰显劳动教育田园魅力

"学校不只是教师的学校，更是学生的学校，学生能做的事情一定要让学生去参与、去实践。"综合实践教育室李芳主任倡导各学校根据年段特点，确定劳动任务清单，由易到难，做到"班班有责任岗""人人有活干，处处有人管"，实现"时时处处皆劳动"的境界。

在"校园就是劳动场所"的理念引领下，各学校根据实际情况，克服困难，创造条件，建设劳动实践基地。有的学校将校园内的闲置土地开发为农业种植园；有的学校利用有限的地方进行花盆种植、箱式种植等；有的学校按照"班级—走廊—校园—基地"等模式分年级、分层次开展中草药、农作物、花卉等种植活动……逐渐形成了年级序列化的劳动教育目标，创设了一种"校内班班有责任田、处处是劳动园"的教育氛围。全市各中小学校内劳动教育实践基地的全面建设，促进了新时代劳动教育全员、常态、系统、真实地实施，形成了鲜明的地域特色，充分彰显出劳动教育的田园魅力。

多彩实践培育劳动教育新样态

每周参加多彩实践课是海阳市中小学生们最期待的时刻。每学期伊始开设"选课超市"，打破原来班级，让学生自由选择喜欢的课程，为学生的全面发展搭建广阔的舞台。五颜六色的铁丝在孩子们的创意下，变成了一辆精致的自行车,变成了一棵小小的梦想树,充分激发了学生的自信心;党的百年华诞,孩子们用种子、衍纸、泥塑、毛线、贝壳等不同的材料,以自己独特的方式进行"红色文化"主题创作,表达少先队员对党的深深祝福。海阳市教育和体

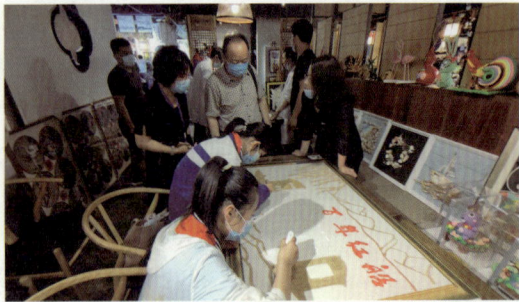

育局副局长姜翠荣在欣赏孩子们特色纷呈的作品时,不由感叹:孩子的创造潜力是无限的!

依托多彩实践日,海阳市提出构建课程群、形成课程体系、提炼课程品牌的设想。海阳市亚沙城小学在"海韵课程"体系下设立"学农·学医"特色劳动课程群;海阳市凤城街道中心小学依托办学特色,构建"五色凤课程群";海阳市行村镇小学的行知

课程、海阳市发城镇第一小学的"四美润心"全景化劳动课程、海阳市新元小学的"七彩阳光"课程,呈现出特色纷呈、百花齐放的区域劳动实践教育新生态,推动全市劳动实践教育的品质提升。

竞赛展评提升劳动教育育人价值

在实践探索中,海阳市逐步建立起了班级、学校、全市三级劳动教育评价机制。每学年,通过各级劳动教育优秀成果展评及劳动技能竞赛,树立劳动教育典型。从 2010 年举行首次综合实践活动成果展评至今,已举办了 11 届海阳市中小学生综合实践活动暨劳动教育成果展评。先后组织 162 名学生

参加烟台市劳动实践教育成果展评及项目大赛,取得良好成绩。海阳市育才中

学学生宋孟林参加烟台市劳动教育成果展评时说："劳动让我学会坚持，懂得合作，更让我学会勇敢面对困难，体验到劳动的乐趣与独特魅力。"山东省海阳核电装备制造工业园区中心小学辛乔羽同学的妈妈说："学校实施新时代劳动教育课程以来，孩子最大的变化就是能够把在学校劳动教育活动中习得的技能，在家中进行延伸和实践，潜移默化中懂得了知恩、感恩和分享，逐渐养成了良好的劳动习惯，这是孩子人生中的一笔宝贵财富。"目前，海阳市很多学校的六一儿童节已演变为多彩实践节，让每个学生都能出彩，每个学生都有机会展示自己最拿手的劳动实践项目及优秀成果作品，成为学校实践育人的主线。

随着新时代劳动教育的深入开展，一大批学生在劳动实践活动中发掘自己的潜力和特长，激发了学习的内在动力，综合素质大幅提升。目前，已有 2 名学生被评为"烟台市综合实践活动小明星"。教师在活动指导中，不断挖掘自身教学潜力，提升了职业幸福感，激发了工作热情。23 名劳动教育教师被认定为烟台市级骨干教师；43 名教师获"烟台市劳动教育工作先进个人"荣誉称号。劳动校园建设过程中，一批试点学校迅速成为劳动教育名校，由此带动了其他学校对劳动教育活动的高度关注和认可。海阳市发城镇第一小学的《"四园联动"全景式劳动教育课程》被评为山东省中小学劳动教育实施优秀案例。2021 年，作为烟台市唯一的一所农村学校代表，在全市劳动教育大会上做典型经验交流。海阳市实验小学的《劳动砥砺心志，实践助力成长——小学"全方位"劳动教育实施策略》被评为首届烟台市中小学劳动教育特色课程开发与实施优秀典型案例。海阳市亚沙城小学开发的"中草药种植"课程，多次在专题会议上进行典型经验交流。现已有 16 所学校被评为"烟台市劳动教育工作先进单位"。

这些学校的成功案例，推动了更多学校在劳动教育研究之路上不断探索，为海阳市新时代劳动品质教育的发展提供了宝贵经验。

第二章

高中教育
打通多条通往未来的成才之路

山东省海阳市第一中学

　　山东省海阳市第一中学始建于1952年，是海阳市建校最早的国办中学。2007年11月迁至现校址。2009年，海阳市委、市政府决定将原海阳六中、七中、十一中撤并到海阳一中，成立新一中，学校办学规模得到了迅速扩大。新学校占地360亩，全校有58个教学班，学生2748人，教职工371人。学校历经70年积淀发展，为国家培养了数万名优秀毕业生，恢复高考制度以来有100多名学生考入清华大学和北京大学，有近千名学生获得博士学位。办学经验曾被《中国教育报》等多家媒体报道。学校是全国首批青少年校园足球特色学校、山东省规范化学校、山东省状元学校、烟台市首批"特色艺术学校"，连年被评为"烟台市优生培养先进高中""烟台市教育系统先进集体"等。

芳华绽放，遇见最美的自己
——海阳市第一中学品质教育"三大行动"纪实

透过艺术中心整片的玻璃窗，冬日阳光浸润着温暖的剪纸工作坊，老师的轻轻脚步声、细细低语声与同学们的沙沙剪纸声相映成趣。视线越过工作室，海阳一中的校园则更为生动，舞蹈室里的翩翩起舞，合唱团的悠扬歌声，阅览室的静谧沉醉，运动场的挥汗如雨和实验室里 3D 打印与机器人那充满现代魔幻色彩的滴答声，共同勾勒出了一所现代中学应有的动静相宜与活力满满。

"一所好的学校不应当固化学生成长与未来之路，海阳一中是学生梦想开始的地方，是教师实现教育理想的地方。"校长于建涛如是说。在这一办学思想指引下，海阳一中紧紧围绕着学生管理和教学管理两条主线，整体推进了新学校建设、新教师塑造、新课堂改进三项行动，砥砺奋进，全面践行品质教育。

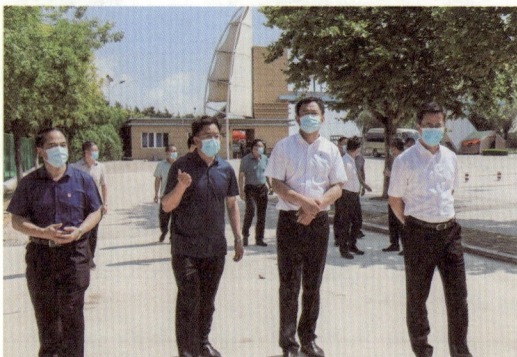

一、新学校建设，搭建成长平台

"让每一位学生出彩"是海阳一中一直不变的追求。走进四季常青的海阳一中校园，见到的是绿树掩映下的一张张乒乓球台；配有高亮度照明设施的操场；设施完善的校园书店；宽敞明亮的艺术中心；设有多个创客教室的创客空间；瓜果丰盈的校内劳动实践基地；配置齐全的"心理咨询小屋"……近年来，海阳一中通过对设施设备进行更新改造，搭建多样化成长平台，促进每一位学生成长成才，成为最好的自己。

"回望高中，课余有丰富的活动释放激情。我经常和老师、同学切磋乒乓球艺，校园里的每一块乒乓球台都曾留下过我的身影。有活力的自己也能高效率地投入学习。"首都高校乒乓球比赛冠军周肖杉同学，在谈到母校的时候说道。

她是海阳一中众多运动与智力相互促进、相互成就的优秀学生之一，现就读于清华大学建筑管理系。

在海阳一中，健康教育是新学校建设的核心。推动校园各项运动发展是该校落实"健康第一"的重要途径。运动不仅能够增强体魄，还能培养学生的团队合作和竞争意识，培养学生勇往直前和永不言弃的精神。除了喜闻乐见的乒乓球运动，学校还大力推动足球、篮球、田径、八段锦等各项运动在师生中的普及，并在经费、场地和设施上持续投入。

二、新教师塑造，提升专业能力

"我在海阳一中看到了学养光华的绽放，看到了县中振兴的希望。"烟台市教育科学研究院院长管锡基充分肯定了海阳一中品质教育背景下新教师塑造行动与新课堂改进行动的阶段性成果。

"内强素质，外塑形象"是这所学校新教师塑造行动的基本目标。言传与身教是教育教学的重要途径，正所谓"身教胜于言教"，教师的行动是最好的教育手段。为此，学校每月最少组织一次校内外培训，全面提升领导干部、班主任、教研组长的管理能力，提高广大教师的形象表现、职业道德素养和专业能力。

"加入海阳一中的这两年，我收获很多，学校的各类教育教学活动带给了我太多的思考，太多的成长经历让我在教学过程中少走了很多弯路，这是我的应许之地。"刚入职两年的刘海凤老师在学校青年教师座谈会上说道。在学校教科室的牵头组织之下，学校开展了"文明礼仪培训""论文写作培训""班主任工作提升培训""课题研究培训""青年教师论坛"等一系列活动。这些活动的开展不仅让新入职的青年教师很快成长，也让从教多年的教师们受益匪浅。第四批烟台名师培养人选陈元磊说："过去教是教，研是研，现在通过培训，聆听专家的讲座，我学到了很多，可以做到教研结合，教研相长了。"

三、新课堂改进，优化教育理念

基于核心素养的新课堂改进行动，是海阳一中品质教育的又一大动作。学校以价值提升、结构开放、过程互动、动力内化为目标，变革原有教研组织架构，将教、研、训融为一体,成立了"大学科组",使个体和组织的主动性和创造性得到很好发挥。

在大学科组牵头下,学校出台了《海阳一中品质课堂建设实施方案》,明确了"先学后教,以学定教"的新课程理念,以课堂情景化、问题化、结构化为要求,严格落实情绪、时间、目标三项管理,推行以德育和思维为驱动,以"导、学、展、评"为环节的两驱动、四环节教学模式。学校通过组织青年教师过关课、学科教学大比武、学科同课异构赛课、教学技能竞赛、三课型磨课等活动,从根本上改变了传统的课堂教学行为,优化了教师课堂教学理念和学生的学习行为。在 2020—2021 年度海阳市、烟台市两级的教学大比武中,海阳一中有 66 人次获奖,另有两位老师在省级优质课比赛中获奖。

新的课堂也更符合新时代学生的需求,现就读于香港中文大学的杨晋同学对高中的课堂有自己的认识:"我喜欢高中的课堂氛围,当我来到大学,我发现虽然大学的课堂更自由,但我却并不陌生,那种来自知识的诱惑力与让我不断思考的吸引力跟我的高中课堂如出一辙。"

位于四号教学楼的创客教室里,一台台 3D 打印机在打印着各种奇思妙想,一个个憨态可掬的足球机器人在奋力拼抢,而赋予这些机器"生命"的就是该校的学生们。

创客教师能成龙说:"海阳一中的创客课程包括 3D 打印、机器人足球、可编程无人机、电脑编程等几大类。丰富的课程设计,有利于多方位培养学生。"刚刚获得烟台市中小学创新实践大赛一等奖的修小雯同学提起创客课程,总是兴奋不已。"创客课程提高了我的创造力,让我总是想到一些别人想不到的点子。"

近年来,海阳一中用笃行的态度、不懈的努力赢得了全国青少年校园足球特色学校、山东省法德共进先进单位、烟台市首批"特色艺术学校""优秀学生艺术社团"等荣誉。海阳一中的学生在各级编程、3D 打印、机器人足球、田径、足球、篮球及各级艺术展演中均有不俗成绩。

2021 年临近岁末,海阳一中办公室的快递明显多了很多,一封封薄薄的邮件里是一封封喜报:从重点院校到普通高校,从国家奖学金到大学种类繁多的各类奖学金，从各种奖项到各种事迹表扬。每一封喜报都是对海阳一中学子的肯定，更是对海阳一中品质教育的肯定。

　　岁月的年轮刻录着历史的荣光。从最初的海阳中学到现在的海阳一中，风风雨雨七十载，海阳一中走过很多的不平凡，经历过最辉煌的县中时代，经历过学校搬迁、合并带来的诸多冲击，亦在经历着新时代县中的振兴。曾几何时，海阳一中人埋头苦干，一心让孩子们学更多的知识，考更好的大学。当教育走进一个新的时代，他们抬起头，努力找寻教育新的方向，他们将心血和汗水转化为一种学生发展的价值，为每一名学子铺就最适合的成长之路，让每一名学子在海阳一中这座美丽的校园里，芳华绽放，遇见最美的自己。

海阳市第二中学

　　海阳市第二中学已在凯歌中已走过65年的光辉历程。如今,又意气风发地踏上了新的征程。在秉承"润泽生命、成就精彩"的办学理念下,学校从学生的实际出发,挖掘学生特长,搭建起更加广阔多元的成长舞台,引导学生个性化发展,在调研、论证中走出了一条以传统文化高考为主体,以艺体高考为特色的多元发展之路。近年来,海阳二中艺体高考工作成效显著。2019—2021年,学校连续三年被评为"海阳市教学工作先进单位",2021年荣获"烟台市普通高中教育教学工作先进学校"荣誉称号,被授予"烟台市教育科研先进单位"。

积多元发展之沃土　兴润泽生命之雨露
——海阳市第二中学艺体特色教育纪实

一幅幅行云流水的书法，或工整隽秀，或挥洒自如；一卷卷别开生面的图画，或朴素描绘，或斑斓呈现。海阳二中投身书法或美术专业学习的同学们的作品在校园一经展出，就引得不少师生驻足观赏、交口称赞。

"大饱眼福，这些书画作品真是太棒了，太惊艳了！"

"啊，这是我高一同学的作品！你看，这幅张桂梅老师的画像画得也太像了吧，气质都跃然纸上了！"

翰墨飘香，丹青亮彩，这是海阳二中秉承多元发展之路，润泽生命、成就精彩的一个掠影。

"教学之道，在于因材而施，博学笃行；教育气象，在于尚真致远，日进日新。从学生实际出发，为学生一生的成长奠基，是海阳二中永恒的追求。"学校党支部书记、校长李玉宝同志这样说。

一、特色办学，以艺铸人

风雨兼程六十余载，砥砺奋进再扬帆。历经六十余载阳光雨露，海阳二中"阳光教育，艺术衔接"的办学特色日渐凸显。"海阳二中生源集中在中考全县2500名以后，如果僵化思想固守文化高考的独木桥，前景堪忧。"李玉宝校长的话鞭辟入里，一语中的。

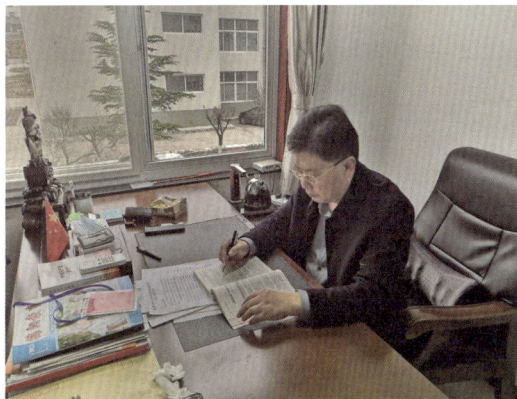

为了托起学生未来的梦想，学校在多次调研、反复论证中探索，走出了一条以传统文化高考为主体，以艺体高考为特色的多元发展之路，成效显著，硕果累累。

近年来，学校通过艺体高考升入本科院校的学生就有400余人。学校也在 2019—2021 年连续三年荣获"海阳市教学工作先进单位"荣誉称号，于 2021 年荣获"烟台市普通高中教育教学工作先进学校"荣誉称号。

因材施教，挖掘特长，为学生终身发展奠基。学校设立了书法、美术、舞蹈、合唱、朗诵、播音主持、乒乓球、足球等 22 个社团，为学生搭建起更加广阔的多元化成长舞台，学生通过各种社团发挥特长，展示时代青年的青春洋溢，努力实现个性化发展。

会议宣讲，瞻望前景。谋定而后动，知止而有得。艺考，是一场没有硝烟却牵动无数人心弦的战斗，是一场没有烽火却决定无数学子未来的战斗。学校多次召开专题会议，对艺体特长生及家长进行宣讲，对艺体生的训练、考试以及专业选择、就业前景等进行详细解读，打消家长顾虑。同时也进一步对师生提出要求：三年，无数个汗水凝聚成的日夜，成功与否，在此一役，师生们要拿出"雄关漫道真如铁，而今迈步从头越"的决心与毅力，思想上重视，行动上落实。如此家校合力，共同助力学生跨越艺考的难关，共同助推学校特色办学工作进一步发展。

平台搭建，营造氛围。横平竖直皆风骨，撇捺飞扬是传承。中国书法协会会员唐如奔老师进学校指导学生运笔技巧，演示横竖撇捺写法。唐老师的书法行云流水，落笔如云烟，一笔而下，若脱缰骏马绝尘而去，又如蛟龙飞天流转腾挪。一场笔墨淋漓的演示，使学生深切感受到了书法的魅力。另外，足球、美术、舞蹈等都有专业人士进校指导交流。在一次次艺术的畅想与交流中，在墨香与音律的浸润中，学生更加坚定了自己的从艺之路。

活动促进，展示成果。操千曲而后晓声，观千剑而后识器。阳光体育运动、"校长杯"足球赛积极开展，各种项目精彩纷呈。海阳二中的绿茵场上，体育生汗水挥洒，势如破竹，展现竞技体育的力量之美。以书言志，以画传情，以文寄怀，海阳二中各个项目的特长学生在自己的领域里奔驰。书画展、诗词朗诵等活动，彰显少年的理想与信念，各色艺术活动的开展为学生放飞自我、施展才华、沟通心灵、特色发展创设了个性空间。

渠道串联，拓宽视野。临高始见人寰小，对远方知色界空。学校积极与各高校艺体专业院系沟通交流，熟悉艺考流程，拓宽艺术视野，为学生扫清专业认知上的障碍，努力培养学生的专业意识，提高他们对职业生涯规划的认知能力。

二、深化改革，以学育人

千淘万漉虽辛苦，吹尽狂沙始到金。经过几年的艰辛探索和辛勤付出，学校终于收获了成功的硕果并得到了上级领导的肯定。2021 年 9 月，海阳市教体局纪卫东局长在新学期高中教学工作会议上对海阳二中的工作给予高度赞扬："首先，我对海阳二中荣获'烟台市普通高中教育教学工作先进学校'荣誉称号表示热烈祝贺。近几年，海阳二中将深化课程改革落到了实处，深入贯彻落实了《海阳新时代品质教育行动纲要》精神，实现了每一名学生核心素养的培育和学科能力的提升。尤其是海阳二中调整了办学方向，成效显著，成绩突出。他们的努力和付出是十分值得肯定的。我衷心希望，海阳二中在今后的工作中继续坚持走多元发展特色办学之路，让更多的学生走进大学校园，为国家输送更多的优质人才。"

艺体育人，课改先行。 删繁就简三秋树，领异标新二月花。近年来，学校积极创新，勇于改革，倾力组建艺体班，积极探索并大力开展模块型艺体课程、艺体社团活动课程，并加大课程建设，构建出了能为学生未来发展奠基的课程体系，开辟出了一条真正以学生为中心，以质量为核心，有生命、有温度、有品质的崭新的艺体高考之路。

艺体育人，教师领航。 问渠那得清如许？为有源头活水来。学校的长足发展需要教师队伍的不断成长。学校改革的顺利开展，离不开教师队伍的长足进步。课堂外是老师们刻苦努力、潜心笃志的执着探索，课堂内是老师们妙语连珠、精辟透彻的精彩讲授。鹤发银丝映日月，丹心热血沃新花。老师们在教学中辛勤付出、无私奉献，换来的是艺体门类课程发展进步，获得的是教学教研方面的丰硕成果。近几年，学校教师在专业期刊公开发表教学、科研论文 30 余篇，主持国家级课题 1 项，

完成多个烟台市级课题研究任务,并且在 2021 年 9 月,学校又被评为"烟台市教育科研先进单位"。

大鹏一日同风起,扶摇直上九万里。壮志凌云,一往无前,云帆沧海,志在无疆。凯歌行进中走过 65 年的海阳二中,初心如磐,仍是少年。他正意气风发地踏上新征程,开辟新天地。朝气蓬勃的海阳二中是英姿勃发的,是神采飞扬的,是强健有力的。他正用如火的激情谱写着宏伟蓝图,他正用昂扬斗志践行着执着追求,他正用顽强拼搏实现着高远理想。风华正茂的海阳二中将始终秉承"润泽生命、成就精彩"的办学理念,坚持多元特色办学之路,厚积沃土,播撒雨露,为学生的成长赋能,为海阳教育事业的发展助力。春播桃李三千圃,秋来硕果满神州。相信在踏实奋进的二中人的共同努力下,将有更多的学子走向成才,走向成功。

海阳市第四中学

海阳市第四中学创建于1958年，现有教职工207人，在校生1650人，34个教学班。学校历经半个多世纪的风雨洗礼，六十余年的霜雪磨砺，积淀形成了自己独特的校园文化底蕴。学校坚持以"注重个性，和谐发展，让每一个孩子都好"为办学理念，以"追求卓越，实现梦想，报效祖国"为校训，以"务实，守信，崇学，向善"为校风，以"敬业奉献，求真务实，奋发有为，潜心育人"为教风，以"乐学善思，明理强能"为学风。学校先后被授予"山东省传统项目学校""烟台市文明单位""烟台市教书育人先进单位""烟台市高中教学工作先进单位""烟台市青少年普法教育示范校园""烟台市教育招生考试优秀考点"等60多项省市级荣誉称号。

多育并举融合育人,"一体两翼"成德达才

——海阳市第四中学多元化育人模式建设纪实

习总书记指出,培养什么人,是教育的首要问题。让更多孩子成材,一直是四中人努力的追求和不变的梦想。如今,在"创一流名校,育栋梁之材"办学目标的指引下,借助海阳新时代品质教育创建活动的东风,学校积极实施《海阳四中新时代品质教育行动方案》《海阳四中"新教师"塑造实施方案》和《海阳四中基于新时代品质教育的"新课堂"研究实施方案》,为莘莘学子铺垫通往未来的成才之路,让品质教育的理想照进现实的格局已然形成。

一、高效课堂启智,多元育人润德

精品课堂高效率,以生为本守初心。课堂是学校教育教学的主阵地,承载着无数人的希望与梦想。新时代,海阳教育已然迈开了品质教育的步伐,进入了"新课堂"改革的阶段。近年来,海阳四中始终立足新课堂改革,致力于实现高效、高品质的课堂教学,在不断摸索中逐渐形成了以"导、思、议、展、评、检"为中心的"高效六环节"课堂教学模式。

校园里经常可以看到校长随身携带听课本,随时推门听课。教师们根据教学目标设计好导学案,引导学生思考、讨论、总结。"我们组的结论是:自由扩散是顺浓度梯度进行。""我有个问题,水分子的跨膜运输也是自由扩散,为什么是逆浓度梯度进行的?""这里的'浓度梯度'指的是什么?是质量浓度还是物质的量浓度?"高一·5班的生物课堂上传出了学生们激烈的讨论,在展评阶段,同学之间的互相质疑引发了大家一轮又一轮的深度思考,推进了学习目标的完成。学生们说:"感觉课堂是我们的,我们原来也可以靠自己学习新知识,解决困难问题。"

"高效六环节"的课堂教学模式彻底打破了课堂教学的沉闷气氛,彻底改变了一言堂,满堂灌、满堂练、满堂问的状况,教师们纷纷表示,"学生们上课的积极性明显提高了,同学们都开心地参与到课堂学习中来了。"由此可见,只有把课堂还给学生才能展现学习环境的"原生态",才能追求课堂教学的"高效益"。近年来,海阳四中旗帜鲜明地唱响这样的主旋律:高效课堂是打破制约学校发展瓶颈,是突破传统走向名校的根本通道,而要打造高效课堂,就要把课堂还给学生,鼓励学生敢于做课堂真正的主人。

落实立德树人,推动养成教育。作为海阳市的重点高中,海阳四中始终以

"立德树人"为统领，坚持"教育在后，爱在始终"的德育工作策略，把"培养德智体美劳全面发展的社会主义建设者和接班人"这一根本任务，融入日常教育工作中。

建立导师制，形成"学校德育无死角、全员皆育人"的德育新格局。实施德育导师制，通过导师顺利打破问题学生的心灵壁垒，纠正他们的心理偏差，使之重新发现自我，树立正确的人生观、价值观和世界观。为每位受导学生建立成长档案，内容包括学生的爱国教育、心理健康、安全防疫、生活帮助、学习指导等方面内容。德育导师不定期与学生谈心互动，以年级组为单位，定期组织定期召开德育工作讨论会，让导师交流教导心得，对疑难问题讨论互助。充分发挥学校教职工的能动性，特别是要发挥任课老师"既管教又管导"的良好育人作用，彻底改变了以往任课老师"只管教、不管导"的状况。在德育导师制下，每一位非班主任教师都有了明确的关注对象，教师的德育积极性和责任感大大增强，每一位教师都把怎样才能帮助好自己的受导学生，怎样使自己的受导学生实实在在地进步作为自己的首要课题。如今，德育导师制的实施取得了显著的德育成果，学生违规违纪现象明显减少，这一举措促进了校园及社会和谐，受到学生家长及社会各界的好评和肯定。

采取多元化的育人模式，激发学生的内在激情、动力，让每一个学生都健康快乐成长。其一，采取情感育人方式。举行成人宣誓、经典诵读、元旦晚会、雷锋学习月等德育活动，使不同层次的学生都能够真正感受到关爱，学会感恩，学会担当。其二，采取活动育人方式。学校积极开展丰富多彩的社会实践活动，打造"第二课堂"。如研学旅行中的社区种植实践活动，同学们在合作社工作人员的悉心指导下学习了蔬菜种植知识，进行了除草整地、番茄的摘心、打顶等职业劳动体验，使学生体会到劳动的快乐和光荣；在孩子们学习之余，学校带领孩子们走进敬老院开展爱心敬老帮扶活动，学生共同探究帮扶计划及方案，让学生在爱心敬老实践活动中得到成长，在紧张的学科学习过程中得到相应的放松及帮助他人之后的快乐。其三，采取分层育人方式。具体操作：首先，针对高一年级的学生，纠正不

规范学习行为,养成良好的学习习惯,进行生涯规划指导;其次,针对高二年级的学生,重点把控班级的纪律建设,制订学习计划,树立长期学习目标;最后,针对高三年级的学生,强化理想教育,帮助学生树立远大的理想,助力学生健康成长,获得综合素质的养成。

拓展学校德育的外延,发挥家庭教育和社会教育的积极作用。海阳四中一直将家庭教育列为学校管理的一项重要内容,学校坚持以"家校同心,家校共育"为办学理念,大胆探索,努力工作,认真开展家长学校各项工作,逐步形成了"一个目标、两个加强、三个落实"的家长学校办学新思路。充分利用家委会这一途径,将德育活动从单纯的学校教育扩展到家庭、社会。努力推动形成学校、家庭、社会全方位、立体化的德育工作体系,强化德育实效。

深植红色基因,铸就红色信仰。"践行红色教育、传承红色基因"是学校培育学生社会主义核心价值观的重要内容与必要途径。海阳四中通过党团联动开展了国庆70周年"快闪""灯光秀""建党100周年团课"等丰富多

样的爱国主义主题活动;同时以语文学科为依托,开发系列观影专题,每个专题包括观看爱国影片和主题教育活动。观影前,学校下发观影指导,推荐学生阅读相关革命史料,帮助学生了解相关英雄人物的故事,师生共同赏析老一辈革命家的诗词文章;观影后,开展评影、演影、践影等系列活动,通过活动启迪学生牢记过去苦难沧桑的革命岁月,弘扬伟大的爱国主义精神。

二、"一体两翼"齐飞,彰显办学特色

结合学校的实际情况,海阳四中分析现状,总结经验,探索改革,创新实践。在多年的治校、办学经验基础上,提出"一体两翼"的特色化的办学思路,做到"躯干要阔,两翼要强"。在培养学生成才的过程中,突出"躯干",即以普通高中教育为主体,采取的具体措施是抓基础教育质量好的学生,为高等学府输送人才,突出金牌效应;强化"两翼",即加强艺术类和体育类学生的培养,实现学生升学途径多元化。

躯干要阔,让更多的学生考上本科院校。夯实基础,将中等以上层次的学

生送入本科大学，争取大面积"丰收"，提高高考升学率，为不同层次的学生成才、实现不同层次学生的人生理想搭建了更宽广的立交桥，实现了"将普通学生培养成优秀人才"的远景目标。"导师责任制"工作要求每一位教师要指导自己承包的学生，指导他们制定高中发展的规划，目标只有一个"我要上大学，我要上本科大学"。四中要求教师们要高标准，严要求，引导每一位同学树立"本科"意识，找差距，找不足，努力实现每一位学生的"本科梦想"。

在 2021 年秋季开学典礼上，于银广校长说："让海阳四中的每一个学生都健康快乐，都考上理想的本科大学，是全体海阳四中人的永恒追求！"

两翼要强，实现多样化升学途径。 海阳四中根据学校实际情况，发挥各学科特点，创造性地开展工作，发挥优势，把学校的美术优势继续保持，加强体育、音乐教学。于银广校长说："我们不仅要考上本科，还要有信心为国家培养更优秀的人才，帮助有特色的学生考上重点美院、体院等，使他们成为美术界、体育界的翘楚。"2020 届美术班毕业生修荷给母校来信中写道："感谢您，是您成就了现在的我，四中是我梦启航的地方。"

"新时代对教育提出了新要求，海阳四中在推进素质教育进程中正在努力创出优势，不断形成特色。"校长于银广表示，学校将继续打造一支过硬的专业教师团队，努力培养更多优秀的人才。

这是一所孕育生机的学校，这是一片充满希望的热土，这是崛起腾飞的人才摇篮，这里吸引着越来越多人的目光，人们欣喜地看到这样一个事实：海阳四中走出了一条"低进高出、高进优出"的路子，教育教学质量长期高位发展，成为先进教育思想的前沿，成为培养优秀教师的沃土，成为"培养全面发展的人才""将普通学生培养成优秀人才"的摇篮，成为实施素质教育的典范。

海阳四中的昨天是傲娇的，今天是瞩目的，明天必将是辉煌的。

烟台市中英文学校

　　烟台市中英文学校始建于2003年4月,是全日制民办寄宿中学,分设初中、高中、复读部,学校占地面积230多亩,共有130个教学班,教职工500多人,在校学生6000余人。2018年在德州市平原县设立分校"平原中英文高级实验中学"。学校以"立德树人,开启智慧,润泽生命"为育人目标,以"培养美好的人性,形成美好的人格,拥有美好的人生"为教育理念,为学生的未来奠基。学校在优生培养、课程改革等方面一直走在全省前列,15届毕业生有30名学生考入北大、清华,2021年有3人高考成绩进入全省前50名,办学经验被《中国教育报》等多家媒体报道。学校先后获得"山东省优秀民办学校""烟台市教书育人先进单位""烟台市党建工作先进单位""烟台市优生培养先进高中"等30多项荣誉。

创新课程，为学生未来奠基

——烟台市中英文学校"创新"教育品牌建设纪实

收获的季节，时任海阳市市长现任海阳市委书记的刘海彬在市教体局局长纪卫东的陪同下兴致勃勃来到中英文学校，他说，没来海阳之前就知道中英文教学质量在烟台市处于领先地位，今天就是要来看一看。他说，教育是事关民生的大问题，中英文是海阳教育的一面旗帜、一张靓丽名片，要发挥好其示范带动作用，同时要积极为学校发展保驾护航，让其发挥出更大的作用。

室外桂花飘香，百鸟欢唱；室内师生辩论，思维碰撞。这是中英文学校日常的课堂教学情境。课堂上有教师引领、点拨、总结，有学生讨论、质疑、问难，师生在这充满活力的课堂教学中快乐地成长。近几年来，学校秉承锐意进取、开拓创新的精神，以打造创新课程为突破口，实现了科研兴校、和谐高效、质量第一的教学目标，创造了"中英文奇迹"。

一、创新教研，提供个性化教育

烟台教科院院长管锡基到中英文实地调研后，高度评价了学校的教研工作，他说："教即学，教是为了学，教的核心是学生的学，这才是'教学'的本义和真义，也是教学成功的真谛。课堂教学就是要把学生带到'高速公路入口处'，这是教学改革研究的基本方向。中英文把教研作为重点，努力让教师获得持久的专业成长能力，让学生获得一种持续作用的学力，其经验应在烟台市推广。"

"走出去，请进来"，加大培训教师力度。 学校以教研为突破口，以先进理念引领，注重培养创新型教师人才。学校领导带领教师三下"洋思"，二上"杜郎口"，走进"东庐"，探寻"昌乐二中""衡水中学"等名校高考经验。借鉴全国名校的课堂教学模式,结合学校课堂教学实际,开始了课堂教学系列改革,创新教学模式,开启了教学探索之旅。学校先后聘请了清华大学、山东师范大学等高校知名教授来学校讲座,以此开阔教师知识视野,拓展教师学科知识面,为教师带来智慧盛宴;学校还多次邀请衡水中学各学科教学带头人通过线下、线上培训教师,通过有针对性学科知识讲座、面对面的交流、微信沟通,对课堂教学中的问题与困惑进行深入探讨,为教师专业成长提供契机。

青年教师刘炳艳工作不到5年,迅速成长为学科骨干,她不无自豪地说:"是中英文学校的磨炼,提升了我的自身素质,增强了我的人格魅力。感谢学校给我提供展示自我的舞台,感谢学校对我的打磨与栽培。"

"教研改革,教以学定",开展草根式教研。"提纲而众目张,振领而群毛理。"这其中蕴含着深刻的哲学寓意,即善于抓住事物中心和关键环节,带动其他环节问题的解决。而对于课堂教学改革来说,其间的"纲"和"领"是什么?中英文的经验表明,教师专业发展始终是教学的核心。

学校教研室刘玉萍主任说:"教学毕竟是个体的、个性化的东西,无法用一种方式来解决全校所有学科、所有教师的问题;它应该是多元的,这样才能遵循一种规律性。而遵循教学规律,形成自己独特的教学风格,必定要做研究型教师。"学校于2019年启动"一课一研、每周教研"活动,倡导"草根式教研",促进教师成长。每次的教研都以突破学生面临的困难为目标,有的放矢。

"我们学校有鼓励教师个性发展的土壤和氛围,不同风格的教学都能得到认可和支持。一个教师成长关键期就那么几年,我有幸恰恰那时来到了中英文。"姜蕾老师说。

"对于历史教学,我觉得最重要的就是唤醒学生的兴趣。"她说,"教育是吸引,而不是灌输。"她的历史课堂上,学生充满激情学习,姜蕾老师靠的是用心研究教材,精心设计每一堂课、每一节课后作业,学生十分喜爱姜老师鲜明的教学风格。

"捧着清华大学的录取书,我最想感谢的是学校的老师,没有他们对我语文学科的指导,就没有我今天的成绩。"2020届毕业生徐诚杰这样感慨地说。徐诚杰理科学习成绩突出,语文成绩却在学校近800名学生中只排中等,严重影响他的总成绩。在"草根式教研"中,语文教研组将此作为主题进行专门研究。全体语文老师先对他高三所有模拟考试作文进行批阅、评分,如同医生会诊般找到他作文失分的原因。然后召开有学生、语文老师参加的诊断会,重点分析学生作文存在的问题,并依据问题针对性提供解决措施。通过诊断会,学生清晰地知道了自己写作文时存在的问题,虚心地听取了老师们的建议,明确地制订了自己的学习计划。经过努力,他高考语文成绩为 127 分,以总分 691 分的优异成绩被清华大学录取。

二、创新课堂,搭建能力提升的舞台

"创新能力培养的着力点不在于创新成果,而在于学生的创新意识和创新思维,在一些微不足道但却会令学生刻骨铭心的教学小环节里。"基于这样的教学观,学校在创新能力培养上不另铺摊子,不搞花架子,而是把力气花到建构有利于培养学生创新能力的教学模式上。目前,学校课堂教学模式已经由"五环节"这座"独木桥"向形态各异的"立交桥"转变。课堂教学的着力点放在激发学生学习兴趣、引导学生善学乐学上。通过打造开放课堂,提高学生的综合素质、思维能力和创新能力。

善用生成,推进"思维课堂"。"高考从知识立意转变为能力立意,我们的课堂教学要适应高考改革,向思维课堂转变。"高中部马建军校长说。"问题"是课堂的核心,推进"思维课堂"必然要用问题驱动思维。课堂教学中,老师要围绕教学主题,创设维持学生思维动力的问题情境,通过一系列问题来训练学生的学科思维。同时,及时发现学生所产生的疑问,寻求多种手段解决学生暴露出来的问题,并引导学生对相关问题进行总结和反思,及时利用好课堂新生成的教学资源,发展学生思维。

一位老师在讲商鞅变法的积极意义时,有学生突然站起来提出质疑:商鞅在富国强民上功不可没,但其极端功利主义、立法轻罪重刑、唯利是图、无情无义、败坏传统,对秦国影响深远,秦国的火速灭亡与之有很大关联吧? 创新性思维便在这适宜的土壤条件下悄然萌芽。此外,学校要求教师精心设计"思维作业",作业设计在把准高考方向的基础上,体现基础性、应用性、综合性和创造性。作业重点考查学生在新问题、新情景下运用所学知识解决问题的能力;综合运用学科方法和学科思维来寻求问题答案的能力;有效解决开放性试题的能力。在解题方法上,鼓励学生尝试运用多种方法解决问题,寻求最简便方法解决问题,培养学生的创造性思维。

以学代教,挖掘学生潜能。以前的课堂上,或是老师滔滔不绝地讲,学生木偶般地听;或是老师虚张声势地问,学生索然无味地回答;或是老师费尽心机地诱导,学生揣摩着应和,顺则皆大欢喜,若有旁逸斜出,则会被漠视,直到出现老师满意的答案——课堂上师生身心疲惫,了无兴趣。

"包括学困生在内的每名学生都有巨大的发展潜能,中英文的教学不能以牺牲一部分学生的发展,去求得另一部分学生的发展,一定要研究一种机制,促使每名学生在原有基础上得到最好的发展。"万炳清校长说。于是,"如何让每一位学生都能得到适切的发展"成为学校领导、老师共同研究的课题。

一路艰辛探索发现:唯有依靠学生、引导学生自己探究的"学",才是最有智慧的学法;唯有生长于课堂、源于教师真实感悟的"教",才是最有智慧的教法。

烟台名师李德强在教"分段函数"时,给出了一段关于"邮件重量与邮资"的材料,然后让学生自己提出问题。根据这段材料学生提出"邮件重30克时,邮资是多少?""邮资310分时,邮件重多少?""邮资与邮件之间的关系是什么?"前两个问题很快得到解决,最后一个问题成为难点。

李老师问:"这两个变量之间是什么关系?"有学生回答:它们之间是函数关系,依据是满足函数定义。李老师继续发问:"若是函数关系,该怎样表示这个函数呢?"他要求各小组讨论交流他们的想法。

讨论结束后,学生在讲台上展示他们的讨论结果。给出了列表法、图像法等3种函数表示方法。随后师生对这个函数特点进行讨论,学生根据自己的理解下定义、分析内涵和外延。这堂课,学生印象非常深刻。一个月之后

随机进行随堂测试,全班 46 名同学仅有 1 名同学答错。而采用传统授课方式的平行班测试答对的还不及三分之一。

以活动为载体,丰富实践课堂。学校从学生心灵需求出发,以学生为主体,开展丰富多彩的活动,让学生在各种活动的参与过程中收获、成长。学校每周的主题班会课都要经过集体备课、开展试讲、定稿等程序,每个级部每年都会围绕爱心、孝心、责任心等主题教育,引导学生形成健康的人生观、价值观;学校号召学生学习身边的学习榜样——学习之星、校园之星等,营造比学习、比进步、比提高的教育氛围;设立学生会,建立学生自治体制,引导学生自我管理、自我提高;广泛开展远足活动、篮球赛、运动会、拔河比赛等竞技类体育活动,磨炼学生意志,培养学生积极向上、拼搏进取的健康心态;开展文艺晚会、书画展、主题演讲比赛等活动,让学生的潜能得到开发,个性和才能得到发挥;通过每周举行的国旗下的讲话、每周感言、班级誓词等,强化教育,让学生在潜移默化中得到心灵的熏陶。

没有家长喋喋不休的批评指责,没有班主任言辞谆谆的耳提面命,学生逐渐养成了自我反思、自我矫正的习惯。这种自我感悟形成的认识会深深地刻在学生心灵的底片上,最终形成自觉模仿的心灵图像,引导他们矫正前进的足迹,追求人生完美。正如考入中国人民大学的牟春晖所说:"中英文学校是改变人生、塑造人生的地方,在这里我学会了做人。"

三、创新培养方式,优化学生发展路径

变革学习指导,学由己定。学校变革学习指导,开展"我的学习规划"活动,指导学生根据自己的学习情况每周提前做好学习规划。学习规划制订完成后,老师依据学生的学习规划提供有效的指导,学生根据学习规划合理利用学习时间,掌握科学高效的学习方法,逐步完成学习规划。

这样的学习规划,为学生的发展带来后劲。学生因选择了自己喜欢的学科,学习动力更强;因实现了短期目标,便树立起长期的奋斗目标;因注重了比起点、比进步、比成长,学生自我矫正能力得以提升,学习信心更足。改变就这样开始了,在学生自主的课堂上,学生学习主动性逐渐被激发出来,学生求知热情让教师内心受到震动。学习状态的改变使每个学生学得更透彻,应用更灵活,学习成绩稳步提升。"自我教育、自主学习"不再是一句口号,而是每个学生成长的基石。学校应届毕业生徐剑当年中考成绩位列全市3500名以外,而在高考中超过重点线,在全市考生中排390名,顺利考入青岛大学。他就是得益于这种培养方式的变革,在老师的指导下清楚地认识到自己的个性,给自己做好了学习规划,准确地给自己定位,给自己设定短期目标与长期目标,付诸实践的过程虽然艰辛,但他始终保持着向上的信心。

精心研究优生培养策略。 "优生是锤炼出来的,不是自然生长出来的。"马建军校长强调,"实施'一生一策'优生培养模式,为优生提供更大的自主学习空间。"对点承包、抓优补短,明确职责、合力攻关,打破传统优生培养"齐步走"的状态,实现基于自我的自定步调发展;实施"自习零作业"自主学习模式,加大自主课的时间安排,以生为本,自主发展;推行"校长教学 + 教师辅导""校内强基 + 校外训练"的竞赛辅导模式,把各类竞赛辅导从常规教学中延伸出去,促进优生发展。

2021届学生于佳辰自主学习能力强,高一就自学完成了高中全部课程,高二、高三他坚持吃透教材,适度学习课外知识,涉猎竞赛试题,开阔自己的眼界,高考成绩687分。2021届学生王丁高一分班时成绩位居班级第25名,高考成绩688分,他的逆袭得益于有充分的自主学习时间。高一期末他改选科物理为生物,拿出主要精力专攻生物,自学两本教材;高二他恶补地理弱科,赋分后的成绩始终稳定在90分以上;高三上学期他专攻语文,高三至高考的所有考试,语文成绩稳定在120分以上;高三一模结束直到高考,他一直强化数学学科,成绩由一模的114分提升至高考140分。

"特长生突强,是学校重中之重。"万炳清校长对高中教学有自己的见解,"四天高考,要三年规划。"学校把优生培养作为系统工程进行整体规划,制定了优生培优补弱实施方案。高一年级侧重于语数英理化,高二高三语数外加选科。有针对性地举办主题学习班,制订严格的课时计划,精选学习内容,邀请教学专家、竞赛教练等对优生进行专门培训。高校强基计划推行伊始,学校便着手探索三年一贯制的强基计划培训方案。经过两年摸索发现,文化课成绩是核心,是入围强基的敲门砖;奥赛学习是关键,是制胜一击的入场券。由此,学校摸索出了强基计划独特有效的培训模式。

近年来,学校在优生培养方面取得了显著成效。在北大博雅计划、清华领军人物的综合评选中,学校每年都有学生获得加分;第38届全国中学生物理竞赛(山东赛区)学校四人参赛,人人获奖,2022届高三学生王坤是烟台市仅有的两个一等奖之一,另

3位同学荣获二等奖,学校荣获"金牌学校"称号;学校连续三年被授予"清华大学生源基地"。

成绩已成为历史,征程未有穷期。学校有自己领先一步、关注未来的教学观念,有自己独具特色、扎扎实实的教学思想。胸襟开阔、面向未来是中英文人的远见卓识,立足课堂、面向全体是中英文创新教育的深邃内涵。作为一所名声突起的民办学校,中英文将一如既往地以创新课程建设为中心工作,为学生的未来奠基,创造更多的教育教学奇迹。

第三章

初中教育

打造绽放青春光彩的生命场地

海阳市实验中学

海阳市实验中学的前身是 1981 年建立的海阳县实验学校,是一所八年一贯制学校,校址位于海阳县城嵩山街 28 号。1989 年,初中、小学分立,初中部迁至龙山街 8 号,校名为海阳县实验中学。1996 年海阳撤县设市,学校更名为海阳市实验中学。2014 年市政府擘画新图,择址迁建,2020 年,新校落成于实验街 33 号,2021 年投入使用。学校现有教学班 33 个,在校学生 1500 余人,教职工 170 余人。学校以习近平新时代中国特色社会主义思想为指导,坚持立德树人,围绕教学中心地位,秉持"慎思笃行、尚实求真"校训和"为学生终身发展奠基,对中华民族未来负责"的办学理念,创建"融合教育、致和发展"教育品牌,全面提升办学水平,助力"新时代品质教育"发展!

融合教育　致和发展
——海阳市实验中学"融合致和"教育品牌建设纪实

《中庸》讲"和也者,天下之达道也",即"和"是事物发展的最高境界。实验中学秉承"融合致和"的理念,创建"融合教育、致和发展"的品质教育品牌,"融"为途径,"和"为目的。"融"是能力,通过融会贯通,达到和美的结果;"融"是理念,通过创造融洽的工作氛围,达到团结和谐的境界。

基于此,学校从课堂建设、课程开发、教师成长、学生综合素养提升等方面进行深入创新探索,积极架构德智体美劳五育并举教育综合体,促学生在知、情、意、行方面和谐发展,学校走上"全面化、差异化、自主化、特色化"的和谐发展轨道。

一、融合教师成长与团队建设,致创新发展之和

2018年习近平总书记在全国教育大会上说:"坚持把教师队伍建设作为基础工作。"近年来,实验中学积极建设教师队伍,把教师成长与团队建设相融合,致力创新发展,提升教师的整体文化素养,以高品质的教师队伍来培养高品质学生,建设高品质学校。

传承中发展,实践中前行,打造教学研究团队。"刘霞老师的教学设计思路清晰,'教'与'学'活动明确。用两篇经典文言文启发学生《战国策》的学习,做好了整合与拓展,由'一篇'到'一类'到'一本'的延伸。如果能把读文言、学文言、品内容融合在一起,就更好了。"这是王藤老师在语文教研团队课例研讨中的精彩点评,也是众多教学研究团队研讨的一个掠影。

每学年伊始,学校会组建15个课堂教学研究团队。教研团队由学有专长、教有特色的骨干教师牵头,吸收责任心强、工作积极性高的教师参加。成员相互协作、智慧共享、教无保留、研无止境、和而不同、彰显个性,达到共同进步的目的。教研团队的组建对培养骨干教师、名优教师以及加快青年教师成长发挥了重要促进作用。

"聚是一团火,散是满天星。"聚沙成塔,在教师团队共同努力下,教研水平迅速提升,也带动了学校的教育教学成绩稳步提高。2021年的中考和学业水平会考,实验中学均取得了优秀成绩:烟台市前100名学生海阳2人中占有1人;前300名学生海阳9人中占有3人;前1000名学生占有7人;海阳市760分以上8人中占有3人;学生冷宜霖以数学满分、六科裸分542.8分位居全市第一名;

林文雪物理获得满分；林文雪、孙怡和于颖涵三人化学获得满分。

团队沐书香，文化润心灵，打造读写工程团队。教育家朱永新曾说："一个人的精神发展史就是他的阅读史。""如果一个教师坚持写三年反思，则有可能成为名师。"叶澜教授说。可见，教师要加快专业发展，夯实业务功底，读书写作是必由之路。为此，学校组建了63人的教师读写工程团队。

"文字让我的内心沉静。""我最近在读《阳明心学》，我得好好践行一下知行合一。""教师进行写作指导'修好渠'即可，水会顺势而来。"……读写沙龙上，教师们的交流平实而真诚。

读书写作浸润了教师的心灵，丰富了教师的学识，提升了教师的教学技能，优化了教学行为，也凝练为教师的教育智慧，积淀成实验中学深厚的文化底蕴。在读写团队带领下，教师们形成"广泛阅读、大胆写作"的良好氛围。近三年，海阳实验中学教师在市、省、国家级期刊发表论文60余篇，在《海阳教育》《海阳新闻》《海阳之窗》《烟台教育》《大小新闻》等平台发表教育信息40余篇。沐浴书海、浸润书香，教师们更加坚定前进的方向，不断提升教育教学的使命感与幸福感。

筑梦促成长，青春永飞扬，打造青年教师团队。海阳市市委前书记刘宏涛在教师节慰问实验中学教师时说："青年教师是学校发展的中流砥柱，代表着学校的未来和希望。"实验中学高度重视青年教师培养工作，致力于打造优秀青年教师团队，组建了34人的青年教师团队。学校先后开启"师徒结对"工程，采用"走进名师课堂""青年教师教学大比武""青年教师演讲比赛"等方式助力青年教师见贤思齐、躬身实践。

在"学黄大年之风，传德师之典范"演讲比赛中，青年教师薛洁充满激情地说："以大我之心报国，以师者之魂育人！""心怀远方，我想成为一名眼里有光的老师；根植脚下，我要成为一名心中有爱的老师。"青年教师盛亚丽望着她班级的方向，动情地讲。

充实的活动点燃了青年教师们的教育热情，激发教师们前进的动力。近年来,实验中学的青年教师积极参与各项活动,在教学成绩、课题研究、教学大比武、教育论文撰写中都取得了骄人的成绩。

二、融合学生发展与社团实践,致素养提升之和

为更好地落实立德树人根本任务,践行"以学生发展为中心"的教育理念,实验中学把学生发展与社团实践相融合,以课程开发建设为统领、以劳动实践活动为载体,丰富社团建设,致力提升学生素养,实现全方位立体育人。

护文化之花,绽少年之华,开展多彩社团活动。"老师,您看我的小茶壶……"陶艺教室内,一名学生脸上沾着泥土,小心翼翼地捧着一个刚刚成型的茶壶,得意地向老师炫耀。孩子的妈妈告诉老师:"孩子非常喜欢每周的实践课,希望学校往后多多开设这样的实践课程,培养孩子的动手能力跟实践能力,让孩子健康全面地成长。"

新校搬迁后,实验中学利用最新的优质教学资源,打破年级界限,结合学生兴趣特长,组建了涵盖劳动技术、艺术、体育、书画、科技及文学等方面的 22 个社团。通过多彩实践活动将知识与思想道德养成、实践创新能力提升相融合,为学生提供了放飞心情的空间和施展才华的舞台。

在 2022 年全市中小学综合艺术月活动中,学校书画社团的 10 名学生获奖;艺术社团学生展示舞蹈、合唱等均获海阳市一等奖;学校分别获得音乐、美术团体综合一等奖;体育教学也正开展得如火如

茶,学生健康体质检测取得了好成绩。2021 年 12 月,学校被评为"全国青少年校园足球特色学校"。

德育化春雨,润物细无声,组织系列主题活动。"这是我们班同学的大作,画得可真好!"书画展前,一名学生羡慕地对别人说道。老师们也不禁被这栩栩如生的牡丹图所吸引,纷纷用手机留下这美丽的画卷。

为使德育活动纵向衔接、横向贯通,增强育人实效,实验中学坚持开展以"爱国主义"为主题的系列化主题活动——少先队系列活动、迎国庆书画展、迎

国庆文艺会演、校园艺术体育节、"我为中华添光彩"征文比赛等。主题活动激发广大师生爱国之心，报国之情，强国之志。跳绳比赛、踢毽比赛、拔河比赛、体质监测运动会等"体育竞技"主题活动，促使学生体质健康和综合能力的全面发展。

海阳市教体局局长纪卫东这样评价："实验中学以坚持活动育德为导向，积极搭建德育活动载体，丰富多彩的活动使学生的个性特长和潜能得到充分的发挥，真正做到'德育化春雨，润物细无声'。"

笃实且务行，自修以养德，开展自我管理活动。"作为纪律部的一员，我应当以身作则，才能够监督、管理别人，让别人信服。"六年级三班的刘华少同学说。提到他，老师和同学无不竖起大拇指称赞，夸他是一个自律自强、积极向上的孩子。

自主管理是实现学生自我教育的重要手段和途径。实验中学成立了学生会，设学习部、纪律部、卫生部、体育部和宣传部5个部门。各部门分别对学生学习、纪律、卫生、体育以及学校宣传负责，学生会主席、副主席则对每周各部的检查结果进行汇总，并在每周一的"校园之声"栏目中对优秀班级进行表扬。在学生会的协助下，学校形成了一股"笃实务行、自修养德"的良好风气。

苏霍姆林斯基说："只有能够激发学生去进行自我教育的教育，才是真正的教育。"实验中学正是坚持以学生发展为本，以学生主体参与学校德育管理为契机，培养学生的"自我管理、自主发展"意识，使学生通过行为规范的养成，逐渐向自主管理方向发展。

三、融合学校建设与区域合作，致社会生态之和

党的十九届五中全会明确提出要"健全学校、家庭、社会协同育人机制"。实验中学把学校建设与区域合作相融合，致力于形成学校主导下的学校、家庭、社会多元参与，相互协作，资源共享的教育生态。实验中学校长王海波这样说："我们要在学校、家庭、社会协同育人上下功夫，只有学校、家庭和社会唱好协同育人一台戏，画好合作育人'同心圆'，形成教育合力，才能最大限度地利用各类教育资源，实现区域教育生态和谐。"

集百家之长，融百家之思，学校聚焦资源融合。"'他山之石，可以攻玉。'这次参观学习，解决了我在课堂教学上的许多困惑。回去之后，我也要借鉴开发区实验中学这种课堂模式，一定会有意想不到的效果。"烟台开发区实验中学参观学习返程时，青年教师杨婷感慨道。

多功能厅里，学生、家长、教师济济一堂，全神贯注听取鲁东大学王海鹏副院长的《大嵩卫与明清山东海防》专题讲座。李赵津同学说："听了这次精彩的讲座，我更加热爱海阳，热爱祖国。今后我将更加努力学习为我们海阳增添光彩。"

近年来，实验中学充分利用区域联盟，积极"走出去、请进来"，与联盟学校开展教育教学研讨活动，学习借鉴联盟发展经验，融汇各种资源，凝聚各方智慧，进一步夯实了学校的新时代品质教育。

凝心又聚力，联手共为之，家校共建彰显优势。如果教育是一棵大树，父母的爱和教育就是根基，而学校和老师的教育就是枝干，双方配合才能开出赏心悦目的花朵。

实验中学非常注重家庭教育，成立了校级、年级、班级三级家委会，深化家校合作，实现了学校教育和家庭教育并驾齐驱、联手共为。家委会在家校沟通、家校共建上发挥重要作用。在疫情防控、物资捐献、线下教学、学生封闭管理、就餐、消毒、新校搬迁等方面，家委会全程参与，给予极大的帮助。2021届家委会主任隋蕾表示："我们定会做好基础工作，发挥家委会的组织职能，成为沟通学校、家长和孩子们的桥梁和纽带。"

此外，实验中学还通过邀请烟台教科院专家进校指导、组织教师和家长到家校共建先进学校参观学习等形式，将学校教育和家庭教育有机结合，实现家校共建共育。学校先后被评为"烟台市家校协同育人示范学校""山东省优秀家长学校"。

多方齐献力，携手同育人，社会参与共促发展。"学校有需要尽管开口，只要我们能帮上忙，我们一定会全力支持！"海阳市博物馆陈同英副馆长接到学校讲解指导邀请时这样回复。

实验中学充分利用当地丰富的教育资源开展教育教学活动，内外联动，实现社会资源共建共享促发展，多方位、多角度教学育人。

海阳市地雷战党性教育中心、市博物馆等红色文化基地都为学校敞开大门，让红色基因在学生心中激荡；博物馆专业讲解员多次走进课堂，指导讲解技巧，让技能教育有了专业味；消防大队、消防车进校园，宣传消防知识，让安全教育有了实践性；法制专家到校做法制宣传和报告讲座，让法制教育落到实处……社会多方齐伸手，给学校教育注入新的力量，促进学校发展。

"风日晴和人意好，夕阳箫鼓几船归。"融合教育宁静致远，阳光下实验中学正势如破竹不可当，在今后的教育道路中必定会以更加昂扬的姿态办人民最满意的教育，开创实验中学发展新局面！

海阳市新元中学

　　海阳市新元中学原名海阳市榆山街学校，1984年建校，2005年9月迁至现址，更名为海阳市新元中学。学校现有教学班40个，教职工236名，在校学生约2000名。一直以来，学校始终发扬"团结协作、实干奉献"精神，以"慎思博学、诚信笃行"为校训，秉承"启迪有方、治学严谨、爱生育人"的优良传统，将"创造最适宜学生的教育"为己任，努力实践"着眼整体发展，立足个体成才，充分发挥学生主体作用"的教育思想，朝着"学生成才、教师成功、学校领先"的办学目标奋力推进。学校先后荣获"山东省中小学素质教育先进单位""山东省体育传统项目达标学校""烟台市明星学校""烟台市教育教学工作先进单位""烟台市科普教育示范学校"等多项荣誉称号。

忠孝雅诚培根铸魂　温度教学润心育人

——海阳市新元中学"温度"教育品牌建设纪实

将未来想象照进现实，让孩子找到心中那束光。这是新元中学"温度"教育给予学生美好的人生境界。

百年大计，教育为本。培养什么人，是教育的首要问题。在新元中学，乐享读书、阳光向上、明德有礼的少年比比皆是，他们在全体教职工的引领下，争做拥有远大理想、热爱伟大祖国、担当时代责任、勇于砥砺奋斗、锤炼品德修为的新时代少年。

为者常成，行者常至。"立德树人"是攻坚战，更是持久战。结合山东省教育厅发布的《山东省中小学德育课程一体化实施指导纲要（试行）》，及海阳市教体局下发的相关文件指导精神，海阳市新元中学在新的历史起点上提质增效，使"温度"教育有了新的发展、新的成长。

一、忠孝雅诚绘底色，润德无声自成蹊

为更好地把握教育契机、关注教育细节，将学校的精髓——德育序列化中的重要内容"忠孝雅诚"教育融于学生成长过程中，注重良好行为习惯的养成，让学生在潜移默化中唤醒自身成长的自觉性，学校从2009年就开展了以"忠孝雅诚"为主题的系列德育活动。

为了践行"忠"，学校组织开展以"忠于祖国"为主题的班会课，学生畅谈个人理想，想当一名科学家、军事家、航天员等成为学生的认知世界里，能够更好地报效祖国的最诚挚的愿望。同时，学校还通过国旗下讲话，讲岳飞、文天祥等精忠报国仁人志士的故事，激发学生忠诚爱国的热情。

为了践行"孝"，学校举办"感恩"书信大赛，组织"妈妈，我想对您说"主题班会。"孝，就是您陪我长大，我陪您变老！""妈妈，请原谅那个曾经无知的少年吧！""我愿将对您的爱，化作一股前进的力量……"孩子们的句句心里话，表达着他们对"爱"的真挚礼赞，对心灵深处童年往事的回忆，字字句句都触及心灵最柔软的深处，表达了他们对"孝"的深刻理解。

为了践行"雅"，学校发出了倡议书，使学生明确为什么要践行"雅"，"雅行"的具体标准，在现实生活中如何践行"雅"。学校采用制度约束与舆论宣传相结合的方式，对学生进行"雅行"教育，要求每个人都加强个人修养，举止文雅，要做到知荣明耻，能分辨真善美与假恶丑，营造了浓郁的践行雅行的良好氛

围。

为了践行"诚",全校的各个班级都开展了"诚信"签名活动。"当签下自己名字的那一刻,我知道我需要守住一份诚信的诺言。""这个名字的签写,具有一种监督的力量。""做诚信之人,是对自我未来负责。"学生们将自己内心真实的感受说给老师听,这是一份令人感动的信任。与此同时,学校还举行了"以诚待人"演讲比赛。演讲活动的开展,旨在要求学生诚实守信,以诚相待,努力做到言必信,行必果,说实话,办实事,能够"一诺千金"。

自从开展"忠孝雅诚"活动以来,学生们学习热情高涨,学习氛围空前浓厚。"忠孝雅诚"已深入学生心灵,学生在心得中写道:"'忠孝雅诚'的内涵如此丰富,中国古代文化如此博大精深,我们在以后的学习生活中要多言'忠孝雅诚'之语,多做'忠孝雅诚'之事,争做'忠孝雅诚'之人。"

二、乘风破浪开拓创新路径,继往开来赓续教育使命

思维可视学科特色,孕育未来枝蔓萌芽。基础年级,学校强调重衔接、养习惯、明志趣,以提高学生适应性为主要目标,注重培养学生良好的学习习惯,帮助学生了解自己,明确自己的学科兴趣;中年级,学校强调重思维、明方法、拓视野,以提高学生能力为主要目标,培养学生的思维能力,帮助学生掌握学习方法,进一步拓展学生的视野;高年级,学校强调重素养、挖潜能、展情怀,以提升学生素养为主要目标,挖掘学生的潜能,加强学生的人文情怀、家国情怀、自然情怀等方面的教育。基于此,学校依托"思维导图"在学科教学中的应用,引导学生体验不同学科特色,提升学科核心素养。

思维导图的应用大致为三步。首先,教师课堂示范。教师在课堂上以思维导图为手段和工

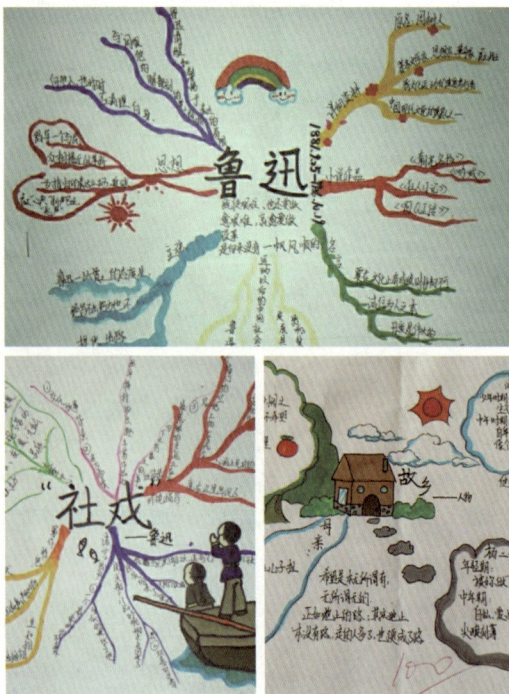

具解构文本、细化知识，完成素养渗透。一节课重点解决的核心问题就是导图的中心图示（也叫思维原点），解决问题的脉络和步骤演化为导图的思维主干和延伸分支，各个知识点的讲解点拨演化为不同层级关键词的拟定，课堂总结和知识迁移就演化为导图的逻辑搭建和层级关联。也就是说，授课的过程就是导图绘制的过程。然后，学生进行课后补充。教师授课结束后，学生在教师授课导图的基础上进行补充完善或者个性化修改，作为课堂笔记留存。最后，课外实践应用。在前两方面的基础上，鼓励学生在课外学习实践中尝试应用思维导图，以导图实现课堂学习的延伸，从而达到增强学习深度与广度的目的。

思维导图的应用，达到了思维可视化的目的，是一种教学策略，更是一种教学理念。在一张张导图中，学生们呈现出思考的力量，展现了学习的真正发生，感悟到个体生命成长的过程。这种以学生的学习来建构课堂的方式，挖掘了学生潜能，发展了学生个性，达到了启智增效的目的，是对学生未来发展的关注，无形中让教学有了"温度"。

育人先要正己，正己方能育人。要给予学生有温度的影响，教师首先要达到"敬业与乐业"的境界。如何让教师有足够的内驱力适应当前和未来的变化？如何促进学生全面发展、健康成长？如何缓解日渐沉重的教育诉求和焦虑？在学校步入崭新发展阶段的关键时期，我们以师德建设和教科研能力提高为两大抓手，一方面通过开展"三热爱"主题师德师风教育活动、专题讲座、师德签字仪式、自学自评等多种形式加强自我教育，规范职业行为；一方面通过外出学习、邀请专家讲座、专项课题研究等灵活多样的形式加强教研组建设，达到教育科研蓄力学校未来发展的目的。目前，学校已形成了一支师德高尚、作风过硬、业务精湛、敬业爱岗、勇于开拓的师资队伍。拥有山东省优秀教师 1 人，烟台市优秀教师 11 人，海阳市优秀教师 162 人。在教学研究、课题研究和撰写教学论文方面也成果显著。这些都为"温度教学"夯实了质量基础。

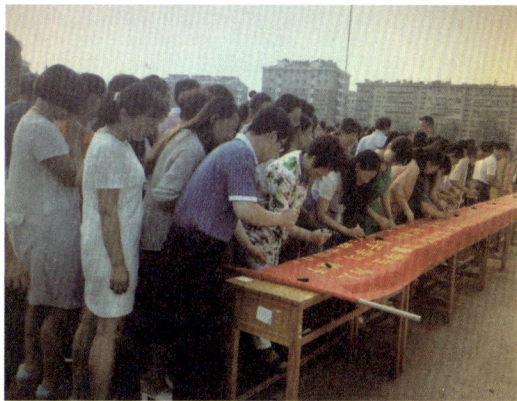

三、艺体均衡百花齐放，多元融合个性需求

为满足学生不同的成长需要，我校探索"1+X"教学模式，"1"是守位"温度"教育这一主旨，"X"是以校园、课程、教师的服务为导向，开设丰富多彩的"X"课程，给学生提供绽放别样精彩的舞台。创客、绘画、合唱、足球、铜管等多门个性化课程开设，引导学生走出单一，体会多元化学习带来的独特成长体验。

电脑作品制作活动孕育创新思维。自 2008 年学校组织学生参加海阳市电脑作品制作活动以来，多名学生在比赛中获奖。其中，电子报刊《家和万事兴》获得省级一等奖，电脑动画《过新年》获得国家级二等奖，学校获得了全国中小学生电脑作品制作活动（山东赛区）优秀组织奖。2018 年，刘书源同学制作的电脑动画《嫦娥奔"悦"》获得国家级一等奖。学校于 2010 年获得山东省电脑作品制作最佳组织奖、2011 年获得烟台市电脑作品制作最佳组织奖、2014 年获得烟台市电子制作锦标优胜团体奖。

创意智造活动使创新思维得以普及。每周星期三下午的创意智造课，学生学习热情高涨，创新思维得到提升，且成绩显著。祁靖翊同学的创意智造作品《智能热水器》《垃圾回收机器人》分别荣获烟台市一、二等奖，作品《智能热药盒》获海阳市一等奖；于硕同学制作的创意智造作品《星星大转盘》获烟台市一等奖，并参加省赛。此外，机器人竞赛和 3D 创意设计打印活动也在我校办得如火如荼。学校也于 2019 年获得烟台市电脑作品制作、3D 设计、创意智造优秀组织奖。多样化的课程开发，满足了学生的个性需求，尽显"温度教学"之本色。

　　严谨求实的办学态度和锐意进取的办学精神，使学校取得了辉煌的成就，得到了各级领导的肯定与家长的信任，赢得了社会的广泛赞誉。学校先后获得山东省中小学素质教育工作先进单位、山东省心理健康教育工作先进单位、山东省体育传统项目达标学校、山东省花园式学校、山东省绿色学校、烟台市明星学校、烟台市初中教育教学工作先进单位、烟台市安全工作先进单位、海阳市教学工作先进单位、海阳市安全文明校园等荣誉称号。《中国教育报》《中国教育学刊》《教育研究》以及其他省级教育期刊也分别以不同的形式报道了学校的教育教学经验。

　　学校从党和国家事业发展全局的高度，在继承传统与开拓创新中求发展，因时而变，顺势而为。坚守为党育人、为国育才，把立德树人融入思想道德教育、文化知识教育、实践活动教育之中，从而实现"培根铸魂、润心育人"的目标。

海阳市育才中学

海阳市育才中学是 2009 年改制的一所市直中学，其前身是东村街道办事处初级中学，始建于 1953 年，2017 年 12 月搬迁至新校，占地面积 5.3 万平方米，现有教学班 37 个，在校师生近 2000 人。近几年来，学校始终坚持"以人为本，立德树人"的办学方针，着力打造"明德雅行"德育品牌，积极进行"育德"课程超学科整合的实践探索。学校先后荣获山东省绿色学校、山东省心理健康先进学校、山东省平安校园标杆学校、烟台市先进基层党组织、烟台市家长示范学校、烟台市书香校园、烟台市教育科研工作先进单位、烟台市"十二五"课题研究先进单位、烟台市学校疾病预防控制工作先进单位、烟台市初中教学工作先进单位等荣誉称号。

明德雅行铸品牌 多元发展立品质
——海阳市育才中学"育德"课程的实践探索

喝彩声、鼓掌声阵阵，那是从海阳市育才中学正在开展的青年教师说课暨教育案例分享活动现场飞出来的。窗外寒气逼人，室内却春意盎然。这里有语文老师的诗情画意，有英语老师的口语飞扬，有数学老师的缜密思维，有音、体、美老师的活力四射……青年教师们在台上绽放的熠熠光彩鼓舞着现场的每一个人。参加活动的校长梁世臣说："青年教师是教师队伍的未来和希望，育才中学将继续在'强师德、铸师魂、提师能'方面搞突破，努力锻造新时代品质教师。"

党的十八大报告指出"把立德树人作为教育的根本任务，培养德智体美全面发展的社会主义建设者和接班人"。2016 年 4 月山东省教育厅发布的《山东省中小学德育课程一体化实施指导纲要（试行）》要求建构起德育课程、学科课程、传统文化课程和实践活动课程"四位一体"的德育课程实施新格局，将立德树人目标融入各学科教学之中。近乎 10 年前，海阳市教体局就下发文件，大力倡导"德育课程一体化"的教学研究。育才中学顺势而为，于 2016 年开始进行"育德"课程超学科整合的实践探索，更加关注品德教育对师生终身发展所产生的影响。

一、敏行慧智扬正气，德润内心育桃李

德融数理巧启智，知行合一方润心。为了更好地践行"立德树人"的根本任务，推动学校德育、智育深度融合，育才中学一直致力于创新学校德育教育模式，努力探索一条"内化于心，外化于行"的德育教育新途径。2021 年 3 月 30 日，学校召开了"德融数理·知行合一"德育新模式展示交流活动，会议邀请海阳市教科室李云辉主任、高飞主任进行专业指导。

董鑫媛老师展示的《我的软肋和盔甲》主题班会，启德明智，催人泪下。用一则短短的影片浓缩了父亲的一生，让学生看到父母为儿女坚守一生的奉献；用一段铿锵有力的誓词，让学生许下孝敬感恩的心愿！听完班会后，郑芳芳老

师满含热泪地说:"德育润物无声的力量是不可低估的,孩子们都泣不成声,表明感恩父母的思想已深入人心,明天的他们肯定会有令人惊喜的变化。"

赵杰老师的说课《有理数的乘方》风趣幽默,颠覆了大家以往对数学课堂严谨、刻板的印象。说课中探究 1.01365 和 0.99365 的结果差距,引入心理学中的"破窗效应",让学生直观感受到"每人文明一小步,世界文明一大步"的内涵,内心的社会担当和使命感油然而生。李云辉主任由衷地称赵杰老师为"智慧教师",充分肯定了学校对"德融数理·知行合一"德育新模式的探索和实践,并从"象""数""理""行"四环节对"德融数理·知行合一"逐一详解,鼓励在场教师要将道德的基因注入学生的血脉,深植学生的心底。

韶华不负春暖日,青春奋斗正当时。"和初心对话,与时代同行"的教师演讲比赛,进一步激励教师以更加昂扬的精神状态积极投身到教育工作中,在前行的道路上铭记最初的信仰,始终不变坚守教育的初心。于梦婷老师说:"多少革命先烈抛头颅洒热血,成就了今天的东方雄狮,今天我们行进在新时代路上,承载着历史的荣光,肩负着未来的希望。"张悦老师说:"和初心对话,我感激前辈老师们的无私帮助,感恩岗位上遇到有爱的你们,我希望能在三尺讲台上,丰厚自己的学识,点亮学生的成长之灯。"

听着一个个精彩的演讲,负责组织此次活动的李飞校长激动地说:"不怕跌倒不惧失败,青春由磨砺而精彩,生命因奋斗而升华!青年教师就是要有一份豪情与热血,正值青春,我们再出发。"

二、赓续百年最初心,担当育人终使命

学生社团活动既是学校课堂教学的延伸,又是全面实施习近平主席"培养德智体美劳全面发展的社会主义事业接班人"的教育方针的重要体现。学校现有 24 个社团,按社团性质分为五大类:劳动技术类社团、艺术特长类社团、体育竞技类社团、益智游戏类社团、学科拓展类社团。各类社团活动独具特色,异彩纷呈。

汲取孔子精神,传扬儒家经典。在海阳市育才中学喜迁新校两周年的日子里,"对话圣贤,走进孔子故里"学生研学汇报演讲比赛隆重举行。此次比赛旨在展示曲阜研学成果,汲取中华优秀传统文化精神,传扬孔子及儒家思想精髓。

随着参赛选手的解读和展示,曲阜研学的点点滴滴,再次呈现在同学们眼前:尼山圣境气势恢宏的大学礼演出,跪写《论语》经典语句的体验,聆听孔子

及弟子的故事并了解其思想精髓;240 余名师生一起参与的拜师礼,研学导师那声声撼人心魄的训导,古典隆重的拜师礼仪给同学心灵带来的震撼与感悟;"万仞宫墙"前那精彩的"礼乐射御书数"六艺之演出,孔庙里那座座牌坊的历史、建筑风格及其背后的故事;孔府里那道道匾额及家训家风……都给同学们留下了难以磨灭的印象和直击心灵的触动。

初三·一班的马俊霞说:"虽然我没有参加曲阜研学活动,但听了同学们的研学分享后,我感觉已与圣贤对话,感受到了孔子的人格魅力带给我的心灵洗礼和启迪。"带队主任白丹说:"孩子们说得太形象具体了,没想到他们的观察如此细致,感悟如此深刻,这次曲阜研学太值得了,孔子的思想、为人处世方式以及治国安邦的理想对孩子们都是一个冲击,对他们成为仁爱明理、诚信守礼的新时代好少年都是不可多得的鼓舞。"受邀参加活动的家委会成员王静说:"听着孩子们的侃侃而谈,我真是激动得无以言表,这样的活动对孩子们的身心成长帮助太大了,感谢育才中学给孩子们这么好的学习机会,这将是孩子们成长路上永远的风景!"

传承红色基因,争做时代新人。为响应习主席发出的"传承红色基因,培育时代新人"的号召,学校举办了"地雷战红色文化宣讲团进校园"系列公益活动,号召同学们向海阳的革命先烈学习,以地雷战精神为指引,立志报国,争做社会主义的合格接班人。

在地雷战纪念馆,讲解员于颖慧从海阳党组织的发展说起,由英雄人物(原海阳特区委员)孙明瑞说到了海阳地雷战发生的背景和地雷的演变与种类,呼吁同学们学习家乡红色文化,感受革命前辈的爱国情怀,传承红色基因,珍惜当下和平幸福的生活。

在许世友将军胶东纪念馆,学生们先后走进传奇许世友、军民血肉情、胶东子弟兵展厅,认真聆听解说员的讲解,观看纪念馆内留存的抗战烈士的遗像、文史资料、烈士遗物及大刀、长枪、短枪等珍贵藏品,重温一段段震撼人心的抗战故事,了解许世友将军与胶东人民浴血奋战的光辉战斗足迹,深切感受到许世友将军等老一辈无产阶级革命家无私奉献的革命精神。

9月30日是全国烈士纪念日，每年学校都会组织部分师生到海阳烈士陵园祭奠、缅怀先烈英灵。同学们高唱《我们是共产主义接班人》，向世人宣告革命事业后继有人！昭昭前事，警惕后人。面对来之不易的幸福生活，同学们暗下决心，铭记历史，砥砺前行。

艰辛始知人生，实践方长才干。学校以拓展学生思维、发展学生潜能，提升学生实践能力，全面培育学生综合素养为宗旨，开展了丰富多彩的综合实践活动。我校的综合实践课程走出了课本，走出了教室，走出了传统知识传授方式，在课程结构上成为学校"课程自由度"最大，"课程空间"最广，"课程实施"最为灵活的课程。

学校高度重视青少年法治教育，每年开学伊始，分批次带领学生走进青少年法治教育基地，围绕"提高青少年法治观念，构建平安绿色和谐校园"主题，开展别开生面的"模拟法庭"庭审教育实践活动。学生们担任审判长、陪审员、公诉人、辩护人、被告人和法警等角色，将法庭变成鲜活的法治教育课堂；在场旁听的师生们全神贯注，被法律的威严所震撼。孩子们纷纷表示自己真正认识到遵纪守法的重要性，并下定决心争做知法、学法、守法、用法的社会主义好少年！

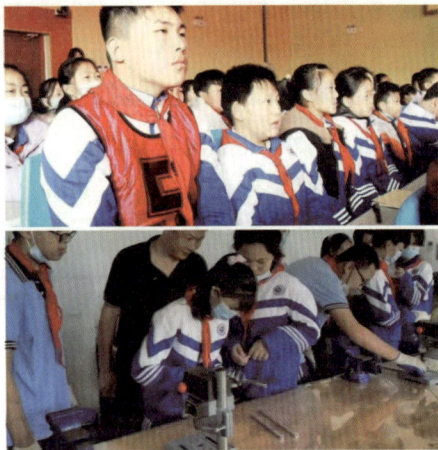

走进亚沙综合实践学校进行学习已是育才学子每年的必修课，孩子们学习金工操作、木工操作、创意搭建、电子光纤动画、液压机械、科学探究等各种专题。这些实践活动为孩子们将内在知识外化为行动、实践探索又反哺为心灵力量提供了源头活水，可谓求知而来，载知而归。特别喜欢这项活动的初二·一班的王小林说："我太喜欢木工课了，它让我专注、耐心，不仅学会了技能技巧，还能充分将美术、数学、三维空间等知识融会贯通，既锻炼了动手能力，又拓宽了视野。"张燕的爸爸张力豪称赞道："这样的实践课意义非凡，孩子们在与同伴的合作尝试中，会感受到一种工匠精神，领悟到团队合作的重要性，能在愉悦放松的活动中发现自我，形成优良品格。"亚沙综合实践学校于霞老师说："综合实践学校的各项课程，让孩子们学会了设计、学会了应用、学会了制作，更多的是体验到用科技来创造美、展示美的快乐。"

学校的综合实践活动课丰富多彩，除此之外，在校园南面还有农作物综合实践基地，种植花生、玉米、地瓜等各种作物，师生共同播种、施肥、管理、收获，孩子们体验到劳动的艰辛与快乐，体味到粮食的来之不易，体会到劳动最光荣，懂得要用双手创造财富的道理。

三、凝心奋楫立潮头，聚力逐梦新征程

构建课程体系，促进学科融合。学校以"发展学生核心素养"为目标，构建课内与课外、学科性课程与活动性课程并行的课程教学模式，打造基于核心素养的"四色课程"体系，即"红色基因课程、蓝色博学课程、金色审美课程、绿色健体课程"体系，着力推进课堂革命，为促进学生终身发展奠基。

全面构建的"四色课程"体系，旨在探索校本课程和国家课程之间的整合、融通与替代，力求多维制定培养目标，多类设置相关课程，多样实施有效策略，多元民主中肯评价，多种展示各类活动；以课堂结构的变革为起点，从"牵引式"融合入手，开展学科融合的统筹研究。"牵引式"融合就是以一科教学内容为主切入，多科相邻知识融入课堂的整合方法。多科相邻知识的融入，首先要探寻学科之间的契合点，然后利用这些契合点进行关联拓展。例如，学校自主开发的校本课程"茶经"，就将历史、生物、美术、化学四科有机融合，呈现出厚实宽阔的教学资源。2019年5月，省课程中心张斌主任莅临学校指导工作时对"四色课程"大加赞赏："育才中学的'四色课程'彰显了新时代品质教育的特点，是育德课程的升级版，大大加强了学科统筹的融合力度。"

"牵引式"学科融合只是课堂上最常用的方法，课程不同方法多元，却是殊途同归。学校"四色课程"则采用"整合式"，就是将彼此相近的学科知识按一定线索有机整合成具有新质的课程。目前，学校在运用这两种学科融合方式的实践中，正在探寻一种新的融合方式——"拼盘式"，即将相近的几门学科内容组合成一个大学科。教无定法，唯求其善，"路漫漫其修远兮，吾将上下而求索"。

不负领导嘱托，铸造德育品牌。海阳市委书记刘洪涛在2019年教师节之际到育才中学视察时说："育才中学的'明德雅行'育德课程体系堪称表率，我们就是要打造海阳市新时代的品质教育，办好人民满意的教育，做好积极辐射带动作用，提升全民素质。"

目前，学校以"明德雅行"（明德，指学习弘扬中华民族的传统美德；雅行，

指行为美好合乎礼仪规范）为主题的"烟台市德育品牌"申报创建工作已完成，这是一个能真正形成辐射区域、有较大社会影响力的德育活动品牌。同时，学校完善实施"学科德育"行动，落实学科育人；继续开展多样综合实践活动，落实实践育人，并因此取得了一系列成绩：6 名教师在烟台市优秀德育课例评选中获奖；2019 年 3 月，学校在全市"德育课程一体化"工作会议上做了典型经验交流；2019 年 5 月，在全市"学本课堂"建设表彰大会上学校做了典型经验交流。

我们坚信，在以"立德树人"为根本任务的背景下，依靠强有力的制度保障和勇于担当的领导团队，以及全体师生的共同努力，海阳市育才中学的"明德雅行"品牌教育将更加科学化、系统化、常规化。我们竭尽全力为每一位学生保驾护航，助力他们"做最好的自己"，大鹏一日同风起，扶摇直上九万里！正如海阳市教体局局长纪卫东在学校召开的初中工作会议上所说："在党建'立德树人'理念的引领下，相信海阳教育又将绽放更多的品质教育之花，培养更多的素质人才，写好属于海阳教育的奋进之笔。祝愿育才学子向着太阳展翅腾飞，从'育才'走向远方！祝愿海阳教育的明天，更加辉煌！"

海阳市亚沙城初级中学

　　海阳市亚沙城初级中学于 2015 年 8 月 31 日正式开学招生，位于海阳市海韵路 12 号，地处举办第三届亚洲沙滩运动会的海阳市新城区，占地面积 10 万平方米。学校始终秉承"读书明理，立己达人"的校训，坚持"为幸福人生奠基"的办学理念，着力打造"达标争优，强健体魄"的阳光体育教育。建校以来，在全体师生的共同努力下，学校先后荣获全国青少年校园足球特色学校、山东省基础教育发展共同体、山东省科技教育实践基地、烟台市禁毒示范校、烟台市传统文化示范校、烟台市家庭教育示范校、烟台市教育招生考试优秀考点、烟台市教育系统先进基层党组织、烟台市教育科研先进单位等多项国家、省市级荣誉称号。

健我强壮体魄　养我浩然正气

——海阳市亚沙城初级中学"阳光体育"校园建设纪实

体育是跃动的音符,是舞动的旋律,是运动的艺术。亚沙城初级中学的四季因花样繁多、形式灵活的体育活动而更加缤纷多彩、活力四射。

在亚沙城初级中学,春天的绿茵场是一幅饱蘸着生命繁华的画卷,阳光明媚,鸟语花香,集体热身后"自助式"早锻炼让学生们起床开心,早操快乐;夏天的绿茵场是一首声势浩大的长诗,绿树繁茂,幽草葳蕤,"1+2+2=5(我)"阳光大课间,师生齐做韵律操,共跳健身舞,活力四射,激情飞扬,书写着夏天的激情与梦想;秋天的校园是一组振奋人心的交响曲,恢宏大气、磅礴激昂,广播体操比赛、队列比赛、篮球赛、足球赛、阳光体育运动会、秋季运动会等文体活动异彩纷呈,演奏着四季最唯美震撼的乐章;冬天的校园是一曲清寂优雅的古典音乐,严谨精致、意境深远,每天下午的"专题式"俱乐部——体育活动课,让学生们兴致盎然,无比热爱。

在全国教育大会上,习近平总书记指出,学校体育要"树立健康第一的教育理念,进一步强化学校体育的育人功能,让学生在体育锻炼中享受乐趣、增强体质、健全人格、锤炼意志,促进学生身心健康全面发展"。近年来,学校全面贯彻党的教育方针,遵循教育和体育规律,围绕"三个坚持"(坚持课堂教学与课外活动相衔接、坚持群体活动与运动竞赛相协调、坚持全面推进与分类指导相结合)不断探索学校体育教育的革新之路,引导广大学生走向操场,走进大自然,走到阳光下,积极参与体育锻炼,让学生了解体育、参与体育、享受体育。

一、向阳草木青,明媚春光暖

俗话说:"一年之计在于春,一日之计在于晨。"有效的早操能振奋精神、培养习惯、铸造意志。"快点起来热身啦,今天早操我最少两个'特色菜'""我今早一定要跳够 1000 个跳绳""你的'体能八式'哪个最拿手,来 PK 啊"……早操尚未开始,同学们已经"奔走相告"互相督促,争相奔向运动场。每天早晨20 分钟的"自助式"早锻炼,同学们首先集体拉伸三分钟并慢跑一圈,之后,再从跑步、篮球、足球、体能八式等运动中选择任何一项或两项喜欢的运动进行锻炼。期间,值班老师和领导会跟随学生一起锻炼,并巡视指导;早操结束后,由值班老师和学生会执勤人员根据各班活动的整体效果进行量化打分,每月积分最高的班级可获得"运动未来星"流动红旗。

小小的"自助式"早锻炼，将培养兴趣与提高技能有机地结合起来，有效改善并解决了学生们爱睡懒觉、逃避运动的不良习惯，于潜移默化中增强了师生的健康意识，促进了师生健康行为习惯的养成。

二、接天莲叶无穷碧，映日荷花别样红

"体育是运动的艺术，运动是体育的灵魂，体育使学校充满活力，学校因体育焕发生机；要继续创新，让你们的大课间绽放别样风采。"这是海阳市教体局局长纪卫东对学校"1+2+2=5（我）"——"我运动我快乐"大课间活动的评价。最快的速度入场、最靓的口号回响，这是"1"；根据季节和天气情况，灵活调整跑操与做操（第九套广播体操和韵律操）这是第一个"2"；最后的自由活动（跳绳、踢毽子、球类、田径等）和班级总结是第二个"2"。"金色的阳光召唤我，它也召唤你，我们奔向操场去，一起炼身体，欢乐伴着我，阳光体育使我们幸福又欢喜……"每每《阳光体育之歌》响起，操场上一片欢腾，带操老师们在前面跳，学生们在后面跳，校外的围栏上满是驻足凝望和颔首赞许的鲁古埠村民，或许这其中就有某一个孩子的家长，他一定是开心的，也是放心的！

热烈的阳光体育大课间活动，既强健了学生体魄，也潜移默化地实现了校内外的有机融合，为建立起家校社联动机制奠定了良好的基础。

三、忽如一夜春风来，千树万树梨花开

"校长您好，我是徐浩翔的爸爸，我家孩子性格过于内向，但是对学校的'足球俱乐部'特别感兴趣，就是不好意思开口跟老师讲他很想加入，您看……"

"徐浩翔爸爸，非常感谢您对我和学校的信任，您放心，只要孩子喜欢，家长支持，我们一定大力培养。"

自"专题式"俱乐部（包括篮球、足球、羽毛球、跳绳、踢毽子、体能八式等）开设以来，每天只要没有体育课，各个俱乐部都会开展活动并定期举行比赛，孩子们雀跃无比，对俱乐部的活动充满期待。学校的篮球俱乐部是最热门的，"篮

在运动场,球在少年梦",基础运球、传球、三步上篮……这项灵活性、技术性、竞争性都很强的球类运动有着大批的青睐者。花样跳绳俱乐部是仅次于篮球俱乐部的第二大社团。俱乐部成立伊始,经常会收到像上述提及的沟通电话,但随着俱乐部活动有序稳定地开展,这样的"请求电话"越来越少,因为孩子们在俱乐部中各就其位,各专其长,找到了归属。现在,更多的是家长在微信里发给老师们的感谢话语,感谢学校给孩子提供的运动平台,感谢学校和老师让原本不善言辞的孩子越来越开朗,更要感谢国家的好政策,感谢……

　　"专题式"俱乐部为学生搭建了一个展示自己的舞台,满足了学生们学习与发展各项运动特长的需求,培养了他们勇敢、顽强、机智、果敢的优良品质。

　　目前学校在落实好"自助式"早操、阳光大课间、"专题式"俱乐部的同时,正积极开展"课前三分钟律动操"。伴随着欢快的音乐,学生们以课桌为辅助,将手势舞动作与节律拍拍操结合,精神饱满,动作整齐,优雅大方,举手投足间尽显阳光自信。

　　健我强壮体魄,养我浩然正气!我们始终相信"分数不是教育的全部内容,更不是教育的根本目标;好的教育应该是培养终生运动者、责任担当者、问题解决者和优雅生活者,给学生们健全而优秀的人格,让他们赢得未来的幸福,造福国家社会。"

海阳市英才实验学校

　　海阳市英才实验学校成立于 2003 年 9 月，是一所九年一贯全日制民办学校。学校现有教职员工 300 余人，在校生 4700 余人。建校 19 年来，学校秉承"造福桑梓，成就他人"的社会担当，践行"为学生创造幸福，让学生享受幸福"的办学理念，在多年的教学实践中，逐步形成了关注学生的生命状态、促进每个学生持续全面发展的"生态教育"特色。学校以山东省教育科学规划"十二五""十三五"重点课题《九年义务教育学校新德育序列化研究》《义务教育学生核心素养多元化评价实践与研究》为引领，深入推进德育一体化建设，构建了英才德育生态体系和基于核心素养的"生态"课程体系。学校先后被评为"烟台市教育教学工作先进单位""烟台市综合实践先进单位""烟台市教育科研先进单位""海阳市教学工作先进单位"等。

生态课程：为学生的未来发展积蓄力量
——海阳英才实验学校生态教育纪实

伴随着初冬的和风，沐浴着温暖的阳光，海阳英才实验学校的操场上热闹非凡。孩子们喜欢的体能训练课程之"投掷接力赛"，正在这里角逐着，他们个个兴高采烈，神采飞扬。冬日的暖阳映照着孩子们欢乐的笑脸，祥和而幸福……这，是英才校园的日常一隅，也是英才学子的日常课程。

"一直想为孩子们造一座理想的、充满童年味道的生态园。这座生态园，当是一片自然园，一座探究园，一片快乐园。在园里，童心与每一片树叶、每一朵绽放的花、每一棵萌发的草是相通的；在园里，每天总有有趣的情境等待着孩子们去观察，去探究；在园里，总有一些更有趣、更丰富、更美丽迷人的东西，等待着孩子去发现。"这是王玉梅校长的教育理想，也是英才学校的办学愿景。如何让这座生态园焕发生命活力？英才人探索着、实践着、论证着……逐步凝练出促进每个学生持续发展的"生态教育"理念。关注学生的生命状态，促进学生的和谐发展。而"生态教育"的核心便是"生态"课程体系。"生态"课程就是在扎实和拓宽学生基础教育的同时，涵养学生品格，使其拥有健康的体魄、儒雅的气度、广博的学识、果敢的担当和创新的思维，以适应未来的发展。

一、生态敏学增智课程——厚积文化素养

生态课堂是生态敏学增智课程的重要部分，以生态课程为载体让生态课堂更加丰盈、灵动。金秋十月桂飘香，教研竞赛绽芬芳。英才一年一度的"课堂研讨月"又拉开了帷幕。课堂上，老师们将学科内整合和学科间融合的理念渗透其中，或热情洋溢，或睿智深沉，或灵动活泼，或娓娓道来，将一堂堂优质的课呈现给孩子们。

三年级语文组结合单元主题——秋天，引领学生开发《行走在秋天》大单元整合课程。配合基础教材写景的单元主题，结合季节的时间背景，设置观秋景、听秋声、诵秋韵等任务。让学生在自我观察、用心感悟的基础上记录、表达。他们带学生走出教室，走入校园，走进大自然，看秋叶斑斓，听秋虫低吟。瞧，孩子们把秋天带回了课堂，他们正兴致盎然地分享学习收获呢！一幅幅生动的秋日美景图，一首首婉约清丽的小诗，一篇篇妙语连珠的美文……让老师们不由得惊叹：他们作文的成长速度简直是突飞猛进；"天高雁南飞，地灿喜丰盈。"这诗句多美啊！他们竟然能写诗了……三年级语文备课组长兴奋地说："通过大单元整合课程，秋的形象在孩子们心中变得可视、可感，形象化、意境化了。"

美术课上，高丹老师采用跨学科融合，将地理学科知识引入课堂。利用中国地图为学生展示八大菜系，采用自主探究、示范引领、小组合作等形式让学生参与学习。并将道法学科"中国科技发展——袁隆平水稻研究"的内容融入美术课堂，让学生在感受科技发展给我们带来的幸福生活的同时，懂得爱惜粮食，践行光盘行动，达到了育人润物无声的效果。物理课上，宫钦飞老师给学生布置了"帮晓林设计家庭电路"的任务，创设了有趣的故事情境，将语文、物理、美术等学科相关内容进行融合。一节课，学生们沉浸在设计当中，互动、合作，寻找最佳方案，一个个奇思妙想不断碰撞。这节课打破了课堂内容的壁垒，整合了电路设计的相关知识，将难解复杂的学科知识变得浅显易懂……

千淘万漉虽辛苦，吹尽黄沙始到金。自 2008 年始，每一年，英才人都是如此沉静而执着地进行着课堂探索。2020 年 11 月 5 日，英才校园迎来了参加"烟台市基于学科核心素养的课堂教学改革暨全市首届课堂改革之旅"的来自烟台各县市区的教育同行，他们有的"三进英才"，探秘英才生态课堂；有的慕名前来，全员观摩……课堂上祁云彦老师的三封信，由小人物的情感世界走向校长对师生牵挂的教育情怀，再到总书记对全国人民的大爱。学生与校长妈妈的互动触动了所有人的泪点，也让学生学会了不同人物从不同角度表达不同情感的写作方法……生态课堂让教学从文本中心与知识中心的窠臼中剥离，实现能力为重、生活为本和深度学习的回归，提升了学生的核心素养，实现了育人为本的宗旨。

这就是生态课堂的新样态，时时处处体现着基于大概念的课程建构理念，发挥着课程育人的作用，散发着学科素养的芬芳。山还是那座山，但满目葱绿，

水还是那潭水，但已波光粼粼。烟台教科院副院长王志强如是说："课堂上师生充满了精气神，底蕴厚实，非一日之功。这所学校内涵丰富，欢迎大家走进这所学校看看！"

二、生态养格育心课程——涵养道德品行

"亲爱的孩子们，今天我讲故事的题目是……"每当夜幕降临，万物沉寂的时候，英才上空常常会响起校长妈妈的"星夜心语"，王玉梅校长以师长、妈妈、朋友的身份，坚持8年讲育心故事，风雨不误。"一故事，一道理"，"身边事，议道理"，"即时事，说道理"，像一泓清纯甘甜的清泉荡涤着师生的心灵。坚持，成就了这一份独特而厚重的、爱的礼物，成为学校育心课程的靓丽一环。

"塑造高贵的灵魂，是教育的至高境界。"这是英才学校于春林董事长对学校办学方向的期待。多年来，英才人励精图治，努力践行着这一理念。在建校初期原教科院沈渭明院长作为英才老领导就提出了"快乐教育""三自一乐""积极情感教育""心理潜能开发"和"德育序列化"等一系列德育思想。随着办学内涵的不断深化，英才人逐步在此基础上梳理形成了多门生态育心课程。

如：以"六·一"文化艺术节、英语节、体育节、读书节、风筝节、科技节和诗词节为主要活动形式的校园文化节课程；以开笔启蒙——开学礼、踏歌远行——毕业礼、童心向阳——入队礼、擦亮团旗——入团礼为主要内容的仪式课程；以国庆节、劳动节、中秋节、春节等为载体的节日课程；以夏至、冬至、清明、小满等节气为内容的节气课程；以父亲节、母亲节、重阳节等为契机的感恩课程；以"我与绿植有个约会"为主题的劳动课程；以习惯养成为主要内容的序列化德育课程；以呵护心灵、伴你成长为主题的序列化心理课程。学生们在这些课程的学习中，潜移默化地润泽了心灵，涵养了品格，获得了拥抱幸福的能力。

"晴日暖风生麦气，绿阴幽草胜花时。"2018年5月18日，在万木葱茏的初夏，海阳市中小学"德育课程一体化"工作推进现场会在英才学校隆重召开。市教体局领导、全市中小学校长、副校长莅临参观指导。听取了王玉梅校长以

"知行合一，德育英才"为主题的汇报，参观了学校的特色课程、第二节课间操、读书社团等现场展示。汇报中，王玉梅校长从学校德育生态体系的构建、实施路径及德育评价体系的完善三方面进行了详细阐述。强调了"学校德育的最终指向，即培养学生完善的人格、积极向上的价值追求、强烈的合作意识和终身的学习能力。要让生态教育的价值，体现在每一个学生身上。"展示中，小学部活泼矫健的跳绳体能训练操，优美灵动的啦啦丝韵律操，学生赶集跳蚤市场；初中部的读书论坛等都给与会领导留下了深刻的印象。参观结束后，海阳教育体育局原局长于文刚用三个词——"知微见卓、全面创新、扎实有效"，对学校的德育课程一体化工作给予高度肯定与赞扬。

"不积跬步，无以至千里。"英才人就是在这样的脚踏实地中厚积薄发。多彩的课程，灵动的校园，让孩子们如一只只斑斓的风筝在英才这座生态园的天空中自由飞翔。

看，一年一度的风筝节乘着三月的春风来了！孩子们绘风筝、写风筝、放风筝，描绘童心，放飞理想。煦暖的阳光，不经意地透过薄薄的云层，化作缕缕金光，透过窗户抚摸着孩子的脸庞。瞧，孩子们描绘出精灵古怪的卡通人物、栩栩如生的小动物、花红柳绿的春景……是那么投入，那么专注。孩子们绘制的不只是风筝，更是快乐、是幸福、是憧憬。一位孩子在日记中这样写道：

> 飞吧，飞吧
>
> 这童心的梦
>
> 幻想的鸟
>
> 这飘动的音符
>
> 翱翔的诗行
>
> 孩童的岁月
>
> 因有风筝而更摇曳多姿……

多么美的诗句！多么棒的小诗人啊！想必他们心中也一定有一只神奇的

风筝，在跨越高山雪峰、星辰大海……

"飞起来啦！飞起来啦！"孩子们欢呼着，跳跃着。蓝天下，承载着梦想的风筝，渐渐升起。孩子们一边摇曳着手中的丝线，一边欣赏着翩翩起舞的风筝。大家一同融进了大自然的怀抱，一同走进了美丽的春天，一同度过了一段温馨的时光，一同留下了一段难忘的童年记忆。

诗词节也是同学们向往的校园节日，诵诗、写诗、赛诗、唱诗等一系列特色活动，将诗词背诵、诗词鉴赏、诗词创作融为一体，实现了语文、音乐、美术等多学科融合，学生在诗歌中感受美、欣赏美、创造美，为生活增添了诗意与幸福感。用老师和孩子们的话来说，"学校到处飘扬着诗词的韵味，我们的生活都诗意起来了"。

三、生态乐创特色课程——提升自主发展能力

春花绚烂，万物生长。2021年4月22日，学校承接了"烟台市'立德树人落实机制'优秀案例研讨会"活动。烟台市教育局领导、烟台市各学校校长、骨干教师200余人莅临指导了学校在海阳新时代品质教育引领下"立德树人落实机制"的推进。初中部展示的"燃烧的过去、现在和将来""骆驼祥子——名著交流""自行车里的物理""野外'鉴宝'玄武岩和花岗岩"等12门课程都是学生平时社团项目化学习的成果。参观过程中，与会人员被孩子们的创造力所折服，赞不绝口。小学部的特色课程展示，亦得到了与会领导的一致好评。烟台教育局副局长王旋边看边与学生交流，对学生们的创造力赞不绝口，夸这所学校让人回味无穷！

回望特色课程的发展历程，从办学初期的兴趣小组，一路走来，不断创新。到目前已形成语言与文学、益智与科学、体育与健康、劳动与技术、艺术与审美五大领域，126门课程，组成了生长式课程群。每学年学生通过自主申报，跨年级走班的形式参与课程学习，实现自身成长。如今"赓续中华文化血脉，传承科学创新精神"已成为特色课程的思想统领。今年，所有课程内容再次进行

调整,将抗疫英雄、建党百年历程、遨游太空、东京奥运等一系列与时俱进的学习内容,以及刺绣、篆刻、京剧、节气、剪纸等非遗项目引入其中,丰富了课程内涵,无形中增强了学生的爱国情怀和民族自豪感。海阳市教育局基教科科长倪寿成说:"每一次来,你们的特色课程都有新的变化,这些年一直都在进步啊!"

每周五下午,孩子们一展芳华的特色课程开始了:绘画课上的孩子们时而泼墨速写,时而工笔细描,一幅幅活灵活现的图画在他们的巧手下赋予了生机;科普课程中孩子们通过一个个有趣的小实验,观察生活中自然真实的现象,激起了孩子们对科学的反思和兴趣。实验中,孩子们俨然成了一个个小科学家,面对日新月异的世界指点江山;看!沉浸在对弈中的孩子们正沉心静气,排兵布局,他们在对局的胜负中磨砺了意志,提升了逻辑推理能力。提起作品的精彩绝伦,非劳动技术类课程莫属,衍纸课程将中国画、京剧脸谱等元素融入其中,让孩子们在劳动实践中对中国传统文化有了更深的理解;橡皮章篆刻,是学生在学习了传统篆刻技法后,通过改进进行的图章拓印,一块小小的图章在学生手里却表现着大大的主题,《抗疫英雄》《航天梦》《建党百年》等一系列作品主题鲜明,爱国之情洋溢其中。他们在朴素之中感受文化底蕴,在创新之中传承中华文化。

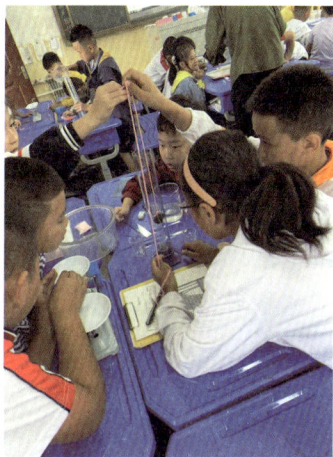

清风吹歌入空去,歌曲自绕行云飞。合唱课程、民族舞课程、街舞课程、陶笛课程、电子琴课程、吉他课程和竹笛课程,孩子们在旋律中陶冶情操,在表演中出神入化,在演奏中动人心弦,艺术素养日益丰厚;语言类课程是一扇通往广阔世界的神奇大门,主持课程、话剧课程、绘本创作课程、生活习作课程、诗词课程及朗诵课程等,孩子们通过趣味学习,对语言有了更加敏锐的感受力,对情感有了更加强烈的表达欲。局领导赞叹道:"你们的小主持人真是了不起,大方、自信、机敏,这些孩子的未来可期。"

四、生态研行实践课程——培养社会参与能力

项目式研行实践课程是从问题或项目任务出发,让学生通过观察发现、实践体验、合作探究,学会知识技能,学会生存生活,学会做人做事等。

学校积极践行"读万卷书,行万里路"的教育理念,利用海阳文化资源、农

业资源、自然景观等丰富的"研学"实践资源,引领学生构建项目式实践课程。如"连理岛自然大课堂"课程,分为走近海洋生物、相约万亩花海、揭秘烟薯生长、领略大海风韵四大任务开展"研学"项目式学习。学生们通过观察、合作、体验在实践与探究中达到"知行合一"的"研学"目标。在活动开展的过程中,家长们纷纷表示此项活动为孩子们开拓了更为广阔的天地,五年级邵小涵的家长说:"让孩子们有机会走出校园,走进大自然,孩子获得的不仅是知识,他们的动手实践能力,与人交流沟通的能力也都得到了锻炼,此类课程的开展真的很有意义。"

伴着青草和树木的淡淡芳香,迎着初夏的朝阳,二年级的小朋友也纷纷走进大自然的怀抱,进行项目式实践课程——"走进叶子的斑斓世界"。

树叶,是大自然的礼物。多样的色彩、各异的形状,神奇的小秘密都等待他们去探索。同学们仔细观察树叶特征、外观特点,查阅了解了它们的生长习性,并对常见植物进行了了解和辨识。孩子们像一只只快乐的小鸟:"你看,你看,树叶像手掌、像小船、像扇子……真有趣!"接着孩子们利用形状各异的树叶进行设计,有时堆叠,有时疏离,制作出构思新颖的树叶作品。树叶在孩子上下翻飞的巧手中,摇身一变,有趣的动物诞生了!叶脉有粗有细,选择不同的色彩,层层叠加,漂亮的芭蕾舞女孩诞生了!选叶、煮沸、捞取、轻刷、浸泡、染色,每一步都小心翼翼,一枚叶脉薄如蝉翼,透明如纱的天然书签诞生了!

美妙的季节,给了孩子们天马行空的创意,美好和喜悦烙印在心里,他们将带着这份对世界的好奇与探索,一起感悟四季的变化,世间的美好。

丰富的课程满足了学生成长的需要,让他们在真实性的经历中发展了关键

能力,在沉浸式的体验中培养了必备品格。海阳市教育局纪卫东局长深情地说:"这是一所干净的学校,它的干净体现在育人环境的干净,育人思想的干净和所育之人的'干净'。"简简单单一个词,却涵盖了三重含义,意味深长。在课程实施的过程中,促进了教师的专业提升,也促进了学校的内涵发展。海阳电视台、海阳之窗等信息媒体多次走进学校,进行专题报道。学校连年被评为"海阳市教学工作先进单位",获得"烟台市教育教学工作先进单位""烟台市综合实践先进单位"等荣誉称号。在每年全市综合艺术月及篮球比赛中,连年获得佳绩。

"路漫漫其修远兮,吾将上下而求索。"未来,英才人将继续以"咬定青山不放松"的韧劲,以"逢山开路,遇河架桥"的创新精神,在落实核心素养的道路上阔步前行。

海阳市美宝学校

　　海阳市美宝学校是一所集幼儿园、小学、初中于一体的高规格寄宿学校,创建于 2005 年,位于海阳市经济开发区,东临烟凤公路,南面海水浴场,占地 7 万平方米,在校学生 3000 人,教职工 260 余人,幼儿园、小学部、初中部共计 60 个教学班。近年来,美宝学校始终坚持"以人为本,立德树人"的发展方针,坚持"为学生未来发展奠基,为教师职业成长助力"的办学宗旨,坚持"以教学质量为主体,以学生自主管理和传统文化教育实践活动为两翼"的"一体两翼"办学理念,对学生进行"善为先,德为本"的传统文化教育,让教师和学生在校园结伴成长,学习古圣先贤,养成良好习惯,做中华优秀传统文化的继承者和践行者。随着学校规模的不断扩大和飞速发展,美宝学校也进入了"一体两翼 2.0"教育新时代。

不忘初心践使命　立德树人育栋梁

——海阳市美宝学校"一体两翼"教育品牌建设纪实

建校以来，海阳市美宝学校始终坚持以人为本的教育理念，落实立德树人根本任务，秉持"为学生未来发展奠基，为教师职业成长助力"的办学宗旨，努力践行"一体两翼"人才培养模式，培育出一批批品学兼优的新时代品质少年。

一、利用信息化技术，实施课堂差异化教学

教学质量是学校的生命线，学校非常重视教科研工作，课上积极推进信息化教学改革，课下组织各学科横向与纵向交流，合理利用教育教学资源，开拓创新，迎难而上，在省内外受到教育同行们的高度评价。2021年，先后有安徽、陕西、河南、四川、山东等地的50多所学校到我校参观学习，对学校的信息化教学给予广泛好评。

开发优质资源，引进高效学习平台。学校成立教育教学研究院，开发优质资源，引进高效学习平台，挖掘完善平台各个模块功能。首先，利用平台老师课前准备更加多元化，提前上传答案详解，录制重难点讲解小视频，选取并推送授课过程中同步加练题，授课PPT等教学资源；其次，利用平台可以当堂进行数据收集，让老师及时了解学生学习效果；再次，评价系统能及时反馈学生课堂表现和学习成果，让课堂激励机制更加科学高效；作业布置完全可以通过平台小组实现分层推送，并及时反馈学生作业完成情况。

信息技术在新授课和讲评课中的应用。建设"三段五环新授课"特色课堂。"三段"就是指学生课堂上"学什么""怎么学""学得怎么样"，"五环节"即导、学、讲、练、评五个环节。在"导"的环节教师能通过导学单和课件等形式，向学生提出自学的内容、方法和要求，解决学生"学什么"的问题；接着学生通过自主学习和生生合作学习完成"学"的任务，老师适当对疑难问题进行点评答疑，然后学生通过巩固新知和能力训练解决学生"怎么学"的问题，最后通过当堂检测评价学生"学得怎么样"。学习平台在自主学习、

当堂训练及检测环节及时给不同学习小组进行学习任务和加练题的发送。让优生吃得饱,学困生吃得好。

推进先进课堂教学理念,实现课堂"两个转变"。 学校注重将教师的"教"转变为学生的"学",将学生由"要我学"变转成"我要学"。首先要研究学生的学,实施以学定教,研究以学生为主体,学生学什么、怎么学、学得怎么样的问题;尤其是导学单的设计,符合学生的认知规律,突出学习重点,突出考点。其次要落实课堂上学生导学单使用,在"三段五环节"课堂教学框架下,将知识问题化、问题任务化,让学生在任务的驱使下带着问题展开学习。

利用信息技术,打造高效课堂,助推教师专业化成长。 为了开阔视野,更新理念,储能蓄力,提高教师的专业化水平,近年来,美宝学校采取"请进来、走出去"的培训模式,聘请省内外教育教学专家、学者到校讲座培训。多次组织学校领导、学科带头人、优秀教师、骨干教师参加青岛、曲阜、济南、北京、上海、厦门、深圳等地举办的教学研讨会和课堂改革高峰论坛,亲临省内外名校实地参观考察取经学习。同时,注重把现代化的信息教学手段融入课堂,打造出一支能将传统和现代化教学手段融合到课堂的教师队伍,提高了课堂效率。

二、优化学生自主管理,为学生未来发展奠基

转变管理理念,建立自主管理机制。 学校特别重视学生的习惯培养。学校从学生学习、卫生、纪律各方面的习惯培养入手,利用学生管理学生,制定了切实可行的学生自主量化管理考核标准,通过晨会、班会和励志会,落实学生自主量化管理和无缝隙管理措施,实施感恩励志、活动励志、目标励志等形式多样的教育,学生学会了自我管理。

建立班干部的培养机制,实现班级自我管理。 学校积极做好班干部的培养,让班干部有能力管理班级,让班干部有班级管理的意识,有主人翁感,最终在班级形成一个管理团队,保证班级学生考核的公正性、及时性、透明性,能公正客观地评价每个学生,有效保证班级事事有标准要求、事事有时间节点、事事有责任人、事事有督导考核。这样,班级管理就成了学生自己的事情,班主任不再是冲在前面的管理执行者,而是班级管理的策划者和掌舵人。

搭建学生自我反思平台,落实晨会评价机制。 为加强学生的自主管理,建立学生自我反思制度。利用每天的晨会让学生自主梳理昨天,安排今天,规划明天。晨会教育模式体现的是学生自主性和计划性相结合,在学生自主量化管

理方面有较强的针对性和实效性。晨会的开展，在学习方法上给予了同学们更多的指导，思想上更加助力同学们树立积极向上的价值观。

五育并举，激励学生全面健康发展。学校把学生音乐、体育、美术和自主管理考核纳入学生学科成绩，其中，音乐、体育、美术各占 40 分，自主量化管理考核 45 分，最终把学生培养成为德智体美劳全面发展的人。学校先后成

立了舞蹈、合唱、口风琴、鼓号队、书法、绘画、足球、篮球、太极拳、健美操等特长小组，在丰富学生课余生活的同时，提升学生综合素养，促进学生全面健康发展。

三、开展传统文化教育活动，落实立德树人根本任务

为让每一位学生在美宝学校能够茁壮成长，真正成为品德好、学习好、身体好、习惯好、口才好的"五好学生"。学校根据不同年级学生的心理特点，分年级有计划、有目的地开展传统文化教育序列化活动。

教育主题序列化。根据每个年级学生的特点和认知规律，各年级将教育主题确定为初一：尊师长，会感恩；初二：懂规矩，明事理；初三：惜友情，会做人；初四：有理想，守法纪。教育主题是各级部的教育重点。

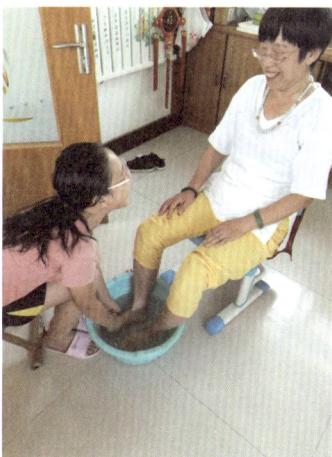

经典诵读序列化。经典诵读内容结合学校国学教材内容进行分配，必读内容：《弟子规》、《朱子家训》《诫子书》《大学》《中庸》《论语》；选读内容：《笠翁对韵》《千字文》《孝经》《女史箴》《老子》《百家姓》。这些国学经典不仅要求学生诵读，老师更要带头诵读。

教育实践活动序列化。传统文化教育实践活动是进行德育工作的重要途径。各级部结合教育主题，有效开展教育实践活动，力求做到主题突出、活动具体、要求明确、措施到位、面向全体。学校先后开展了"把好习惯带回家""传承

好家风""倾听父母的心声""巧手做贺卡、浓浓师生情""我帮爸爸妈妈做团圆饭""惜友情——寻找身边的'雷锋'""追忆革命先烈,传承革命精神"等传统文化实践活动。通过活动的开展,同学们有了很大的改变,回家知道帮父母干家务了,懂得孝敬父母了,懂事明理了,家长普遍反馈较好,学校传统文化教育初见成效。

2022年,国家对教育的发展改革提升到了新的高度,海阳市美宝学校将紧随时代的发展需要,坚持"规范 + 优质 + 特色"的工作思路,秉持"为天地立心、为生民立命、为往圣继绝学、为万世开太平"的使命,肩负家长和社会的重托,锐意进取,务实创新,再谱美宝教育新华章。

海阳市凤城街道初级中学

　　海阳市凤城街道初级中学位于海阳市南部沿海和烟凤公路东侧。学校以"悦海立人、取则行远"为办学理念，以"立德树人、成就未来"为育人核心，以"金色梦想、红色骄傲、橙色实践、绿色劳动、蓝色憧憬"五大主题活动为德育载体，以"德融数理、知行合一"为德育实施模式，推动情境育人、生活育人、活动育人的教育理念。学校先后荣获"山东省课程与专业实验研究实验学校""山东省最佳中学生团校""山东省体育传统项目学校""山东省国防教育少年军校""全省群众体育先进单位""烟台市规范化学校""烟台市教书育人先进单位""烟台市教育科研先进单位""烟台市三星级安全文明校园""烟台市安全与教育管理先进单位"等20余项国家、省市级荣誉称号。

五彩润泽　雏凤清音
——海阳市凤城街道初级中学"彩凤德育"品牌建设纪实

走进海阳市凤城街道初级中学的校园,朗朗的读书声、悠扬的歌声、欢乐的笑声、铿锵的助威声和洪亮的口号声在校园上空回荡,666个学生可爱的笑脸展露在凤城中学的每个角落, 104名教师的职业人生在凤城中学幸福绽放,为了给"彩凤"学子创造更好的学习条件,学校不断加强校园绿化、美化和文化建设,学校面貌焕然一新。学校新建了标准的400米塑胶操场,重新规划了图书及阅览区域,重新改造了阅读长廊、党员活动室、团队活动室、心理健康室、陶艺室、教科室及学生宿舍,硬化了学校停车场,宿舍以及各功能室都安装了空调。"凤凰涅槃,浴火重生"的生命价值追求让如今的校园有一番别样的风景。

不忘教育初心,牢记教育使命。"一个学校不能仅仅重视学生的分数高低,更应培养学生的远大志向和家国情怀,以德育人,以德铸魂,让学校生活有色彩、有温度、有厚度。"这是姜洪钊校长的教育理念和情怀。姜校长引领教师积极拓展德育课程内涵,整合德育课程资源,促进国家、地方和校本德育课程的有机统一,建立内容丰富、系统完善的"彩凤德育"课程。

一、立德树人,确立"彩凤德育"目标

党的十八大明确提出"把立德树人作为教育的根本任务,培养德智体美全面发展的社会主义建设者和接班人"。2011年,教育部原部长袁贵仁在全国中小学德育工作经验交流会上指出:"把社会主义核心价值体系融入课堂教学全过程。"学校以"悦海立人、取则行远"为办学理念,以"立德树人、成就未来"为育人核心,以"金色梦想、红色骄傲、橙色实践、绿色劳动、蓝色憧憬"五大主题活动为德育载体,以"德融数理、知行合一"为德育实施模式,推动情境育人、生活育人、活动育人,精心培育具有大海品质、雏凤精神的海的儿女、风的传人。

二、五彩斑斓,构建"彩凤德育"体系

金色:心中有梦想,脚下有力量。2012年11月29日,习近平总书记在参观《复兴之路》展览讲话时首次提出"中国梦"。中国梦是历史的、现实的,也是未来的;是我们这一代的,更是青年一代的。中华民族伟大复兴的中国梦终将在一代代青年的接力奋斗中变为现实。

针对学生理想信念缺失这一问题,学校积极开展金色梦想德育主题活动,

旨在教育学生树立远大理想，不做精致利己主义者，努力实现人生梦、中国梦。

"我要成为一个英勇的军人，保家卫国，让橄榄绿渲染我的人生色彩。"一个有担当的大男孩说。"我要用脚步去丈量祖国的大好河山，去领略祖国的美好风景。"一个爱好旅游的学生说。"我要成为一个救死扶伤的白衣天使。"一个有爱心的女孩说。"我要成为漫画家。"一个简单的爱艺术的女孩说。

于是，在课堂上，在校园里，在画室里，在社区内，一个个充满梦想的阳光少年扬帆起航凌云志，乘风破浪正当时。

红色：心中有信仰，精神有内涵。育人之本，在于立德铸魂。为弘扬传统文化、树立四个"自信"，学校开展了红色骄傲教育系列活动，主要包括：弘扬传统文化主题教育活动、传承红色基因主题教育活动、践行社会主义核心价值观主题教育活动。在活动中，学生了解历史、铭记历史，传承红色精神，感知红色精神魅力，培育爱国情怀。"唱一首红色歌曲""学讲一个红色故事""读一本红色书""看一部红色电影"……家长们欣喜地看到了学生的积极性、主动性、参与性日益增高；看视频临其境，听音频画感受，读文章说感想，演人物诵精神，拼知识搞比赛……老师们欣喜地看到学生学习兴趣高涨，他们学中有悟、悟中有感、感中有行，红色精神教育入耳、入眼、入脑、入心。

橙色：主题有特色，实践有传承。为密切学生生活与社会的关系，培养学生发现问题、解决问题，不断创新的能力，学校一方面开展弘扬传统节日文化制作烹饪美食实践活动，每年都举行"清明节做面燕""端午节包粽子""八月十五打月饼""冬至包饺子"实践活动；另一方面，学校开发了刘公岛和曲阜两条研学旅行路线，着重开展爱国主义和传统国学教育实践活动，学生感受中国传统

节日的美好寓意，激发了学生的家国情怀。

绿色：劳动有价值，创造有品位。"正确的劳动价值观是新时代劳动教育的基本立足点。"海阳市综合实践室主任李芳说，"真正的劳动教育是心的教育，而不只是身的教育。所以，学校要重视引导学生形成正确的劳动认知，正视劳动价值，深化劳动最美丽意识。"

学校秉承课堂教学与实践劳动相融通、相补充的教育理念，补齐劳动教育短板，我校在校园停车场东面开辟了一块劳动实践基地，让学生举起锄头，栽下秧苗，在这里亲近自然、分清五谷、科学探究、学会劳动，养成热爱劳动的好习惯。

谷雨时节，学生种下土豆、水萝卜、茼蒿、油菜；立夏时节，学生种下黄瓜、豆角、茄子、辣椒；立秋时节，学生种下大白菜、青萝卜；立冬时节，学生在菜园里拔出大白菜，送到学校餐厅，与老师一起动手包大白菜水饺，体验劳动成果的快乐。

蓝色：生活有情怀，生命有光泽。眼有星辰大海，心怀蓝色憧憬，梦想奔赴未来，走向诗与远方。为让学生们走出阴霾，心怀星辰大海，对人生充满憧憬，学校投资建设心理健康室，定期对学生进行心理健康教育。人生规划课堂上，学生怀揣理想和信念站在讲台前，向你娓娓道来一个个感动人心的瞬间；心理健康课堂上，通过心理沙盘活动，让情感教育从学生们的"指尖"到"心尖"。

三、德融数理，实践"彩凤德育"模式

情境育人。2020年11月，学校参与了烟台市"德融数理知行合一"德育

新模式培训活动，并成为实验点校。学校抓住机遇，积极探索，反复实践，形成了"创设情景，引发思考—数据分析，直击心灵—多维感悟，内化于心—活动实践，外化于行"的"一链四模块"德育呈现方式。每节德育课都从创设情境入手，把枯燥单调的说教转变为生动、形象的画面，为引入数据、解答问题、拓展思维做好铺垫，达到过目难忘、直击心灵的效果。

生活育人。 学校德育与学生现实"生活世界"的脱离，是现代中小学德育存在的重大问题之一。德育的源头是生活，德育应贴近生活，反映生活本质，这是德育生活化的应有之义。"彩凤德育"内容都来源于生活、贴近于生活，反映生活本质。

活动育人。 活动和体验是实施德育最核心的两个要素。我们把"彩凤德育"寓于学生喜闻乐见的各种活动之中，每月一场大活动、每周一场小活动、每日一场微活动，在活动中进行知、情、意、行的训练，锤炼出过硬的道德品质。

四、春风化雨，增强"彩凤德育"实效

"当我们刻意地去进行德育时，当孩子们明确地知道德育就意味着自己要去'受教育'时，这样的德育对孩子来说是一种说教，他们就会本能地在心里竖起一道屏障，这是德育效果差的重要原因。"清华附小窦桂梅校长说，"德育应该是柔软的、温润的、灵活的，是充满生活意蕴的。"时光不语，静待花开，你若盛开，蝴蝶自来，"彩凤"德育的实施让我们欣喜地看到：孩子们在每次活动结束，都会捡起自己的垃圾，并顺便带走别人的垃圾；在别人需要帮助的时候，孩子们都会帮个忙、搭把手；在那些特别时刻和每一个平凡的日子里，学生们爱党、爱国、爱人民的信念已经深植于心，爱生活、爱健康、爱未来的笑颜之花开遍了校园内外。

"彩凤德育"已经走出迷茫迎来繁花似锦的春天,所有的学生都将实现"雏凤清音、凤翔九天"的美好愿望,所有的学生在学习和生活中感受美德的力量,插上美德的翅膀,在未来的人生路上行稳致远。

海阳市留格庄镇初级中学

　　海阳市留格庄镇初级中学始建于 1968 年,占地面积 45359 平方米,是一所烟台市规范化学校。近几年来,学校以打造"多彩实践活动"教育品牌为中心工作,践行"博学笃行,立德树人"的校训,秉承"自立和谐,求实进取"的校风、"敬业爱生,治学育人"的教风、"乐学善思,合作有为"的学风,锐意进取、奋楫笃行。学校先后获得"山东省卫生健康学校""烟台市综合实践活动课程改革暨劳动教育行动实验学校""海阳市综合实践德育先进单位""海阳市教育教学工作先进单位""海阳市诗意校园学校""海阳市绩效先进单位""海阳市教育系统先进基层党组织""海阳市教科研先进单位""海阳市书香校园学校"等荣誉称号。

让个性翅膀张扬，让青春梦想飞翔
——海阳市留格庄镇初级中学多彩实践活动教育纪实

每天下午三点课间操时间，海阳市留格庄镇初级中学的师生们都会带来一场多彩实践活动视听盛宴。学生们兴奋得涨红了脸儿，在实践活动中大放异彩：合唱活动中，歌声美妙，音乐自由飞翔；舞蹈活动中，身影婀娜，柔顺纯净；劳动活动中，翻土施肥，碌碌有为；手工活动中，揉捏折叠，匠心独运；书法活动中，笔走龙蛇，挥毫泼墨……

学校多彩实践活动教育的一个旨归是教育创新。在此赋予老师更多自主权，使老师能走出既定教学框架，"小微创新"；同时促进学生全面发展，让学生在实践活动中缓解疲劳，愉悦身心，增强身体素质，更好地投入学习生活。

彩带飞舞歌声扬

操场上，学生们在老师的带领下跳起了优美的竿带舞。他们手执2米长杆，长杆顶部连接着6米彩带。人轻轻一跃，彩带便上下翻飞。绸随人转，人舞绸动，师生们轻松自如地舞出一幅又一幅美妙绝伦的画面……彩带飘扬，寓意校园生活的多姿多彩、快乐美好；长杆笔直，寓意学业之路的尺寸千里、步步登高。

竿带舞是学校多彩实践活动教育的一抹亮色，"扇子舞""踢踏舞"等的实力也不容小觑。传统舞蹈创出了新花样，现代舞蹈也展示出了青春范。活泼的音乐律动加融百变的舞姿，不仅提高了学生的身体协调能力；还减轻了学生学业压力，愉悦了身心，让学生们的课余生活充满乐趣。

而这一切源于老师的良苦用心。伴随海阳市新时代品质教育新课堂的改革，学校舞蹈老师积极响应，自编创新，希望学生们即便处在最简单的条件下，也能插上舞蹈和音乐的翅膀，丰盈自己的学习生涯。

人勤春早播种忙

彼处莺歌曼舞，此处"芳草萋萋"。学校种植实践基地里，一片热火朝天。

挖坑、播种、施肥、填土……学生们在老师的指导下，体验农耕文化，感受劳动的艰辛与快乐。

近几年，学校将校内空地填土，大力拓宽劳动教育实践基地面积。同时在基地采用立体式种植模式，充分利用空间。在老师的指导下，学生们分工合作，共同劳动，精心种下了一株株萝卜、白菜、茄子、黄瓜、丝瓜和葫芦等作物。用心培植，勤于耕除，终于收获。

学生经历了完整的劳动过程，既掌握了劳动本领，锻炼了劳动能力，培养了劳动习惯；又收获了劳动喜悦，懂得了劳动艰辛，锤炼了意志品质。

劳动实践活动呈现的充满体验、实践与富有创造力的新样态，使得师生重新审视劳动的意义，发现了劳动的崇高与美。学校的劳动实践活动教育也引起了上级领导的肯定与赞誉，2020年6月，学校被烟台市教育局授予"烟台市综合实践活动课程改革暨劳动教育行动实验学校"称号。

社团缤纷梦想飞

少年强则国强。为贯彻教育部《中小学综合实践活动课程指导纲要》精神，切实推进学校综合实践课程的常态化和长效化，近几年，学校不断强化机制建设，创新活动载体，健全实践活动形式，最终确定开展"多彩实践日"教育活动。

策划阶段，学校领导充分考虑各个年级学生的年龄特点和兴趣爱好、能力水平等多方面因素，以学生感兴趣和活动可落实为主要参考点，统筹组织师生不断探索、舍弃、完善，最终保留了劳动技术社团、书画社团、体育社团、文学社团、科技社团、艺术社团6个大社团。六大社团又具体细化，划分为22个小实践活动。而如今，书法实践活动笔走龙蛇，绘画实践活动翰墨飘香，剪纸实践活动形神兼备,十字绣实践活动美轮美奂……

　　为保证每名学生都有选择自主权,多彩实践日活动实行走班制。学校领导全员参与,辅导老师认真指导,每位学生根据自己的兴趣爱好,利用大课间活动时间,井然有序地到各自的活动室中去施展"一技之长"。

　　多彩实践日活动的开展,一方面发挥了老师积极性,小微创新教育模式,给予老师更多自主性与成就感;另一方面给学生提供了丰富多彩的实践活动机会,张扬了学生个性和特长,拓展了学生知识领域,提高了学生综合素质和动手实践能力。

　　市教体局相关负责人表示,多彩实践活动的开展,让每一个学生的禀赋得以发挥,个性得以舒展,生命得以绽放,主体性得以全面发展。多彩实践活动教育是海阳教育金字塔形综合实践活动课程体系的重要组成部分,已成为海阳市素质教育的一大亮点品牌。

　　时节如流,年华飞逝。待学生头角峥嵘而或皓首苍颜时,回望青葱岁月,相信会有一缕飘带、一株绿植、一纸窗花……珍藏于心,现乎于行。留格庄镇初级中学多彩实践活动,照亮学生成长之路。

海阳市郭城镇初级中学

　　海阳市郭城镇初级中学坐落于海阳市北部，这里校园环境清雅、设施齐全、教风淳厚、学风卓越，是学生们理想的学习场所。学校创建于1984年，现有教学班8个，教职工48人，学生251名。学校秉承"让每一位学生带着希望走向社会"的办学理念，践行"崇德、善学、博识、正行"的校训，坚持"让学生成才、家长放心、社会满意"的办学宗旨，努力实现"学校全面育人有特色，教师管理规范有特点，学生素质优秀有特长"的办学目标，全面贯彻党和国家的教育方针，让每一位学生具有"中国心，世界眼"。

非遗传承　隽味芬芳

——海阳市郭城镇初级中学"非遗"校本课程建设纪实

"啪啪，啪啪……"在烟台市首届多彩实践节上，一阵急促而清亮的摔打声，吸引了众多观众的目光。只见一位男同学抓取一块面团，双手一揉一搓，轻轻一捌，啪啪地摔打起来。一折一拉，三拉两捌，几个回合，面团就"听话"地被抖成细条。那动作干净利索，行云流水一般，再信手揪去面头，脚下迈开三两步，腰身一扭，将手中摔好的面条向空中一递，那面条就轻盈地飞入"锅"中。不要惊讶！这不是什么特技表演，这就是海阳市郭城镇初级中学的特色校本课程——郭城摔面。

郭城摔面，始于清朝康熙年间，距今已经有300多年的历史。2010年3月，"郭城摔面"成功申报为山东省非物质文化遗产。习总书记号召我们不能抛弃中华民族的优秀文化传统，要在学习传统优秀文化的过程中增强文化自信、民族自信。冯骥才先生也曾指出："非遗是民间的文化，是民族文化的DNA。"非物质文化遗产是中国人民智慧的结晶，是中国上下五千多年悠久历史文化的见证。

对于非遗来说，传承是关键、是根本。海阳市教体局局长纪卫东在视察学校校本课程开展情况时指出："我们传承的不仅仅是他的美味，更重要的是传承他有责任、有担当、勇于创新的实践精神。"学校紧密围绕郭城摔面这一"非遗"教育资源，利用"舌尖上的美食"区域优势，溯根求源，开展了"郭城摔面"校本课程，让学生亲自动手实践，争做"小小传承人"，助力家乡特色美食继续做大做强。

一、立足本土，建数据库

众里寻芳，揭开面纱。"常论叔叔，您好。郭城摔面为什么能历经数百年而不衰？……是什么让您坚持这么多年免费为环卫工人提供早餐？"这是学校小记者们采访郭城摔面传承人姜常论的生动画面。学生们通过上网查询资料、采访传承人、走访摔面馆等多种方式了解郭城摔面历史和文化，为全面学习做好准备。

细嗅其芬，解读奥秘。经过实际考察以及对学校各方面条件的评估，学校最终选定将海阳市郭城一村的文志摔面馆作为深入考察学习的实践场所。由校本课程教师带领学生现场观摩学习，掌握了解郭城摔面的部分技巧和方法，为后期的课堂教学做好铺垫。

香远益清，校本传承。校本课程教师把拍摄的关于郭城摔面的照片编辑处理，把传承人口头提供的摔面历史、摔面技巧等文字资料汇总整理，同时还邀请到郭城摔面传承人姜常论来校进行现场课堂教学，这些措施对于"郭城摔面"校本课程的实施提供了充足的保障。

二、强化特色，激发兴趣

教学内容符合学生身心发展规律。民俗文化进入课堂，不但要符合教育的规律，更要适应学生的身心发展规律与认识规律。学校"郭城摔面"校本课程在教学活动中，将能体现劳动人民智慧、民俗文化内涵等内容引入课堂。大力向学生弘扬、渗透"郭城摔面"作为非物质文化遗产所蕴含的人文情感和劳动人民优秀道德品质。非遗传承人姜常论经常参加公益活动，自2014年起，他每年冬天免费为环卫工人提供早餐，用"一碗热气腾腾的郭城摔面"温暖了整个城市，"怀博爱之心，做有温度的面"是他用实际行动践行的宗旨。课堂上的感人事迹引导学生在兴趣中实践，在实践中熏陶德育。

课程安排考虑学生的兴趣和需要。郭城摔面是极具地方特色的民俗文化。满足学生的兴趣与需要，是当代教育理念的普遍认知。因此，"郭城摔面"课程内容的设置以兴趣优先，让学生在实践中激发学习动力，在对民俗文化研究的过程中获得满足感和成就感。利用本地资源挖掘学生的潜力，使学生的个性得以发展。在实际的教学活动中，学生们积极主动地参与实践，有的学生甚至敢于创新，形成不同的摔面技巧，进而激发学生对家乡的热爱之情，为郭城摔面的未来、家乡的建设提出宝贵的意见。

三、整合资源，多元教学

实地参观法。学校定期组织师生走进民俗博物馆、摔面馆，利用传统节日、纪念日、民俗集会等资源了解郭城摔面，为校本课程的开展提供保证。2019 年 1 月 19 日，由郭城镇人民政府、海阳市旅游局主办的首届"郭城摔面大赛"在郭城镇林山滑雪场隆重举办，学校利用此契机，向学生布置相关寒假实践作业，让学生参观学习并汇编形成文字资料。

调查走访法。学校师生调查走访村落间摔面制作高手，到文志摔面馆进行理论学习和实践操作，然后将相关资料拍照留存，学生们顺势写出心得感悟，这种形式让学生们进一步了解家乡质朴的民俗文化，增强学生传承本土特色文化的责任感、使命感。

尝试制作法。课堂上师生共同动手制作郭城摔面，这项活动极大地调动了学生的课堂学习积极性，提高了学生的动脑、动手能力，培养了学生的综合实践能力，更使平时课堂上的学困生找到了自信。同时这也为校本课程的课堂教学提供了多样的学习模式。

作为郭城镇初级中学的亮点课程，"郭城摔面"校本课程的开展，不仅丰富了学生的课堂内容，也极大涵养了学生的综合素质。在一次校本课程的家长开放日上，两位家长一碰面就兴高采烈地谈论着学生的变化，"孩子回家知道帮我干活了，而且干起活来有条有理，不慌乱""我们孩子竟然能自己和面，说要给我做郭城摔面吃，一板一眼还挺像样！"……家长们朴实又惊喜的反馈，足见校本课程开展的良好实施效果。2020 年，学校被海阳市教育和体育局评为"海阳市乡村温馨校园"，这不单单是对学校校园文化建设的肯定，更是对学校坚持"做有温度的教育"这一理念的褒奖。

　　"郭城摔面"历史悠久，现已成为展示郭城地域文化的窗口，为青少年了解家乡、热爱家乡，培养家国情怀创造了重要条件。一碗摔面蕴传承，它积淀的是百年来劳动人民的智慧和经验。海阳市郭城镇初级中学将继续深入挖掘本地民俗特色，为学生播撒保护与传承优秀民俗文化的种子，坚持为学生文化自信提供源源不断的民族养料。展望未来，海阳市郭城镇初级中学将锐意进取，不断创新，力求为海阳市教育事业谱写新的篇章！

海阳市徐家店镇初级中学

　　海阳市徐家店镇初级中学位于海阳市徐家店镇政府驻地，占地面积3.8万平方米，建筑面积1.1万平方米，在校师生420多人，是一所市级规范化学校。学校秉承"培育阳光学生　成就阳光教师　建设阳光学校"的办学理念，以"自强明德　自信砺学"为校训，以"诚朴博学、慎思敏行、崇德尚美、乐观阳光"为培养目标，以"家长放心、学生向往、社会满意、同行认可"为办学方向，锐意进取，不断开拓，努力让每一位学生享受高质量、有温度的教育。学校先后获得"烟台市教育科研工作先进单位""烟台市青少年体育工作先进单位""烟台市体育美育工作先进单位""烟台市师资队伍建设先进单位""海阳市先进基层党组织""山东省省级（篮球）体育传统项目学校""第一批全国青少年校园篮球特色学校"等荣誉称号。

拥抱阳光体育，彰显校园活力
——海阳市徐家店镇初级中学"阳光体育"活动纪实

学生的发展应当是德、智、体、美、劳的全面发展，加强学校体育教育是促进学生全面发展的重要途径，对于实现中华民族伟大复兴的中国梦具有重要意义。

习近平总书记提出，要坚持健康第一的教育理念，加强学校体育工作，推动青少年文化学习和体育锻炼协调发展，帮助学生在体育锻炼中享受乐趣、增强体质、健全人格、锻炼意志。

海阳市徐家店镇初级中学十分重视学校体育工作，不断进行实践探索，完善体育课程体系，创新学校体育活动形式，把每天一小时校园体育活动落到实处，逐步形成了"运动·阳光·健康"的校园体育氛围。

一、聚焦教育科研，借东风更新观念

"飞扬的青春应该在课堂，也应该在操场；精彩的人生应该有智慧，也应该有健康。我们不可能让每一名学生成为优秀运动员，但我们可以让他们学会运动，热爱运动，养成每天运动的良好习惯，掌握至少两项运动技能，让学生感受运动之乐、运动之美。"海阳市徐家店镇初级中学校长修刚如是说道。

2010年《国家中长期教育改革和发展规划纲要（2010—2020年）》发布，学校体育工作呈现出勃勃生机，地位不断提高。好风凭借力，徐家店初中迅速行动，积极作为，先后于2013年5月和2016年8月申报了山东省教育科学"十二五"规划省级重点课题"'五四'学制区域体育与健康课程开发与实施的研究"和国家社科基金（教育学）"聚焦深化教育综合改革中的青少年体育问题及对策"课题研究，目前这两项课题均已顺利结题。在研究过程中，努力探索实践学校体育工作的新路径，构建了具有学校特色、符合学生身心发展的"阳光体育"课程体系。更为重要的是，在全校范围内破除了"唯分数论"的陈旧思想，确立了"强健体魄，健全人格"的教育目标，形成了"天天锻炼、健康成长、终身受益"的理念。

二、构建课程体系，聚合力统筹实施

晨光熹微，寂静的校园不时传来嘹亮的口号声，这是初四的同学们在晨练，整齐的步伐，响亮的口号，丝毫没有刚睡醒时的迷蒙，每一张脸上都洋溢着自信与坚毅。

课间操，随着铿锵有力的《运动员进行曲》的响起，同学们走出教室，带着跳绳、毽子，排着队，迅速来到操场，进行大课间体育活动。折返跑、单人跳绳、八字跳绳、仰卧起坐、支撑练习等等，每一项活动秩序井然，每一个动作规范有力，每一位同学全力以赴。

无论是课间操，还是体育课、活动课，这些都是最受学生欢迎的课程，他们从中感受到了欢乐，体会到了自信，校园里到处展现出新时代青少年的蓬勃朝气与青春活力！

参观完学生的大课间活动后，家长于绍利说："孩子们自信阳光，大课间丰富多彩，动作整齐划一，跳绳、踢毽子等项目，既有特色又突出孩子们的特长，孩子们锻炼了身体，快乐学习，作为家长很高兴看到孩子们健康快乐地成长。"

学校副校长陈仟松介绍，为了真正把每天锻炼一小时落到实处，我们充分

利用大课间、体育课、活动课，统筹安排各个时间段的锻炼内容。大课间体育活动主要是基础能力锻炼，体育课则安排足球、篮球训练，活动课主要是发展学生的特长，比如足球、乒乓球、太极拳、跳绳、踢毽等；寒暑假则是为了防止出现"在校天天紧，回家半日松"的问题，让学生在每年的假期中也得到锻炼；健康教育课则安排在雨雪、雾霾等不适合室外授课的时间，通过系统专业的健康教育，培养学生的健康意识与公共卫生意识，树立正确的健康价值观。

学校构建了"五位一体"的体育课程体系，即"大课间体育活动—体育课—体育活动课—寒暑假体育活动—健康教育"。

学校的"五位一体"体育课程体系在不断的探索实施过程中，结出了累累硕果，2015、2017、2018 年，学校体育组于新军老师分别在烟台市中小学体育工作会议、体育骨干教师培训会上做了典型发言，学校体育工作的经验和做法得到上级领导的关注；多次承担市级体育工作现场会；学校也多次代表海阳市教育体育局参加省市的篮球、足球、跳绳、踢毽等比赛，取得了优异的成绩。2016 年至今，中考体育测试，学校都是海阳市第一；体育特长生录取率连续四年全市第一。2020 年 12 月举行的全市党建工作"六争六比"创品牌现场会，学校展示的"阳光大课间"受到了参观领导的一致好评。

烟台市教育局体育教研员王青辉多次到学校参观、指导工作，他对学校的体育工作给予了高度评价："徐家店初中在落实国家政策，锻炼学生意志品质，课程开发等方面给全市中小学探索了一条行之有效的途径，很有意义。"

三、推进校园竞赛，搭平台发展特长

2021 年初秋时节，喧闹的篮球场安静下来，偌大的篮球场，只剩下队长姜承恩一个人在罚球，场下的队员们已经按捺不住内心的喜悦。姜承恩自信地罚完最后一个球，兴奋地跑向场边与队友、教练热情相拥，他们高喊着："我们是冠军！"这是 2021 年海阳市中小学五人制篮球赛初中男子组冠亚军决赛的一幕。"我知道我们一定可以的，我也能得第一！""篮球让我体会到赢得感觉，证明我也能行！"简单朴素的话语说出了他的心声，也展示了学校在发展学生特长，张扬学生个性方面所做出的努力，取得的成绩。

为了丰富校园体育文化，检验体育课程体系的效果，展示学生的特长，学校每月组织一次单项体育竞赛，内容涉及队形队列、阳光运动会、足球、篮球、拔河、跳绳、踢毽、万米接力等。这些竞赛有体现团队精神的，有展现个人素质的，有力量类的，有技巧类的……总之，学校搭建了能够让全体学生参与，彰显学生全面素质的"舞台"。很多在学业方面有差距的同学在体育项目上找到自信，获得成功的喜悦，发展了特长，姜承恩就是其中的典型代表。

如果说"五位一体"体育课程是为学生的身体素质打基础，那么每月一次的单项竞赛则是发展学生特长，张扬学生个性，培养学生品格，锤炼学生意志的重要载体。

近几年来，学校先后获得"山东省省级（篮球）体育传统项目学校""第一批全国青少年校园篮球特色学校""国家级青少年校园足球特色学校""烟台市青少年体育工作先进单位""烟台市体育美育工作先进单位"等荣誉称号；3 名教师获评烟台市体育美育先进个人，2 人次在烟台市体育优质课、德育课例比赛中获一等奖。

千帆过尽仍扬帆，山高路远再启程。今后我们将继续把"阳光体育"作为"阳光教育"的重要抓手，抓实抓细，培养"阳光学生"，助力学生全面发展。

海阳市发城镇初级中学

　　海阳市发城镇初级中学始建于 1958 年，占地 4 万平方米，建筑面积 1 万平方米。现有教学班 7 个，学生 222 人。有教职员工 64 人，本科以上学历占92.3％。其中，高级教师 24 人，2 名山东省乡村特级教师，2 名烟台市师德标兵，3 名烟台市优秀教师，40 多名海阳市优秀教师。60 多人获海阳市级以上优质课的好成绩。学校以"崇德、尚美、笃学、创新"为核心价值观，以"一切为了学生，办有温度、有生命的教育"为目标，积极创建具有特色品牌的学校。秉承"传承中华文化，展现青春风采"的理念，将实践教育作为学校重点打造的教育项目，让学生尽享活动带来的快乐和成长。当青春与书本相约，当个性与实践同步，学校教育定会有蓬勃的朝气和美好的未来。

在书香中浸润，在实践中成长
——海阳市发城镇初级中学"书香致远"教育纪实

操场上，篮球、足球、跳远、跳绳活动进行得激情热烈；教室内，合唱、绘画、书法、手工、创客、戏剧进行得如火如荼。发城初中"书香校园，多彩课堂"十多个项目，让全校学生尽享活动带来的快乐，这是一场青春与梦想的邂逅，也是一场传统与创新的相逢。

学校以"崇德，尚美，笃学，创新"为核心价值观，以"一切为了学生，办有温度、有生命的教育"为目标，将书香学校与实践教育有机结合，唱出了"书香致远"教育之歌。

一、温馨校园文化润泽学生的成长心田

教书育人，德育为先。走进发城初中，浓浓的书香气息迎面扑来。一墙一文化，一室一特色。山墙、花坛、橱窗、走廊、门厅等地方，到处都是经典名句，或是出自《弟子规》《劝学》，或是名牌大学介绍，或是国内外读书名言，或是关乎中国梦、社会主义核心价值观。学校让每一面墙、每一个角落都会说话，让每一片阵地、每一颗花草都在育人，共同构成体现学校特色的书香气氛。沿着教学楼的楼梯向上走，楼梯之间、墙壁两侧的名言警句和励志故事赫然醒目；在每个班的读书角里，学生读书的身影随处可见。

学校努力营造富有内涵的行为文化，让书香融入校园，融入每一个孩子的心田。"与善人居，如入芝兰之室。"通过隐性教育环境的暗示和潜移默化的影响，规范师生行为，提高师生的人文素养。

开办各种社团刊物。学校办好校刊校报、校园广播。教师主办《家长报》，指导学生主办校刊《绿野清风》，学生主办《田园文学社》，迄今已办69期。有的班级还有班报和班级作文选。《田园文学社》主编初三·一班王亮同学高兴地说："感谢学校为我们提供这么广阔的平台，这些活动提高了我们自主设计、编辑和排版的能力，觉得综合素养得到很大提升。"

开放"四级书库"。学校充分运用学校图书室、班级读书角、阅览室、楼道图书柜"四级书库"，以学校图书室、阅览室作为课堂阅读的主阵地，以班级读书角、楼道图书柜为课间休闲阅读区域，进行有序有效的阅读活动。为建立健全阅读制度，实现资源共享，学校鼓励学生通过图书交换或捐助等形式丰富班级图书资源，各班选出有责任心的学生做图书管理员，负责登记、保管和向同学借阅等事项。负责这项活动的王瑞主任说："'四级书库'阅读实现了学生自主管理，增强了责任感，提高了学生的学习兴趣与综合素养。"

开展"一月一主题"活动。一年 12 个月，发城初中月月有节日。一月"珍爱生命"安全征文节，二月"我爱过年"团圆节，三月"我爱朗诵"诗词节，四月"我爱舞台"艺术节，五月"记住感动"感恩节，六月"我爱工艺"手工节，七月"走出校门"研学节，八月"相约书海"读书节，九月"我爱学习"开学第一课，十月"我爱运动"体育节，十一月"我爱戏剧"课本剧表演节，十二月"我爱发明"创客节。孩子们在属于自己的舞台上放飞梦想，展现自我。

2021 年 11 月，王菊老师执讲的创客课"幸运大转盘舵机的使用"，带领学生学习舵机的编程使用，掌握随机数的应用，学生在动手实践中思考创造，学习编程，兴趣浓厚。在烟台区域直播比赛中获烟台市一等奖。程新宇老师指导学生表演的小品《望子成龙》在海阳市艺术月综合戏剧展演中荣获一等奖。

二、多彩读书活动丰厚学生的素养底蕴

"书籍是造就灵魂的工具。"学校以读书活动为载体，开展丰富多彩的读书

实践活动,建设"底蕴深厚,书香满园"的"书香课堂"。

开展各种读书活动。学期初,学校开展"带一本好书进校园"活动。学生利用课间、午休、三餐后等零散时间浸润在读书氛围中。学期末进行读书交流汇报会。师生制订读书计划,学校推荐平时和寒暑假必读书目;开展共读一本书、好书推荐、读书论坛等活动。学校还举行亲子共读活动,家长和学生共体验、共成长。各种读书活动是丰富多样的书香课堂,帮助学生养成爱读书的习惯,丰厚文学底蕴。

举办各种读书比赛。学校举行师生读书演讲和经典诵读比赛,将成绩列入师生考核。组织学生参加全国中学生作文大赛、"珍惜国土"征文比赛,多名师生获奖,学校连年获省优秀组织奖。各班级还开展好书交换、诗词背诵、故事会、辩论赛等活动;举行书香明星评选、读书笔记展览一系列常态活动。学校四名教师以"共读一本书"为内容撰写的演讲稿发表于同期《海阳教育》。

举行"四个一"活动。学校举行"一诵一课一节一学科"的"四个一"活动,贯穿于学生学习和德育教育中。"一诵"指每天的晨间诵读,读古诗词、《弟子规》和经典古文等;"一课"指每周一节语文国学阅读课;"一节"指每年五月举行朗诵比赛的诗词节;"一学科"指所有学科都有自己

的国学特色,如体育课中的武术项目,美术课中的传统书法元素,音乐课中的古典文化等。教师根据学生的情感个性特点,挖掘学科的文化价值,将其渗透到教学的各环节,以此培养学生热爱和探究传统文化的兴趣,培养学生的爱国主义和集体主义精神。

学校先后有 80 多名师生和家长在省、市、县各级各类读书活动中获奖;20余名教师先后获指导教师奖。其中,师生各 1 人获烟台市读书明星称号;3 人获海阳市读书明星称号;1 人分获讲故事比赛、读书演讲比赛、朗诵比赛一等奖或二等奖。学校先后 5 年获"山东省中学生征文比赛优秀组织奖""烟台市语文教学先进单位"等荣誉称号。

三、多元实践活动提升学生的综合素质

为促进学生多元成长，学校面向自然、社会和生活开设"多彩实践课"，将研究性学习与社会实践融为一体开展活动。

开展以学生社团活动为载体的"多彩实践"活动。学校依托校本课程，每周四下午安排一节"多彩实践日"活动课，根据学生兴趣和师资情况，开设舞蹈、书法、朗诵、绘画、剪纸、泥塑、七巧板、篮球、田径、乒乓球等十几门课程，教师自选内容，自编教材，满足不同学生的个性需求。

开展以家务劳动为载体的"家务劳动实践"活动。学校首先对学生做调查：一周中你做了哪些家务？妈妈一天做了哪些家务？然后学生周末进行"今天我当家"实践活动。让学生体验和理解父母的辛苦，家长们对此非常赞同，有的家长说："学校的这项举措真是太给力了，让孩子们有了家庭责任感，提高了家务劳动能力和自我服务意识。现在，我家孩子回家总是帮我干力所能及的活儿，写作业也比以前认真多了！"

开展以学校劳动为载体的"学校劳动实践"活动。学校重视塑造学生的劳动品质，广泛开展劳动教育实践活动。

为了将劳动品质培养融入学生日常生活中，学校开展"校园是我家，我来擦亮她"每天 15 分钟清扫活动。每天早晨饭后学生"快乐劳动 15 分钟"，打扫班级、走廊、宿舍和卫生区，然后在清爽干净的教室和校园中开始一天的学习。班主任孙红艳说："优秀是一种习惯，好习惯成就好未来。让学生树立爱校如家的意识，是对学生最基本、最朴实的教育。"

不仅如此，学校还开展"我是农村娃，我学种庄稼"实践基地劳动活动。发城是红富士品牌苹果的产地，在学校门口有十几亩苹果园，学校把劳动课安排在这里。上劳动课时，先由出身农村、栽培果树有经验的老教师在室内对学生进行指导，然后带领学生走出校门，接受农民的劳动实践教育。春天让果农指导学生授粉；苹果成熟时安排学生来学习采摘苹果；同时把科技种植引进校园课堂，让劳动教育再添智慧创造维度。

开展以实践研学为载体的"行走研学"活动。学校开展到综合实践学校研学活动。在综合实践学校的实践基地，学生每年进行一次研学活动。学生参观科技馆，进行欣赏机器人表演、与机器人对话、观看歼 20 飞机模型等活动，并动手操作实践，一起合作探究。综合实践学校的王海霞老师说："孩子们在活动中学习积极性非常高，这些活动不仅培养了他们的动手实践能力，还增强了孩子

们的团队合作精神。"

学校的研学活动在多元化的基础上，还开展"到许世友在胶东纪念馆参观"的研学活动。位于海阳市郭城镇战场泊村的许世友胶东纪念馆是国家三级博物馆。学生在导游的讲解中，从传奇许世友、军民血肉情、胶东子弟兵三个主题中了解许世友将军在胶东的战斗足迹，红色文化便由此深深扎根在学生的内心深处。

"书香致远"教育实施过程中，学校注重书本与实践的结合，传承中华文化的同时，培养学生的个性，提高学生的综合素养，努力为祖国培养德智体美劳全面发展的人才。多彩课堂，多彩人生，当青春与书本相约，当个性与时代同步，当奋斗与梦想牵手，学校教育定会有蓬勃的朝气和美好的未来。

海阳市小纪镇初级中学

　　海阳市小纪镇初级中学始建于1970年,学校现有8个教学班,在校师生300余人。学校占地42942平方米,教学设施完备,配有标准的理、化、生实验室,图书室,阅览室,档案室,微机室,音体美器材室,录播教室,塑胶跑道等。多年来,学校以党建工作为引领,教育教学工作取得了优异成绩。学校先后被评为海阳市教学工作先进单位、海阳市教科研工作先进单位、海阳市学本课堂建设先进单位、海阳市学科德育工作先进单位、海阳市"书香校园"、烟台市人民防空教育工作先进单位、烟台市安全文明校园、烟台市劳动教育工作先进单位、山东省地震科普示范学校、山东省随班就读示范学校。

"仁·人"教育，铸就灿烂人生

——海阳市小纪镇初级中学"仁·人"教育品牌建设纪实

宽敞明亮的教室里，一幅幅作品条理清晰、生动鲜明、图文并茂。孩子们有序地参观着，脸上洋溢着自信的微笑。这是小纪初中名著阅读思维导图、连环画展评活动现场，同时也是学校"仁·人"教育的一个缩影。近年来，小纪初中认真踏实践行社会主义核心价值观，结合学校实际状况和学生发展情况，以打造"仁·人"教育品牌为中心工作，努力培养德智体美劳全面发展的中国特色社会主义建设者和接班人。"仁"之一字传承至今，内涵深远。其本义为对人友善，后来发展为爱人、诚信、有礼、有责任感，自觉传承中华优秀传统文化。所谓"人"，指的是以学生为中心，以学生的发展为本，关注每一个学生，培养完整、独立的个体；关注每一个学生，让每一个学生都能够充分发展，创设人人自觉发奋、发展的氛围。

一、初心不改，确立"仁·人"理念

走进小纪初中的大门，映入眼帘的是石碑上"明德致远"四个大字。小纪初中传承传统文化，结合时代精神，开展了"仁·人"教育理念的实践探索：遵循学生的发展规律，践行人本理念，以学生的学习为中心，培养有仁心、讲仁义，践行仁者大爱的独立个体。

近年来，小纪初中积极响应海阳市教育和体育局新时代品质教育的号召，转变办学理念，从单纯地注重教学质量逐渐转变为注重学生的全面发展，促进全体学生的和谐发展，开设社团活动课，将海阳市静电设备有限公司、海阳市聚福德老年公寓设立为综合实践基地。

二、内聚外扬，打造"仁师"队伍

仁者爱人，作为教师，应该有一颗仁心。学校李树建校长认为："有仁爱之心是成为好老师的关键。一位真正优秀的教师，不应该仅仅能够做到传道、授业、解惑，更应该用仁爱的眼光去欣赏学生。"作为一所有着50多年历史的学校，小纪初中教师始终秉承着仁心，做"有理想信念、有道德情操、有扎实学识、有仁爱之心"的"四有"好教师，逐渐形成了"敬业、乐教、精业、善导"的优良教风。

近年来，学校更是充分发挥了老教师和骨干教师的带头辐射和帮教优势，重点培养和提高青年教师的素质，通过骨干教师示范课、青年教师汇报课、教学大比武等活动，提高青年教师的授课水平，培养青年教师的品德素养。聚力在内，发力在外，2021年4月，在烟台市队团活动优质课评选活动中，学校姜蔼航老师以优异的成绩获得一等奖。交流经验时，她感触很深："学校仁爱的环境为我提供了良好的氛围，老师们一次又一次地帮助我修改教案，听课，提意见，出主意。我的成绩，离不开老师们的鼓励和支持。将来，我也会把自己的经验和仁心传递下去，为学校尽一份自己的力量。"可以说，"仁爱"逐渐渗透到了每一个小纪初中人的血液中，成为师生的主体信仰。

三、五育融合，建设"仁·人"课程

德育铸魂，涵养爱国主义和集体主义的大义仁心。清明时节的福泰山，草色遥看近却无。小纪初中全体师生怀着沉重的心情，沿着弯曲的山路，登上了福泰山顶，不为踏青，只为纪念曾经在这里牺牲的、那些为了我们今天的幸福生活负重前行的英雄们。师生们站在英雄墓碑前，敬礼默哀，向英雄致敬。

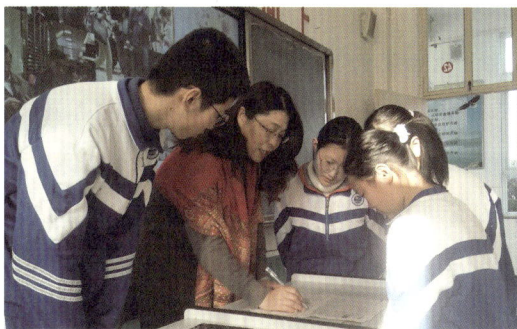

"忆君往日峥嵘岁月，洒热血，忘生死，赴汤蹈火，以身许国，至死不渝。知道吗？这盛世，终如诸君所愿。"这是王雪萌同学在扫墓结束后作文中的一段话。春风拂槛，雨露润物，是烈士们的鲜血渐染了红旗，换来了如今的美丽富饶。

习近平总书记在全国教育大会上强调，教育的首要问题是我们培养什么人、怎样培养人、为谁培养人，"要在坚定理想信念上下功夫，要在厚植爱国主义情怀上下功夫，要在加强品德修养上下功夫"。小纪初中始终坚持党对教育工作的全面领导，加强学生的德育教育。日常通过每周一国旗下讲话、班会课等形式，对学生进行德育教育，潜移默化，激发学生爱党、爱国、爱家乡的深切情感。重大节日，学校还会专门组织专题活动对学生进行德育教育。走进夏泽党史馆重温红色经典，清明节扫墓缅怀先烈，国庆节与国旗合影传承红色基因等，这些活动的开展，使学生深切感受到了身为社会主义接班人的责任感，自觉承担起青少年实现中华民族伟大复兴的中国梦的使命，以德育铸魂，涵养爱国主义和集体主义的仁心大义。

聚焦智育，以学生学习为中心，提升学生学习力。小纪初中聚焦学生核心素养，打造"日清学堂"，要求学生根据自己学习情况整理疑难问题、并鼓励学生通过多种手段自主解决问题，着重培养学生的自主学习能力。

"这个题我不会，你帮我讲讲吧？""上节课，老师提到的知识点，我周末预习过了，谁不会我可以分享哦。"这是课间和晚自习，课堂上会频繁出现的对话。在"日清学堂"的实施过程中，涌现出了一大批"小老师""小博士"。学生们热衷于课下自主解决问题，培优补差，各得其所。

中央文史研究馆馆员、人大附中联合学校总校校长刘彭芝先生针对当前的教育形式曾谈道："我们最应该做的事情，就是发现儿童，把社会的还给社会，把教师的还给教师，把家长的还给家长，最后，让学生显山露水，真正成为主角。""日清学堂"真正做到了从学生的学习出发，提升了学生的学习力，让学生成为学习的主角。

重视体育，提高学生的身体素质。学校一直高度重视体育工作，形成了健全的体育组织管理机制，构建了丰富多样的竞赛活动体系，营造出了充满活力的体育参与文化。

大课间和活动课的操场格外热闹。伴随着欢快的音乐，踏着轻快的节奏，大家动作规范，整齐中有变化，身体蹦蹦跳跳地旋转起来，不仅展现了优美的舞姿，队形变化也丰富多彩。同学们高涨的热情，饱满的精神，充满阳光的朝气和活力，展现出了小纪初中学生积极进取、乐观向上的风貌，这是兔子舞韵律操的现场画面。跳绳、踢毽子、拔河等各种活动也是精彩纷呈，同学们按照区域分散开，整个校园都洋溢着喜悦与成就感。

多彩美育，催化传统文化落地生根，涵养仁心仁德。作为乡镇学校，面对硬件资源不足的问题,小纪初中注重从传统文化中挖掘美育资源,以美育人,以美化人,涵养仁心仁德。

与读书活动相结合,学校鼓励学生阅读名著经典,画思维导图、手抄报、连环画、人物小像、行程图,感受中华民族丰厚的文化精神和生命哲学。

与综合实践相结合,学校开创了衍纸画、草编等传统艺术课程,学生在制作的过程中,不仅锻炼了动手能力,更感受到了传统手工艺的魅力。

与地方课程相结合,学校设立了"Younger! 秧歌!"社团,学生在学习地方传统舞蹈形式大秧歌的过程中,感受其粗犷奔放、热烈欢快、质朴坦率、风趣幽默的表演风格,激发了浓浓的乡土情怀。

"春风风人,夏雨雨人。"中华民族的优秀传统文化有着一脉相承的精神特质和精神脉络,将其作为美育的核心内容,能够满足新时代美育工作的需求。

知行合一,以劳动教育磨砺德行。"新鲜的黄瓜,便宜卖了!""买点西红柿榨汁吧!"每到秋天,学校都会组织"果蔬节",学生负责推销售卖自己班级的劳动成果,体验丰收的乐趣。"绞尽脑汁为产品想广告词,真觉得自己以前的词汇量真的是太少了!"

"看着自己辛苦一年的成果卖出去,真的是成就感满满!"这是每年"蔬果节"的场面。学生们在自己班级的摊位上,纷纷亮出了"看家本领",将自己班级自主负责选种、种植、浇水、收获的农产品推销出去。

小纪初中的劳动教育不仅立足于农村学校的特色,还积极响应国家号召,涵养学生德行,培养学生的"仁心"。

在全社会倡导勤俭节约的大环境下,学校鼓励学生进行"旧衣改造",手工改造坐垫、民族服饰布贴画等等。"绿水青山就是金山银山",学校带领学生走出校门清理河道、清扫卫生。尊老爱幼是中华民族的传统美德,每年学校都会组织学生去小纪镇聚福德老年公寓进行助老活动。

亦余心之所善兮,虽九死其犹未悔。小纪初中将始终坚持"仁者爱人"的教育理念,凝心聚力,守正创新,筑梦每一个学生的成长,助力他们成就灿烂的人生。

海阳市行村镇初级中学

　　海阳市行村镇初级中学于1958年8月建校，2009年8月搬迁新校。学校始终秉承"以德立校、科研兴校、质量强校、特色名校"的基本理念，确立"目标导航、合力驱动、师生同长、打造品牌"的工作思路。学校逐步形成"治学严谨、志存高远"的校风，"守诚敬业、求实创新"的教风和"自觉自信、勤学上进"的学风。学校先后荣获"烟台市常规管理达标学校""烟台市首批农村教学示范学校""烟台市教育科研工作先进单位""烟台市安全文明校园""烟台市三项工作先进单位""烟台市语言文字示范校""烟台市教育系统先进集体"等荣誉称号。学校现为山东省级标准化学校、山东省教学规范化学校，连续10年被海阳市教育和体育局授予"教学工作先进单位"荣誉称号。

拓宽育人空间，建设成长乐园
——海阳市行村镇初级中学"多彩"课堂建设纪实

一年之计，莫如树谷；十年之计，莫如树木；终身之计，莫如树人。时代越是向前，知识和人才的重要性就愈发突出，教育的地位和作用就愈发凸显。"猪圈岂养千里马，花盆难栽万年松"，当前，逼仄的育人环境成为制约学生健康成长的"瓶颈"。近年来，行村初中不断拓宽育人空间，创建大、中、小三种样态的"多彩"课堂，打造孩子健康成长的乐园。

一、在教室建设"多彩"小课堂：感悟经典之美

"多彩"小课堂的建设，由学校的语文老师拉开序幕。诗歌是文学的宠儿，诗的语言一字千金，思想蕴藉深远，给人深刻启发，给人无限美感。为打造多彩语文课堂，老师引诗入课堂，悟经典之美，给语文教学带来新鲜的血液。

语文教师在课堂上口吐莲花，字字珠玑，名诗佳句随口而来，充满着诗情，洋溢着诗趣。教师的情感激发学生的情感，学生的情感碰撞课文中的情感，燃起学生发现的欲望，点亮他们激情的心灯，彰显智慧的光辉。

老师教学每一篇课文，要有意识地引诗入课堂。诗意的导语往往会先声夺人，"吹皱一池春水"，甚至一开始就能掀起波澜。如学习《孔雀东南飞》时，引入"两情若是久长时，又岂在朝朝暮暮"，或是"问世间情为何物，直叫人生死相随"等，掀起一个小小的高潮。当然导语只是一个引子，更重要的是用诗来拓展和深化课文内容。学习《鸿门宴》，引用李清照的《夏日绝句》让学生进一步了解项羽，而杜甫、王安石对项羽的评价，也有助于学生深刻认识项羽悲剧性的人生。教学中内容的转换也辅之以诗，让课堂自始至终充满诗情。老师大量引诗入课堂，自然也能带动学生，学生在回答问题时也能"诗意盎然"，构建成和谐、诗情画意的课堂！

面对诗化的语文课堂，孩子们说："诗歌是心灵最真实的表达，诗歌的神奇

和美妙让人无法拒绝她的魅力,诗化的语文,将会是暗香浮动,无限幽香。"

二、在校园建设"多彩"中课堂:彰显个性之美

兴趣是最好的老师。为促进学生全面发展,学校成立多彩班社团,为学生提供多彩成长舞台,引领学生开展实践活动,成为课堂教学的有机补充。

每到星期五下午第三节,便到了孩子们最期盼的时刻。你听,校园中处处欢声笑语,读书声、呐喊声、音乐声……声声入耳。你看,操场上体育社团的学生们正在进行花式跳绳、篮球比赛、足球比赛;音乐社团的同学们正在进行钢琴表演、舞蹈展演;朗诵社团的孩子们正在富有感情地朗诵……这是行村镇初级中学利用课外活动时间开展丰富多彩的设社团活动的一个缩影,让农村的孩子们"活"起来,"动"起来。

近年来,在推行素质教育的大环境下,行村镇初级中学遵循"学以致用、格物致知"的既定思路,深入贯彻"双减"政策。通过不断的外出学习取经和自身打磨提炼,逐步形成具有该校特色的多彩课堂活动体系,让每一位学生都能在校园中享受到成功的愉悦。

全体教师积极参与,纷纷结合自身优势选定社团,学生通过课堂自选超市选择自己喜欢的多彩班。在师生努力下全校分别成立了花卉园艺社、3D社、科技社、剪纸社、粘贴画创意社、手工社和舞蹈团、合唱团、演讲团、书法角等文艺类社团,跆拳道、篮球部落、足球社、田径队、国球社、象棋馆等体育类社团。学校把下午课外活动时间确定为社团活动时间,以班为单位开展各项活动,有专长的教师开展辅导训练活动。学校按照"一室多能、一室多用"的原则开展多彩活动,配备相应的器材,用足用好学校校舍和活动场地资源。每天课外活动有专门的查课校务对兴趣小组活动开展情况进行督查,同时在考核多彩社团老师成绩时,特别要求辅导老师每期结束要有成果展示,让孩子们在这里体验成功的快乐,收获成长的喜悦。

努力就有收获,学生在参加的各类比赛中取得了骄人的成绩。其中,朗诵

社团的《大漠里的胡杨》在艺术月中获海阳市一等奖。看了孩子们的朗诵表演，陆校长说："从表情上看出孩子们的自信与自豪，真如托尔斯泰说的，成功的教学所需要的不是强制，而是激发学生的兴趣。"未来，学校将构建更好的育人环境，推动学生的德、智、体、美、劳全面发展。

三、在社会建设"多彩"大课堂：体验习俗之美

为挖掘本土化的优质教育资源，学校引领孩子们积极参加各村的传统文化活动，在社会大课堂中提升自身的综合素养。

正月十五是春节期间最后一个重头节日，这一天海阳市行村镇庶村有一个百年传承下来的风俗——"报花灯"。

正月十五前，学校组织学生走进庶村，亲身去体验这"多彩的课堂"。首先，村里的李作信老人给孩子们讲庶村报花灯的故事："报花灯是我们村流传上百年的民俗活动，据说是清代一位李姓进士从江西带过来的，目前全省传承下来的仅在庶村。"李作信说，他小的时候，每年正月十五前家家户户都要扎花灯，家里的孩子十几岁就学会了这手艺，用细的竹条扎出各式花灯架，然后用彩色缎布包裹成灯笼，缎布上贴上栩栩如生的剪纸作品，灯笼里现在放的一般是灯泡，有的是蜡烛，以前则是用豆面灯。听了李作信老人的讲解，孩子们跃跃欲试。

花灯制作开始了，村书记李超宙带着村民和同学们分工合作，有人负责劈竹条，有人将劈完的竹条刨光打薄，原材料准备妥当后，下一步就是"造型"了，一上午时间，大家分工合作扎起灯笼的框架，做完框架还要贴布、剪纸、缝流苏等。学生们看着一个个精致讨巧的灯笼完工了，形态各异，有荷花灯、梅花灯、鲤鱼灯……不禁感叹道："现在会做报花灯的越来越少了，成品的灯笼样式单一，我们要将这一即将消失的习俗和手艺传承下来。"

天放黑时，孩子们在村民的带领下，挨家挨户举行报花灯仪式，前面的灯官坐骑高头大马，身穿官袍，旁边还有个灯官夫人，也骑着马跟着。后面的报灯官

跟随其后。大官问:"这是什么灯?"报灯官:"这是龙凤呈祥灯……"报灯官一定要反应灵敏、随机应变,要脱口说出贴合这家实际的灯语。报灯时还有唢呐、秧歌表演助阵,看热闹的老百姓跟随其后,人山人海。孩子们乐在其中,满脸幸福之色。

教育兴则国家兴,教育强则国家强。学校乘着新时代品质教育改革的浩荡东风,加满油,把稳舵,鼓足劲,创建多彩课堂,驶向充满希望的明天!

海阳市辛安镇第一初级中学

　　海阳市辛安镇第一初级中学的前身为海阳第十中学，始建于1958年，2000年改建为海阳市辛安镇第一初级中学。学校始终坚持"改革创新、民主管理、以德治校、科研兴校"的办学理念，坚持"规范加特色"的办学宗旨，全面贯彻教育方针。学校先后被评为烟台市初中教学先进单位、烟台市教学示范学校、山东省教育系统先进集体、外语应用优秀实验学校、海阳市教学工作先进单位。

回归生活　悉心探索行知育人之路
——海阳市辛安镇第一初级中学"行知"教育纪实

"博求万物之理，以尊闻而行知。"近几年来，辛安镇第一初级中学坚持把"行知教育"作为学校持续发展的核心文化理念，积极构建"行知育人"课程体系，从"行知课程""行知课堂""行知管理""行知活动""行知阅读"等5个方面不断探索，用心营造"行知育人"生态，全方位实现"行知育人"目标，让学生"学会学习，学会生活，学会做人"。

2020年11月，学校被确立为烟台市"德融数理·知行合一"德育研究实验点校。林建宁先生的"德融数理·知行合一"德育新模式以实现青少年道德教育生活化、科学化、现代化为途径，以培养青少年的优秀品格、理性思维和实现全程育人、全方位育人为目标，注重多维思维、系统思维和精准思维能力训练，是一种"扎根生活、注重实效"的德育新模式。通过以德为魂，以数理为体，运用大数据的思维方法，将情景教育、知识教育和实践教育有机融合起来，完成价值观培育的追问、判断和践行。不论是育人理念还是育人策略，都给师生一种崭新而深刻的启迪。在新时代品质教育中的"德融数理·知行合一"德育新模式引领下，让"行知育人"走得更为坚实，走得更远。

一、行知课程，构建新时代品质教育的立体育人体系

深入挖掘学科课程蕴含的育人元素，从认知结果、行为表现和活动体验3个维度分析学生需要的核心知识、关键能力和价值观念，按照育人主题，对现有学科内容优化改造；基于学生学习需求、社会发展需要和现实教学条件，采用"学科＋生活""学科＋活动""学科＋学科"等方式，基于大观念、大概念、大任务整合课程资源，设计出深受学生喜爱的系列化学习内容，形成学生成长需要的"营养套餐"。学校的校本课程，初步开设了10门。有书法课程"方块字韵"，文学课程"文学少年"，航模课程"航天航空"，摄影课程"光影世界"，京剧课程"国粹绕梁"，合唱课程"青春和声"，象棋课程"楚河汉界"，足球课程"绿茵健将"，种植课程"希望田野"，还有辛安立乡之本的针织课程"针织之乡"。学生在活动参与中交流，在实践探索中体验，在问题争辩中提升，将所学知识活化为智慧，内化为德性。

学校以"招标立项"的方式，鼓励有特长的教师组成课程群，负责校本课程的开发、编写、实施，学校严把评估考核关，课程建设落地生根，开花结果。

二、行知课堂，滋育新时代品质教育的核心素养

学科教学是学校各项教育的主渠道，也是"德融数理·知行合一"落地的主阵地。注重各学科教学改进是关键，激发学生自主发展的学习动机，培养良好的学习习惯，引导学生养成家庭美德·孝德、学业道德·诚德、社会公德·爱德的价值观、人生观。

开展"基于问题解决、致力创新共享"的主题教研活动，梳理整合每个年级课程资源中的教育点。如语文学科中《邓稼先》一文，通过数据展现，列出美国两弹研发爆炸用时 7 年零 3 个月，英国 4 年 7 个月，苏联不到 4 年，法国 8 年零 6 个月，中国只用了 2 年零 8 个月。以科学家执着研究、舍小家为大家的忘我精神培养学生爱国主义情感。再如英语学科中 *An old man tried to move the mountains* 一单元，教师列举数据王屋、太行两座山占地 700 里，高达 7～8 万尺，而愚公年近九旬，带领子孙移山，用中华传统典故，传承勇于担当、吃苦耐劳的精神。

确立以"过目难忘—心中有数—学而习之—融会贯通"为发展过程，以导学案为载体，以小组合作活动为主线，师生共导的"四模块"教学模式，将学习任务梯度化，确保学生的深度学习、知能发展沿阶而上，"象—数—理—行"逐层递进，道德认知由浅而深；创设学习环境，注重价值引领，适时对学生进行无痕化思想教育，把学习变成"悟道明理"的过程，进而让学生在活动参与中交流，在实践探索中体验，在问题争辩中提升，将所学知识活化为智慧，内化为德性。

三、行知活动，夯实新时代品质教育的德性根基

学校为各年级学生设计"套餐式"实践活动。通过"过目不忘、心中有数、学而习之、融会贯通"四模块的呈现，在各类实践活动中，拓展学生知识视野，培育社会责任感。鼓励学生在参与实践的过程中完成自我教育。依托学校综合实践活动课，组织学生实地考察、小组合作、探究学习，激发学生参与的自主

性、主动性。

如"枝叶关情,勿忘党恩""德性养成"实践活动,各年级主题不一:初一年级"希冀•曙光"侧重 1840 年鸦片战争——1919 年五四运动中国人民为争取民族独立进行的探索,如农民阶级的太平天国运动和义和团运动、地主阶级的洋务运动、资产阶级的戊戌变法和辛亥革命运动;初二年级的"没有共产党就没有新中国"讲述抗日战争历史,列举出中国伤亡人数 3500 万人,1945 年日本人口 7200 万,而截至 2020 年 11 月,全球 230 个国家和地区人口超过 3500 万的也只有 40 个国家;初三年级的"继往开来",家庭联产承包责任制的推行使中国以 7% 的土地养活了世界 20% 的人口;初四年级的"中国梦",从"中国梦"提出以来,全国共有 6000 多万贫困人口稳定脱贫,每年新增就业 1300 万人以上。通过社团的合作式、探究式学习,让每个学生了解到党的恩情大于山,在枝叶末节中处处感受到党的温暖,让"制度自信""道路自信"的种子,植根于内心。

再如,自 2020 年 1 月以来,国家共安排疫情防控资金几千亿元;警察进课堂与孩子分享"交通安全记心中",全世界每 24 秒就有 1 人因交通意外死亡,每年约有 135 万人因此丧命;心理专家告诉孩子们如何"做最棒的自己",将心理学知识与名人事迹有机结合……在社团活动中,提高孩子们的思考质疑、实践探究、合作互助、主动发展等能力。

新时代,立德树人是摆在我们每个教育人的首要课题。学校有信心,有决心,找准问题,勇于创新,建设成为一所育人特色鲜明的学校。让我们鼓起"行知育人"的理想风帆,向着新时代品质教育的诗和远方,乘风远航!

海阳市辛安镇第二初级中学

　　海阳市辛安镇第二初级中学坐落在大山所村，面眺大海，西倚大山，环境宜人。学校占地49亩，现有教学班4个，教师39人，学生119人。学校各功能区布局合理，主体建筑错落有致，设有剑松园、杏林园、樱花园、听风园、玉竹园5个主题园区。近年来，学校以"和合"教育为平台，努力打造新时代品质教育品牌，积极培养德、智、体、美、劳全面发展的社会主义建设者和接班人。坚持"依法治校、以德治校、科研兴校、质量强校"，学校管理务实求新，队伍建设开拓进取，德育工作生动有序，常规管理常抓落实，科研工作力求突破，教育质量稳步提高。

弘扬"和合"文化　创建温馨校园
——海阳市辛安二中"和合"教育品牌建设纪实

大山所作为明清时期的军事重镇,山清水秀,景色优美,历史悠久,人杰地灵。辛安二中就坐落在这钟灵毓秀之地,尊师重教之乡。近年来,学校致力"和合"办学品牌创建,做有温度的教育,积极打造温馨校园,努力争创一流的农村特色学校,全面提升学校文化品位,构建健康和谐氛围,丰富学校发展内涵,提升教师人文素质,让校园充满书香气息,让课堂充满智慧活力,让学校成为孕育新时代君子少年的摇篮。

一、秉持和合文化理念,沉积校园温馨底蕴

说起"和合"教育,辛安二中校长董明臣如数家珍,他说:"'和合'是我校内涵发展的方向,我们把'和合'文化理念渗透到学校的整体设计与物质规划中,实现直观表达与精神环境的深度融合,彰显环境教育润物无声的本质价值。"为此,这所学校以海阳新时代品质教育建设纲要为目标,以培养人文精神和提高综合素质为宗旨,构建和其和美、悦目怡情的学校文化体系,为学生的发展、教师的发展和学校的发展创造优良的人文环境,使学校成为师生身心愉悦的成长乐园,从而提高学校综合办学水平,全面推动学生、教师和学校三位一体的和谐发展,构成能够充分展示学校个性魅力和办学特色的学校文化——"和合"文化。

学校积极构建和谐、和善、和婉、和顺、和融、合作、合力的"和合"教育精神文化,逐步完善科学化、系统化、人文化、个性化的学校制度文化,努力聚合各方文化资源,创设以和美、和怡、雅致、文化为主要特征的优美校园环境,全面提升学校文化品位。在整体合理规划的前提下,积极构建教育、教学、教研、服务等特色文化,营造书香、温馨、活泼的生活和学习氛围,努力打造品牌化校园,促进全体师生和谐、健康、快乐成长。

二、建设"和合"校园环境，润泽温馨校园底色

"蓬生麻中，不扶自直。"优秀的校园文化，时时处处给师生一种"润物细无声"的心灵感染，潜移默化地滋润着师生的成长。"让师生沐浴和合文化，让生命浸染和谐环境"是辛安二中营造环境文化的支撑理念。春景夏情、秋智冬理，在大自然的拥抱中，感受"和合"教育的温润，是这所学校正在打造中的文化内涵。让学校花木含情、墙壁说话，让每一条路、每一栋楼、每一个文化区都具有艺术魅力，都给师生以熏陶感染，让这里成为一所教育花园，净化师生的心灵，正是他们积极打造环境文化建设努力的方向。

打造廊道文化，润泽师生心灵之美。 学校在教学楼一至三楼分别打造学海无涯、文明礼仪、奋发图强主题廊道墙面看板文化，意在塑造智育、德育并举的浓厚氛围；在一楼增设党建文化、读书文化顶墙名言看板，凸显党建引领、书香至上的学校文化建设主旨；继续创新打造班级走廊文化专栏，各年级根据级部特点设计不同栏目，适时更新升级，重点凸显班级文化特色，让师生时时刻刻感受到班级的新事新气象；学校按月更新级部星榜，评选月优秀教师和优秀学生，充分发扬他们的榜样示范作用并继续优化走廊书吧建设，充分利用上海致君诵读汇捐赠书目、设施和学校图书室藏书，有效引领师生创设好读书的浓厚氛围，让其时时处处地氤氲在书香之中。

建设院落文化，激扬师生奋发有为。 经过标准化建设，学校整体布局合理，各处院落错落有致，院内分布不同景观，极具欣赏和教育价值，该校充分挖掘其中的育人点，量身命名了兰竹园、听风园、樱花园、杏林园、剑松园五个院落，并围绕院落中绿化植被紧密结合当前教育时势各赋诗一

首,极大地丰富了院落教育价值。

丰富大门文化,家校共育协调共进。学校大门作为师生、家长等进出校园的必经之地,现有的防撞桩、减速带、网格线等都为师生提供了安全保障。学校也充分利用这一阵地,建设独具特色的校门文化,学校"和合"教育的关键词"和""合"分居大门两侧,学校教育口号分列两旁墙面,校徽高居门柱之上,防撞桩内侧学生勤学名言、外侧家校共育心声等无不为家校共育架起了连心桥。今后,学校也将继续优化升级,确保家校共育健康前行。

三、开展和合文化活动,筑牢温馨校园阵地

文化活动是学校文化建设的核心内容,包括学校历史传统和全体师生员工认同的文化观念、价值观念、生活观念等意识形态,是一所学校本质、个性、精神风貌的集中反映。

诵唱校歌。他们结合校情创制了辛安二中校歌——《和合之歌》。课前校歌颂唱,通过广播系统集中播放,学生跟着音乐节奏一起唱,愉悦同学们的心情,鼓舞同学们学习的斗志,使课堂效果达到最好。

课前誓词。"黄海之阳,大山之东,我们是辛安二中学子。面对父母,我们知辛感恩;面对老师,我们尊师勤学;面对同学,我们团结友爱;面对挑战,我们毫不畏惧;面对困难,我们勇于向前;面对挫折,我们决不低头;面对失败,我们永不言弃;面对自己,我们不断超越。肩并着肩,手挽着手,心连着心,扬起斗志和理想,践行和合,共创辉煌的明天!努力——加油——"每天上午课前引领学生进行一天的宣誓,培养学生知恩、感恩之心,誓词内容积极向上,有感染力,给学生营造一个激励其自信心的氛围,激发学生的主人翁意识,调动学生主动学习的积极性,助力新时代品质教育再结硕果。

校园广播。学校广播站适时招收一批有播音和写作特长的同学,在学校广播时间播放一些优美的文章以及一些爱国、爱家、爱老师等方面的音乐。同时,广播站在周一至周五每天固定播音时间,播放励志故事、名人故事、时事新闻、学校新闻、学生佳作等,给师生以美的享受和熏陶,营造和谐、优美的学校氛围。

同时，校园广播也是这所学校进行宣传的一个重要窗口，是对学生进行教育的一块重要阵地，也是加强校园文化建设的一项重要内容。

读书活动。班班成立"图书角"，每个级部设立走廊书吧，学校开放图书室、阅览室，试行"书中寻'蜜''甜'在心里"的借阅管理办法，让每个学生都能"好读书、读好书、书读好"，努力营造"书香学校"氛围。2021年以来，学校将《论语》作为传统文化校本课程，在全体学生中开展《论语》读、悟、写活动，教育引导学生培育和践行社会主义核心价值观，踏踏实实修好品德。作为致君诵读汇重点联系学校，他们十分重视对中华优秀传统文化的挖掘、梳理和传承，依托传统文化课程重点打造《论语》诵读文化育人环境，建成《论语》学堂，开展《论语》经典诵读活动，着力构建以《论语》为主线的文化育人特色课程，致力于将孩子们培育成"志有毅，心有静，学有长，行有度"的现代中学生。

和合课堂。学校依据"自主、合作、探究"的和合课堂理念，对学生提出了"树自信、会合作、善探究"的"和合"课堂学习目标，着重培养学生自主学习能力和小组合作学习能力。自主学习环节，培养学生"会思考、会总结"的好习惯；合作学习环节，培养学生"会表达、会倾听、会合作"的能力。探究学习环节，培养学生"会探索，会深究"的能力。对教师提出了"教学环节清、解释问题明"的"和合"课堂教学目标，要求教师积极探索实践，形成"目标引领、情境导入、问题导向、自主学习、小组合作、反馈提高"的课堂流程，让启发式、互动式、探究式、体验式等课堂教学方式成为课堂上"最美风景"。

四、"和合"文明礼仪教育，促进学生美德养成

墨子说过：染于苍则苍、染于黄则黄。健康的校园文化，积极的精神氛围，会对师生施加潜移默化的影响和教育，使他们在有意与无意中受到启发与感染，从而引起他们的感情共鸣，产生一种完善自我的内在驱动力和约束力，进而使自己自觉形成一种学校"规范"和"软约束"的效果。

学校秉持立德树人的根本任务，以"和合"教育为引领，积极构建符合学校发展目标的校园文明礼仪体系，彰显符合辛安二中特有的校园文明风采。

学校将日常行为规范与"礼育"紧密结合，分别设计出"校园礼仪""课堂礼仪""社会礼仪""交往礼仪"，让学生熟记，并指导行为。和礼养正，重要的内容之一就是"涵养学生的正气"，而正气的起点就是"孝亲"，百善孝为先，不会孝敬父母的孩子在品德上是有缺失的，他们结合《论语》的经典内容，设计了"每日孝行"的行为细节，和家长携手，通过校园宣讲、家庭评价等方式帮助学生关心自己的父母及长辈，会感恩、会付出。他们充分利用《学生成长手册》，开展每月评价活动，通过学校评价、学生自评、家长评价等方式，对学生的成长形成综合稳定的评价体系。每月评选"礼仪之星"等奖项，及时鼓励先进，促进学生美德养成。

向和而生，依合而行，和合共生，奏响教育最美华章，辛安二中的广大师生正沐浴在和合教育的阳光之中，阔步奔向美好幸福的未来！

海阳市二十里店镇初级中学

　　海阳市二十里店镇初级中学始建于1960年8月。学校占地面积27888平方米，建筑面积4466平方米。学校始终秉承"明德、求真、厚学、健体"的教育理念，践行"博学、笃志、和谐、创新"的校训，全力落实学生"多思维向度"和"多感官功能"开发的教学思想。研究学校内涵，拓展思维向度，原点思考教育。通过重塑教育信仰，承担教育责任，传递教育爱心，联系教育生活来助力教师复合发展；通过课程融合，课堂改革，课外活动，"三课联动"来助力学校规范发展；通过"多思维向度阅读"育人，阳光体育运动育人，综合实践活动育人来助力学生全面发展；努力创建智慧型、运动型、实践型农村品质教育新学校；立德树人，培养能可持续的、能适应未来的、能担当祖国复兴大任的一代新人。

专业引领塑新师　课程融合开新篇
——海阳市二十里店镇初级中学"融合"教育纪实

海阳市二十里店镇初级中学始终秉承"明德、求真、厚学、健体"的教育理念，践行"博学、笃志、和谐、创新"的校训，不断放大教育功能，走塑造新教师、建构新课堂、融合新课程的内涵发展之路，打造了全新的"融合"教育品牌。

一、塑造"专业+"的融合新教师

实现学校内涵发展，提高教育教学质量，教师是根本。只有高素质、有思维、复合型的教师才能引领、培养出开创未来的人才。为了切实提高教师的专业素养，学校通过多方式、多渠道、多层次的教师培训活动，给教师充电、换脑、换思维，引领教师专业成长，融合发展。

理念引路，行为自觉。教师的理念决定着教师的行为方式，只有让教师拥有先进的教育教学理念、思想和科学的方法，才能成长为复合型教师。

首先，学校通过让教师重塑教育信仰，承担教育责任，传递教育爱心来助力教师复合发展。有信仰则人生有力量，生活有阳光，传递正能量；有责任则人生有底气，生活有幸福，树立正形象；有爱心则人生有暖意，生活有温情，涵养正品性。让这些理念生根于教师内心，便能产生无尽的教育教学伟力，便能给学生、给家庭、给学校的生活带来勃勃生机和源源动力，从而使师生身心和谐，身体健康，生活幸福。

其次，学校用新教师成长必备20条来激励教师复合发展。① 专业成长"五个一"即读一本好书，记一本好随笔，写一篇好论文，心有一个教育教学好故事，脑（大脑、电脑）存一学科好资源。② 教学工作"五个一"即认真准备好每一节备课（课标要求、教法、学法），精心研究上好每一堂课（为什么教？教什么？怎么教？），用心批改好每一份作业（批语、对话），教育辅导好每一个学生（学业、心理、生活），身心愉悦过好每一天的校园生活（充实、丰富、有意义）。③ 教育生活"五个益"即有益于自己的成长（读书、健身），有益于学生的进步（教书、育人），有益于家庭的幸福（劳动、赋能），有益于班级的和谐（点子、办法），有益于学校的发展（建言、献策）。④ 终生兴教"五理念"即教师好，学生才会好；学生好，学校才会好；教得其道，师、生、校同好。让学生快乐学习，让教师阳光生活，做今天最好的自己。希望学校、家庭、社会，因教师的存在而变得更加美好。教育教学相互渗透、相互融合、相得益彰（五育并举、五育融合）。教师、学生、学校、家庭紧密联系、有机融合，形成互惠共赢的发展共同体。

再次，根据"二八理论"，学校组建教育教学骨干团队，用20％的骨干教师影响80％的普通教师，从而引领学校高质量发展（一个领导影响一个教师，15个领导就影响15个教师，这30个人就是学校高质量发展的基因）。

思维建构，不断刷新。每一个人，每一个组织，乃至每一个社会，在到达某一个临界点时，都应点击刷新，重新注入活力，重新激发生命力。教师更不能例外，有的教师只是凭借着一年的经验，在教育教学中重复若干年，可想而知其教学效果何如。因此，教师必须终身学习，不断刷新。而要想自我刷新，关键要做好以下三大步。

第一步，拥抱同理心——就是教师能站在学生、级部、学校的位置来思考自己的教育教学（即换位思考）。

第二步，培养求知欲——就是教师要培养"无所不学"的求知欲，活到老，学到老，只有这样才能登高望远，凌空鸟瞰。

第三步，建立新思维——就是教师建立成长型思维，着力现实，心怀未来，生命不息，成长不止。

只有不断"刷新"的教师，才能跟上新时代教育的步伐，成长为适应未来的新教师。

这些理念必须让教师融入血液，植入脊骨，同时把教师的个人需求、对健康身体的追求、子女的培养、家庭的幸福与教师专业成长紧密联系起来，和谐共融、相得益彰。通过培训，教师把个人、家庭、学校、国家联系起来，具有教育教学共同体意识。聚是一团火，散是满天星，发挥每个分子的能量，从而塑造海阳新时代品质教育的复合型新教师。

二、建构"内涵＋"的融合新课堂

课堂是师生成长的绿色园地，是师生教学相长的主要时空。课堂必须挖掘内涵，加强研究，提高效益，才能有品质，高产能。

"**多思维向度**"**型课堂**。学校"多思维向度"型课堂的内涵是——开发感官功能,拓展思维向度;"多思维向度"型课堂的宗旨是——培养具有综合学习能力的学生和复合型教师。要打造高品质课堂,一定要研究课堂内涵,研究思维开发;必须关注课堂细节,关注感官运用。通过研究课堂内涵,形成学科之间融合;通过研究思维开发和思维导图的运用,形成对知识的梳理、总结、盘点、架构的学习能力;通过研究感官功能的开发,形成眼、耳、口、手、脑各感官和学习的知识融合。从而提高学生的综合能力、核心素养,培养适应未来的、有思想的、有正确价值判断能力的一代新人。

语文"**三部曲**"**课堂**。一是写好字:在一点一横中写出严谨的学风,规范的姿势,对生活的美好态度;在一撇一捺中领略中华汉字文化的博大精深,悟汉字文化,书精彩人生。二是享美文:在读书中丰富思想、积淀人文、涵养精神、生成素养;在分享中展示自我,增强自信,为自己美好的人生积蓄能量、夯本筑基。三是学新知:结合"多思维向度"型课堂的要求,在"整合和拓展"的理念下,灵活运用教师的教学智慧来传道、授业、解惑。

把整合和拓展的文章内容作为新知主体,以培养学生的综合阅读能力和人文素养为目的,以培育全面发展的人为根本,来设计实施语文课堂教学和学生探求新知的过程。不断提升语文课堂的教育力、文化力、影响力,全力提升学生的语文素养和人文精神,让学生更好地走向未来。

这就是语文学习中字、词、句、篇和新知的融合。在课堂教学中,始终关注学生思维,关注学生的素养提升,关注学生情感培养,让他们形成积极的生活态度和人生价值观,不断刷新教育教学新高度。

三、开发"思维 +"的融合新课程

课程是学校实现教育目标的主渠道,是用知识和价值观铸成的教师、学生成长的重要载体,是学校能可持续发展的动力源。《学记》云:"大道不器。"由此,学校把课程的开发、研究和融合作为培养学生创新素养的必由之路。第一步：把课程开发起来（开发即创造、创新）。第二步：把课程研究起来（研究即研磨、探究。研则金石可开，究则多条路径到家，多种方式达到目标）。同时把阳光体育课程也纳入其中，为课程改革又增添了一缕新阳光。第三步：把课程融合起来（融合即大道。天地融合生万物，阴阳融合生精灵，五育融合生新生，生新校），同时把读影课程也纳入进来。学校的课程理念是以课程引领发展，用内涵彰显品质，用表达提升素养。学校把学科课程、劳动实践、阳光体育、读影活动等课程有机融合。

学生通过经历、体验自己亲身参与的各项劳动实践、阳光体育、读影等活动，然后再把具体的过程细节描述出来、写出来，真正把做、说、写相融合、相统一，全面提高自己的想象、思考、表达、写作等综合能力和素养。

如此，学科课程间、学科课程与活动课程间彼此融合、相互渗透，进行综合式学习。让课程融合的理念深深地扎根在师生的学习和生活实践中，从而使教师有融合的素质，学生有融合的能力，课堂有融合的意识，课程有融合的元素，常规有融合的体现，劳动实践中有融合的力量，打造了"融合"教育品牌，实现了立德树人的终极目标。

海阳市朱吴镇初级中学

2012年9月,始建于1958年的海阳市朱吴镇第一初级中学与海阳市朱吴镇第二初级中学合并,成立了海阳市朱吴镇初级中学。学校总面积38161平方米,其中,建筑面积7939平方米,绿化面积9258平方米。近年来,学校以"实施幸福教育构建和谐校园"为理念,以"立足桑梓幸福成长"为办学特色,塑造了一批批有责任感使命感的幸福教师,培育了一代代有知识有文化的幸福学子。学校先后荣获海阳市文明单位、体育达标先进单位、教书育人先进单位、十佳文明学校、安全文明校园、安全工作先进单位、教学工作先进单位,烟台市安全文明校园、实验室达标先进单位、花园式学校、规范化学校等荣誉称号。

立足桑梓 幸福成长

——海阳市朱吴镇初级中学幸福校园建设纪实

海阳市朱吴镇初级中学在海阳教育改革的大潮中，立足本土，高标定位，在"做幸福教师，育幸福学生"的理念引领下，拉开了幸福校园建设的序幕。

一、围绕党建品牌确立，立足乡情丰富内涵

学校提出的"立足桑梓、幸福成长"党建品牌创建教育活动，旨在于"山海云谷、七彩朱吴"之称的乡土上，孕育培养出具有"敢于斗争、敢于胜利、敢于担当、敢为人先"地雷战精神的新时代中学生。

"立足桑梓"指的是，学校拥有得天独厚的红色教育和乡土特色教育资源。地雷战景区与学校相距咫尺，进行革命传统教育和红色基因传承非常便利。把"弘扬雷乡精神，传承红色基因"作为学校的第一个特色教育课程，作为新入校学生的必修课。同时，还把具有朱吴乡土特色的剪纸、摄影、泥塑、面塑、种植等作为校本课程进行开发。通过师生近几年的努力，教育活动模式已具雏形。

"幸福成长"指的是三个层面：一是幸福教师，以"敬业、乐业、精业"为目标；二是幸福学生，以"热爱祖国、乐于学习、积极探索"为目标；三是幸福家庭，以建设"家校同频、合力育人"的学习型家庭为目标。学生的成长离不开家庭教育，学校的教育也离不开家长的支持。学校始终把"家校同频共振，合力立德树人"作为学校的一个特色。学校设有班级、级部、学校三级家委会，定期开展家长开放日活动，让家长走进学校，走进课堂，在"零距离"接触中体验校园生活，感受学生的成长。学校开展的相关活动，如综合实践、音美活动、艺术演出、安全导护等都邀请家长参与指导，学校还组织教师进行家访活动，让教师深入学生家中了解每一个孩子的家庭情况。

二、围绕党建品牌建设，推广典型鞭策激励

通过走访，学校对一名优秀的特殊学生，进行了总结推广，这个学生就是最近被央视报道的海阳市朱吴镇三王家村的孝亲少年李云鹏。

李云鹏妈妈五年前患重病，手术后落下了残疾，也欠下了一大堆债务。妈妈每天靠药物维持，药费高昂；姐姐又考上了大学，贫寒的家庭雪上加霜。妈妈手术后脊柱弯曲变形，弓腰驼背，行动不便，生活难以自理。小云鹏每天都为妈妈进行按摩，促进血液循环。放学进家，喂牛、做饭、刷碗、洗衣成为他每天的任

务。晚上，小云鹏一边为妈妈洗脚，一边为妈妈讲故事讲笑话，逗妈妈开心，等把妈妈安顿好了，小云鹏才静下心来专注学习。在学校他是模范少年。每天到校，他总是把自己的卫生区打扫得干干净净；每节课上，他总是抢先发言；每当同学遇到困难，他都会竭尽所能提供帮助。他是学校备受推广的"文明标兵"。

2016年，李云鹏被山东省海阳市教体局推荐参与烟台市文明办、教育局、民政局、烟台广播电视台联合举办的"最美孝心少年"的评选活动，并一举获得十佳，参加了在烟台市举

行的颁奖典礼。2017年他被评为山东省海阳市道德模范。2019年荣获烟台市道德模范。2020年参加了CCTV-14少儿频道追寻"最美孝心少年"活动评选。

学校充分利用身边的孝亲少年的典型事例，在全体学生中开展了"我心中的最美少年"大讨论活动，让每个学生明确最美少年的要求、标准和做法，并力争做一个最美少年。学校每学期均组织学校、级部、班级三个层面的最美少年评选活动，以此树立典型，鞭策激励每一个学生都能成为最美少年。

三、围绕党建品牌特色，不断拓展活动载体

学校以"乡梓"为主线，以"素养"教育为根本，以"面向全体，全面发展"为理念，开展适合学生特点的各项实践活动和艺术科技活动。

学校开展的"唱"红色歌曲、"讲"红色故事、"剪"地雷战图片等活动，既提高了学生的技能素养，也进一步对学生进行革命传统文化教育。开展的队列比赛、足球比赛、课间活动等对学生进行体育训练，促进了学生身体健康。学校男女学生足球队表现出色，2019年获得了全市男队第一名。

学校在实践中，不断完善特色班创建的基本过程：初一年级"初定特色"

"制定申报计划"；初二年级"修订特色计划""初步反馈效果"；初三年级"验收""命名"。在"特色班认定"的"班级自评、小结汇报、成果展示、学校评定命名"的环节中，强化"目标定位""实践到位""空间升位""成果立位"的达成要素，从而落实"以特色促养成，以特色树榜样，以特色求创新，以特色带实践"的目标。

特色班的创建，又站在了一个新的高度上，与学校开展的幸福教育、红色教育相整合，寻求特色班创建新的生长点，搭建提升的平台，提高校园文化品位。积极实施"三大特色品牌"校本课程：以提高学生红色素养的"红色育人"课程（包括"弘扬雷乡精神，传承红色基因"）；以提高学生艺术素养的"艺术育人"课程（包括书法、绘画、足球、演讲等艺术课程）；以提高学生自主创新意识与能力的"创新育人"课程（包括 3D 打印、机器人等）。让各种特色课程，成为校园文化建设的亮丽风景线。

近几年，学校共有 2 人被评为烟台师优秀教师和优秀班主任，共有 4 人被评为烟台市教学工作先进个人，烟台市优质课和烟台市优质课程资源若干。朱吴初中在"争创一流中学"的征途上，希望每一名教师是幸福的，每一名学生是幸福的。

海阳市盘石店镇中心学校

　　海阳市盘石店镇中心学校,始建于1958年,2014年8月初中与中心小学合并为九年一贯制学校。学校现有18个教学班,在校生473人,其中,初中部173人,小学部205人,幼儿园95人,教职工112人。学校坚持"以人为本,立德树人"的教育宗旨,以"明理至真,笃行至善"为校训,牢固树立教书育人、管理育人的思想。近几年学校领导和教师完成了10多项省市级课题研究,学校先后被评为海阳市书香校园、海阳市安全校园、海阳市教学工作先进单位、烟台市教育科研工作先进单位、烟台市优秀教育网站、烟台市安全校园等。

思学至真　源本树人

——海阳市盘石店镇中心学校"至真"教育品牌建设纪实

海阳市盘石店镇中心学校坚持"以人为本，立德树人"的教育宗旨，以"明理至真，笃行至善"为校训，牢固树立教书育人、管理育人的思想。学校聚焦校园文化建设，打造至真课堂，创新至真课程，努力把学生培养成全面发展的社会主义建设者和接班人。如今，"至真"教育已经成为学校的亮丽品牌。

一、至真环境——有效教育的保证

一是建设优美的校园环境，以优化、美化学校文化环境为重点，以积极向上的学校文化活动为载体，形成厚重的学校文化积淀和清新的校园文化风尚。每一面墙壁都有中华传统小故事、社会主义核心价值观、诚信感恩、礼仪教育、"四有"好老师等内容。二是建设和谐的人文环境，以励志教育为底色，以至真教育为核心，以活动开展为载体，全力打造激情校园的德育环境，积极营造说真话、抒真情、笃真理、守真朴的环境文化。在走廊文化中将名人名言和教育专家事迹融入其中，使师生耳濡目染，自觉或不自觉地接受感染和熏陶。在班级文化专栏展示学生搜集的英雄事迹及师生书法和绘画作品，激发学生的成功感和自豪感，增强学生的团体意识和浓厚的竞争比赛氛围。李超辉校长说："校园里出现的催人积极进取的书法、绘画作品、历史名人事迹、名言警句等，能激发师生对道德原则、道德规范在情感上的认同，同时对道德理想、道德建构产生向往之情。学生在潜移默化中提升人文素养、熏陶思想感情、塑造人格品质。"

二、至真活动——素养提升的载体

操场上传来"人之初，性本善，性相近，习相远……"大课间学生一边吟诵着《三字经》，一边伴着优美的旋律，做起了"三字经"韵律操。充分展现出"三字经"韵律操的青春气息，洋溢着青春的活力。2021年春，在海阳市艺术月活动中,学校有 12 人次获奖。

学校定期举办科技节、艺术节等特色节日,让科技、艺术与文化相融通,让"真、善、美"异彩纷呈。在烟台市青少年机器人竞赛中,学校多次获一等奖。学校创设的"两大节"活动模式,使学生自主独立、健康活泼、奋发向上的精神风貌与和谐民主的校园文化氛围得到充分体现,有效地推动了校园文化建设和德育工作的开展。

拓展综合实践,提升学生综合素养。学校组织 60 名少先队员,走进全国 2A 级旅游景区——丛麻院,上演了一场说走就走的研学旅行。此次活动主要内容是丝绸文化和自然风光游。少先队员在工作人员和老师的带领下,首先来到了蚕种室,了解了孕育蚕种的方法和温度湿度;体验了蚕丝被的制作方法和它的保暖作用,知道了丝绸文化的起源;少先队员还游览了风景区的长寿崮、老虎洞、仙人洞、人猿石、竹林等景观。"想不到,出去旅行一圈回来,孩子竟然主动干起了家务,晚上还要求我和他一起读书查阅相关资料。"五一中队王正的妈妈告诉大家,自家孩子跟着学校去研学旅行,回来后的变化让她感到特别惊讶和高兴。

一次研学旅行,为何能让孩子有这样的改变?小学部叶登雷校长介绍,生活是孩子最好的教材,尤其是在研学旅行中,孩子们带着好奇心,与同学老师一起探秘,通过"实践修德"培养了学生良好的行为习惯。不仅了解了历史,还培养了他们不怕苦、不畏难、不掉队、不放弃、讲协作等良好品德。

三、至真课堂——教书育人的阵地

学校基于至真教育,梳理教育教学存在的主要问题,聚焦学生的核心素养,以课堂改革、课题引领为抓手,促教师专业成长,育学生核心素养。经过实践,初步探索出就是"四步六环"的至真课堂，"四步"指至真教学"四步骤"，即"借助真实生活情景关注知识转化—经历知识过程构建模型—巩固应用增强活动经验—梳理总结提升育人价值"的基本模式。"六环"指至真课堂"六环节"，即学、思、议、展、评、行。其中，"学"是基础，"思""议"是重点，"展""评"是关键，"行"是目的。"至真课堂"培养的是真善美的人，在"至真课堂"上学生追求"真学学真、真思思真、真行行真"，教师追求"真育育真、真教教真、真研研真"。"至真课堂"上，教师开展先学后教、以学定教的学导式教学，改变传统教学中学生过于被动、依赖、低效的学习状态，让学生真正实现主动、高效学习，由作业的机器变成学习的主人，促进有效学习。

学校积极实施青年教师"青蓝工程"。为青年教师配备师傅，师徒结对，除了在业务上对他们进行指导，还让学校党支部委员每人带几个青年教师，作为支部联系对象，定期召开座谈会，听取他们的思想汇报，让青年教师树立目标，不断朝工作目标努力，通过开展评课选优、基本功竞赛、汇报课、展示课等活动，促进青年教师成长。

辛勤耕耘，换来收获。两年来，学校1人被评为烟台市优秀党员，1人被评为烟台市优秀教育工作者，1人被评为烟台市师德标兵，4人次被评为烟台市教学工作先进个人，1人被评为烟台市教育科研先进个人，4人次执讲烟台市优质课，8人次执讲烟台市课程资源课，13人次执讲海阳市优质课。

四、至真之子——至真教育的终极目标

向往真实，就是践行陶行知先生倡导的"千教万教教人求真，千学万学学做真人"。引导学生做真实的人，勤于学习、善于学习、精于学习、乐于学习，使

学生真正从"学会"走向"会学",习得科学知识,提升实践能力和科学素养。

为培养学生学习的主动性,达到"学是为了不学的目的",学校从学习习惯、能力和品质三个维度,从课前预习、课内学习、课后整理三个方面,教给学生方法,指导学生自主探讨,真正让学生成为学习的主人,并加强课外自学指导,培养学生"博学、审问、慎思、明辨、笃行"的良好学习品质,提升学生学习效能。培育"立真志、尚真学、铸真品、践真行"的儒雅学子,即

"至真"之子。要求学生"少做题,多读书,好读书,读好书,读整本的书",努力打造"书香校园"。确保每周一节阅读指导课,确保每学期一次读书交流会。学校组织了低年级讲故事比赛、《弟子规》诵读比赛、读书手抄报比赛、红色诗歌朗诵比赛、读书特色作业展示活动、读书征文比赛等丰富多彩的读书活动,每一次比赛都是一段幸福的旅程。学校张倩倩老师指导的《追月》,张倩倩和于潇老师指导的经典诵读《红》,均获得海阳市经典诵读一等奖,2021年学校被评为海阳市书香校园。

传承伟大精神,谱写教育新篇。在"至真"教育的引领下,学校坚守"让每一棵小树苗都能茁壮成长"的办学理念,以课程推进为抓手,以主题活动为载体,推进学校教育工作全面开花。未来,学校将继续助力学生核心素养的全面提升,造就更多至真至美的好少年。

海阳市小纪镇泉水头学校

　　海阳市小纪镇泉水头学校始建于1960年，前身为海阳县第十三高中，2014年与小纪镇第二小学合并为九年一贯制学校，并更名为海阳市小纪镇泉水头学校。学校占地面积2.73万平方米，拥有一流的现代教学设施。学校以"导行明德"为品牌引领，以"让社会放心，让家长满意，让更多的孩子享受优质教育"为己任，规范而科学的管理以及优异的教育教学成绩赢得了广泛赞誉。学校先后荣获"烟台市花园式学校""烟台市规范化学校""烟台市教书育人先进单位""烟台市教学工作先进单位""海阳市教学工作先进单位"等荣誉称号。

耐心"导行"润桃李　贴心"明德"铸师魂
——海阳市小纪镇泉水头学校"导行明德"教育品牌建设纪实

35年几经变迁，栉风沐雨，不变的是育才初心；35年播撒种子，培养栋梁，铸就的是圣洁师魂——这就是海阳市小纪镇泉水头学校。

学校偏居海阳市西北一隅，建校以来始终如一，在一代代师生的不懈探索下，在海阳教育的园地里开出鲜艳的花朵，结出累累的硕果，一举成为海阳教育教学的一流学校。

过去35年的辉煌暂且不说，单是近3年的成绩就可见一斑。2019年，泉水头学校被评为海阳市教育教学先进单位；2020年，学校被评为烟台市教育教学先进单位；2021年，学校又荣获海阳市教育教学先进单位。它成功的秘诀在哪里？功在学校创建的特色德育品牌——导行明德。

一、全员导行——针对性明德

习近平主席殷切希望广大教师不忘立德树人初心，牢记为党育人、为国育才使命，积极探索新时代教育教学方法，不断提升教书育人本领，为培养德、智、体、美、劳全面发展的社会主义建设者和接班人做出新的更大贡献。为者常成，行者常至。学校始终坚持以社会主义核心价值观为引领，把立德树人作为每一位教师的根本任务，以深入推进素质教育为核心，以德育特色建设为抓手，立足校情，树立"全员育人"的理念。

建档立制。"导"是指导、引导。学校实行导师制，每一位教师都是"导师"，他们的身份既是知识的传授者，又是学生健康成长的引导者。教师每人负责指导班级六七名学生，给分管的学生建立专项档案，指导学生的学业习惯和日常行为习惯，并留下记录材料，便于查阅商讨。学校致力于营造一个"学生人人有导师，教师人人有责任"的齐抓共管的小群体教育模式，将学生化整为零，这样既减轻班主任管理整个班级学生的压力，又能做到因材施教，提高德育成效。

　　家校联动。"导"是学校与家庭沟通的桥梁。学校每位老师都会采用"谈话"和"家访"的形式进行导行,这一明德行径深受家长和学生的喜爱。初四学生林昭阳,在家里不尊重父母,酷爱玩手机,教师经家访了解这一情况后,及时对该生进行思想导行,最终这名学生表现好转。

　　可见,针对性"导"能增强全体教师育人管理的意识,精准对接学生发展需求和家庭个性差异,构建育人新机制。

二、榜样导行——引领性明德

　　心之所向,行之所往。学生心灵纯真无瑕,善于依照榜样的形象确定自己的行为,在学习模仿榜样中逐步形成良好的行为习惯,进而调整人生航向。我校就涌现出很多榜样,他们的事迹感染教育了很多师生。

　　老教师蕴大情感。师德之魂是师爱。热爱学生是教师道德的一个标志,也是对教师最基本的要求。学校的孙洪勃老教师就是爱生敬业的代表人物。他在疾病面前,依然心系学生,带病上课,这份爱生情感令家长和学生感动不已。他爱学生超过了爱自己,用行动影响着学生,为学生播撒了爱的种子。

　　小口罩显大情怀。好的教师需有高尚的道德情怀,带头弘扬社会主义道德和中华传统美德。新冠疫情初起,防疫口罩紧缺,学校于小红教师为全体师生慷慨捐助200个口罩,解他人之所难。于小红虽是一位普通女教师,却以一颗炽热的心奉献于钟爱的教育事业,以一种饱满的热情关心着广大的同事们,也以一颗良善之心关爱着广大学生们。

　　可见,榜样性导行能延伸德育教育的阵地。学习榜样,传承力量,在榜样的引领示范陪伴下,学生才能真正感受到教育的深度、广度。

三、行为导行——规范性明德

　　行为指导。庄子云:身教胜于言教。导行明德中的"行"是指行为。行为包含教师的行为和学生的行为。教师的行为是以身作则,为人师表,率先垂范,《师德规范》就是教师行为的标尺和准则;学生的行为是指学业习惯

和日常行为习惯。中小学生行为过程缺乏自我约束能力,要让他们健康成长,

就必须用一定的规范标准约束他们的行为,《中学生守则》《中小学日常行为规范》就是学生行为的标杆和准绳。学校通过一系列德育行为活动,让学生能熟记理解,有亲临、有感染、有体会、有升华,从而达到立德树人的目标。

行为规范。只有导之有法才能行之有效。事实可以见证实效:初二·一班是全校的老大难,以脏、乱、差著称,老师在台上苦口婆心,学生在台下眉飞色舞。开展行为规范德育活动以后,立竿见影,教师做到严于律己,学生面貌也焕然一新。教室窗明几净,课堂秩序井然,学生文明礼貌,班级成绩也在去年升级考试中跃居全市第二名。

可见,规范性"行"能促进全体师生良好习惯的养成。质胜于华,行胜于言,厚植行为导行,才能不断夯实德育根基,做到规范性明德。

四、课程导行——实效性明德

明德就是立德树人。通过导行明德,能让教师成为优秀的教育者,让学生成为德、智、体、美、劳全面发展的社会主义建设者和接班人。具体实施如下。

学科明德。课堂是德育教育的主阵地,其作用不可小觑。学校的做法是:强化各门课程的德育渗透。要求教师每一节课有德育目标并付诸实施,真正做到寓德育于学科教育中。重点加强语文、思想品德、历史学科的课堂德育渗透,提高学生核心素养。开设文明礼貌校本课程,让懂礼、明礼、守礼形成浓郁氛围,并延伸到家庭和社会中去。

活动明德。学生的成长离不开丰富多彩的活动,活动明德是对学生开展德育教育的重要途径。例如学校开展的升旗仪式、节假日活动以及各种专题活动等,无一例外让学生充满了家国情怀;在校内举办故事会、演讲会、一帮一等活动,让学生受到了感恩教育;班级开展核心价值观教育、宪法教育、三节三爱教育等各种主题教育,让学生提高了品质;开展的常规评比、三好学生评比、卫生评比、文明规范学生评比等各种评比,让学生增强了责任意识;走出校园,为敬老院老人服务,让学生懂得了劳动最光荣,懂得了爱老敬老……这一系列活动,使德育教育形式生动、活泼、具体，充分发挥导行的明德作用。

实践明德。实践出真知，生活即教育。学校不仅仅注重理论学习，更看中实践精神。学校的做法如下。

举办集体实践活动。如：研学旅行、参观党史观、泉水头集市清扫卫生等等，以此净化学生美好心灵。开展个人实践活动。如："三事"实践活动，即每周为家长做一件事，每月为班级做一件事情，每学期为学校做一件事情，以此提高学生动手能力。

可见，实效性"明德"提高了学校师生的思想境界。笃志于学，经世致用，实效性明德使师生的获得感、幸福感不断增强。明理知耻育桃李，德馨亮节树学风。随着教育改革的不断深化和人民群众对优质德育教育需求的不断扩大，泉水头学校全体教师将继续践行"导行明德"教育模式，爱生敬业，在继承中创新，在创新中突破，力争在教育的百花园中继续保持良好的发展势头，为让更多的孩子接受更好的教育做出更大的贡献。

"潇潇春雨润一代桃李，耿耿丹心育四方人才。"泉水头学校不仅有着辉煌的历史，还将会有更加灿烂的明天。

海阳市行村镇赵疃学校

　　海阳市行村镇赵疃学校坐落于全国闻名的地雷战的故乡——海阳市行村镇赵疃村。学校始建于1983年，占地面积102亩。38年筚路蓝缕，38年守正创新，38年锐意进取，一代代赵疃学校人传承地雷战精神，始终坚持质量立校，科学管理，强化特色，积极深化内涵发展之路的办学目标；坚持为学生的人生奠基，为教师的持续发展铺路的办学宗旨；坚持关爱每一位学生，让每一位学生成人成才的办学理念。学校承担起教育优质均衡发展的社会责任，满足了人民群众对优质教育的需求，强劲的发展态势赢得了广泛的社会赞誉。在有效落实"基于学科核心素养"教育教学研究的同时，致力于学校特色课程的建设，催生全新的学校样态，成了海阳乡村教育一张最响亮的名片。

"润·爱"教育：成就大爱人生
——海阳市行村镇赵疃学校"润·爱"教育品牌建设纪实

"父母呼，应勿缓。父母命，行勿懒。父母教，须敬听。父母责，须顺承……"早读课堂里《弟子规》的吟诵声，揭开了赵疃学校"润·爱"教育的神秘面纱。学校站在"德育一体化"建设的高度，结合自身实际，开始了"润·爱"教育的实践探索：遵循学生道德培养须知、情、意、行相统一的教育规律，由细微处入手，以孝敬父母的孝道教育为起始，将"爱"浸润至学生生活的点点滴滴，努力培养学生的良好品质，最终实现"大爱"的终极目标——爱党、爱国家、爱人类、爱人类赖以生存的环境。

一、建设校园文化，宣传"润·爱"教育

本着"让校园的每处都说话、都育人"的思想，在校园内借助宣传栏、墙报、广播站、网站等多种渠道着力营造良好的育人环境。

学校组织教师和学生进行善行义举评选活动，精心打造了学校的"善行义举"四德榜，分为仁德、爱德、孝德、诚德；在每排教室的外墙建立"孝爱文化墙"，着重阐述我国古代二十四孝故事；开展早读和经典诵读活动，要求学生熟记《弟子规》，以做到以"孝"为先，使学生在耳濡目染中得到熏陶和启迪。

二、依托课程开发，挖掘"润·爱"教育内涵

开设"纵横博览"课程，践行"润·爱"文化。近年来，为了践行孝爱文化，学校开设了《纵横博览》学校课程。小学部《纵横博览》的时间固定为每周五中午静心练字之后的30分钟，初中部为周四、周五午自习和周三、周四晚自习最后30分钟。由学校领导和教师共同探讨，确定学生观看视频内容：一、二年级观看《弟子规》，三年级观看《经典咏流传》，四年级观看《朗读者》，五年级观看《国家宝藏》，六年级观看《辉煌中国》，七年级观看《开讲啦》，八年级观看《百家讲坛》，九年级观看《感动中国》。观看后，不同学段的学生根据年龄特点分别用口述、绘画或读后感的方式表达感悟。孩子们的观看兴致很高，感触极

深。一位学生在《感动中国》观后感中写道:"从开始到结束,我被里面人物的事迹深深感动着,泪流不止,感谢有你们,给了我们一个伟大而强盛的祖国!"我们不禁要为这样的一份真挚情感点赞!

开展"静心练字"活动,内化"润·爱"内涵。练字就是一个练心的过程。字品见人品,人品促字品,两者相辅相成,不可分割。学校规定每天中午12:00—12:20为"静心练字"时间,在练字中修心,静心方可练字。一段时间后,我们惊喜地发现孩子们的变化:不仅书写水平有所提高,学习状态也有了明显的改观。书写的改变给予孩子成长无穷的动力,无形中润泽了学生的生命。一名学生在日记里这样写道:"从今以后,我会更加认真地写字,努力学习,将来好好报答老师,报答我的爸爸妈妈!"

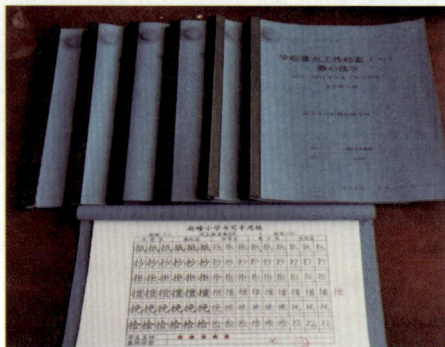

依托课堂教学研究,挖掘"润·爱"元素。学校将"润·爱"教育注入课堂中,要求教师在课程中挖掘相关德育元素。学校编写了《语数英科品课堂德育一体化实施计划》,然后分级部由教研组长编写《学科能力培养计划》。这一系列的研讨主要将各学科中的相关德育元素更好地融入课堂教学中。语文课上的公仆形象、品德课上的孝亲敬老故事、数学课上的节约计算等等,都是对学生进行全方位的润爱教育。

三、开展多彩活动,践行"润·爱"教育

依托传统节日,进行孝爱教育。实践是学校德育工作的生命,让德育回归生活,让学生在德育实践中增强责任意识,培养道德规范。学校结合实际情况,开展了丰富的德育实践活动:清明节开展"缅怀先烈,勿忘历史"活动;五一劳动节开展"劳动最光荣"活动;端午节开展"包粽子"比赛;九九重阳节组织学生开展"孝敬老人我行动"活动,带领学生走进敬老院,帮助老人打扫卫生,还为老人们献上了精彩的节目。学校组织的系列活动让学生在参与中成长,在实践中受益。

开展主题班会,进行感恩教育。一是话题式主题班会。学校组织开展"感恩""奉献""孝爱"等主题班会。通过观看视频、表演小品、唱拍手歌等活动形

式,学生在参与的过程中联系自己的学习、生活,知道孝爱是中华民族的传统美德,是做人的基本要求,从而培养学生正确的道德观念。二是节日式主题班会。教师节的时候,学校组织学生以班级为单位观看"最美教师"颁奖典礼,通过观看视频,学生们更加深刻地体会到老师不求回报、无私奉献的伟大精神。"长大后,我也要当一名教师,将这份爱永远传递下去……"这是学生对老师辛勤付出的最大肯定。父亲节和母亲节时,孩子们倾听父母的心声,感受父母的爱及辛苦的付出,听后同学们深有感触,并记录下内心的感动,纷纷表示要虚心接受父母的教诲,争做孝心好少年。

利用读书活动,进行理想教育。开展读书活动,师生同建书香校园。"小小朗读者"各展风采,"图书漂流"以书会友,"读书小明星"我读书很自豪……最后,学校向家长发出倡议,号召全体家长积极投身到"小手拉大手,同读一本书"的活动中来。通过阅读,教师、学生及家长从书籍中得到心灵的慰藉,从书籍中寻找到生活的榜样,从书籍中享受生活的乐趣,从书籍中找寻理想的栖息地。

借助社会实践,进行劳动教育。学校根据所在地特点,紧扣"农时、农事、农情"这个主题,组织系列乡村德育活动,带领学生走到田地,通过与农民的交谈、实际操作,使学生在乡村德育活动中受教育、增才干,旨在培养一批了解农村,懂得农时、农事、农情的"明是非、懂孝道、有爱心、有情趣"的学生。在此基础上,学校开展了"我爱校园"劳动实践活动,树立学生环保意识,培养学生热爱劳动的好习惯。组织学生走出校园,了解社会,学会关心他人,初步形成较强社会责任感。积极参加各种职业体验:"走进织布厂",去感受劳动的辛苦,父母的不易;跟随志愿者,参加"为护林防火员送关爱"活动,孩子们的责任意识,在活动体验中得以增强。

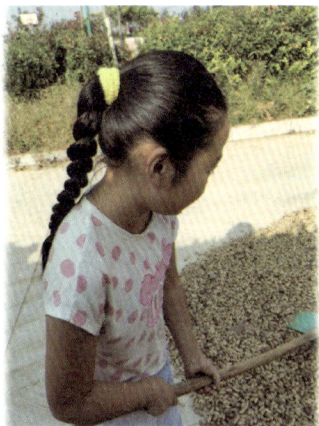

四、构建家校社三合一,实施"润·爱"教育

利用开放日,宣传"润·爱"教育。学校精心组织"家长开放日"活动,面向家长宣传学校的教育理念,让"孝亲敬老""敬廉崇洁"的美德走进每一个家

庭。同时，要求学生当好家庭孝敬廉洁监督员，达到教育一个孩子、带动一个家庭乃至影响整个社会的效果。当家长握着老师的手表示感谢的那一刻，教育的意义与价值便不言而喻。

评选先进事迹，树立"润·爱"榜样。家庭是人们接受道德教育最早的地方，家庭教育对人的未来发展影响深远。于是，学校组织家庭开展"文明周""文明月"活动。每年的 3 月和 10 月为"文明月"，其中第二个周为"文明周"。在这个过程中，涌现出不少先进典型：王甜甜的家长"重细节，关注良好行为习惯的养成"；张丹玉的家长"传承百善孝为先的精神"；吴雨轩的家长"肯定鼓励，树立孩子自尊自信"……这些典型事例在家长中传扬，道德教育也在潜移默化中浸润。在此基础上，学校评选出"文明家庭"，为众多家庭提供了学习和效仿的榜样。

发挥社区功能，拓宽"润·爱"空间。学校附近社区的墙面都画着包含道德教育意义的图案：有孝敬老人的，有邻里相处的，有诚实守信的，有主持正义的，有勤奋好学的，有祖国大好河山的……这些丰富的德育墙面，在"润·爱"教育的实施中变得鲜活起来。学校组织学生在自己的社区搜寻德育墙面，拍下照片，写下感受。有一名学生这样写道："在我看来，这不只是一面墙板，它更是一幅幅跳动的画卷，指引着我们不断完善自己，奋勇前行，去拥抱美好的明天！"学生在寻找、欣赏与品悟中，道德水平得到提高。

"润·爱"教育任重而道远，只要学校能以"立德树人"为根本任务，着眼于细微处，去润泽每一个生命的成长，就一定能实现我们理想的愿景：让莘莘学子形成良好的行为规范，以"大爱"之心待人接物，以良好的行为习惯、高尚的道德情操、崇高的价值观，开创未来美好的明天！

第四章

小学教育

铺展生命和谐发展的七彩跑道

海阳市实验小学

　　海阳市实验小学1981年建校，2019年11月18日搬迁新校，现有38个教学班，在校师生2100余人。近年来，学校以打造"丰实"教育品牌为中心工作，践行"公平、民主、自由、自觉"的校训，秉承"敬业爱生、博学严谨"的教风，"勤学乐读、善思好问"的学风，五育并举、追求卓越。学校先后荣获"烟台市学校思想政治工作先进集体""师资队伍建设先进单位""教书育人先进单位""教科研工作先进单位""未成年人思想道德建设工作先进单位""教育系统精神文明建设先进单位""书香校园""文明校园""诗意校园""实施素质教育明星学校""山东省节能减排先进单位""山东省功勋大队""雏鹰大队""全国红旗大队"等60多项国家、省市级荣誉称号。

实施"丰实"教育　润泽生命成长
——海阳市实验小学"丰实"教育品牌建设纪实

走进海阳市实验小学档案室，打开尘封已久的老档案，一张老照片映入眼帘：全国教育学会原会长张承先、全国特级教师窦桂梅正饶有兴致地观看学生的才艺展示——这里是1998年全国教育科研实践活动的现场。

岁月不居，时光如流。2019年11月18日，1500余名师生高举队旗，齐唱队歌，怀着激动的心情，迈着整齐的步伐向新校区进发——这一天学校喜迁新校，告别了历经辉煌、风雨沧桑38载的老校。

如今的海阳市实验小学，环境优美、设施先进、师资力量雄厚。近几年来，学校以打造"丰实"教育品牌为中心工作，以培养德智体美劳全面发展的人为根本任务，积极营造舒心、愉悦、适宜的教育环境，努力向创办一所平安、高尚、和谐、卓越的现代化学校迈进。

一、守正创新，确立"丰实"教育理念

"先做正确的教育，再把教育做正确"，这是实验小学校长周顺禄经常说的一句话。他认为，一所学校，要想拥有持续不断的发展动力，其根本在于学校拥有自己的发展愿景和核心价值，在于其形成具有生命力的发展性学校文化认同。

一所建校40年的老校根脉在哪儿？未来发展的方向、路径如何确立？在对学校老照片、老档案、老教师采访的"文化寻根之旅"中，学校找到了过去那个年代教师能够团结向上、坚韧不拔，朝向目标努力做事的原因所在，包括完善的制度、领导的示范带动、相对的公平与民主等，也包括齐心协力承办大型现场活动等具有里程碑意义的

"仪式感"大事件。这一切对学校的影响是深刻和久远的，使学校在以后的几年甚至几十年的发展中都充满向善、向上的动力，形成了朴实的人文情怀，扎实的工作作风，笃实的学习氛围和厚实的文化底蕴。基于这样的校史研究，在对学校现状的有效把握之下，学校提出了"丰实"教育发展理念。"丰实"教育，"丰"即丰富，"实"即扎实。"丰实"教育是尊重个体生命的不同，观照身心、发展能力，通过丰富、扎实的教育实践过程，引领师生走向身心健康、人格完满和人生幸福。在"丰实"教育理念引领下，在传承与发展中，通过教师大会、教代会讨论，确立了学校新的"三风一训"。

2021年11月，烟台市教科院管锡基院长到学校指导课程建设工作，他说："周校长从乡村出发，走到海阳顶尖的实验小学，他是一个愿意坐下来静心思考教育本真、学校办学理念、学校文化指向这些深刻内涵的人。本来学校理念、学校文化的建设有两种方式：一种是外求，请所谓的公司、大家来规划，但归根结底与学校的内在东西是不合拍的、是遥远的、是隔着靴子瘙痒的。我刚才在学校看到实验小学的老物件能够在新校落地生根，这本身就证明了传承的重要性，学校对历史文化的挖掘和创新是难能可贵的。"

二、固本强基，打造"丰实"管理团队

一所学校的高质量发展，必须依靠领导团队、骨干教师团队的力量，以组织制度的保障、人的发展、榜样的示范引领来带动。"丰实"管理团队体现在组织科学、制度完善、形式民主。

热烈奔放的学生秧歌队正在欢迎参观队伍，陶艺、木工、竹子制作、古筝、舞蹈、中国功夫等40余门特色课程正在生动展示，这里是2020年12月举行的全市党建工作"六争六比"创品牌的现场会。在参观现场，教体局党组书记、局长纪卫东深有感触地说："打造新时代品质学校需要坚持党的全面领导，以立德树人为目标，以文化认同为根本，以课程建

设为支撑，以科学治理为保障。实验小学搬迁新校一年时间，就打造出了高品质的学校环境文化、建构了适合学生个性发展的课程，这是领导团队的力量，是科学治理的结果。"为迎接党的百年华诞，学校先后召开 12 次党员大会，进行了 24 次专题研讨，发起了 30 余次学习党史宣传教育活动，先后 3 次走出校园开展主题党日活动，利用红色资源，传承红色基因，现场追溯历史、补充能量，向学生提供课后服务达 30000 余人次。

　　大规模学校的发展离不开文化根基、制度保障、组织有序。秉承"每一项制度都遵循文化，每一项措施都凸现人本"的制度建设原则，学校用 3 年时间编制了《实验小学制度管理读本》，2020 年 9 月，学校召开《海阳市实验小学办学规范读本》发放仪式。当老教师程普娟接过这本沉甸甸地制度手册时，她激动地说："这本制度手册凝聚了实验小学建校近 40 年的管理智慧，让学校的规范化管理有规可循，为学校的健康发展提供了制度保障。"同时，学校将权力下放，实施教师级部自主管理和学生少先队委自主管理。将主持日常教育教学工作的权力充分赋予各级部领导，鼓励他们在真抓实干的基础上创造性地开展工作。在学生中成立"红领巾工作室"，负责对学生一日常规进行督查，鼓励学生在大队辅导员的配合下自行组织少先队活动。学校呈现出政通人和、健康发展的良好氛围。

　　学校从教师职业发展的动态性、阶段性、长期性等特点出发，改变以往"一份考核细则定结果"的评价机制，不仅关注教师的日常工作质效，更关注教师未来发展的可能。通过《教师个人专业发展五年规划》的具体要求，从职业理想、专业成长"五个一"，以及工作中自主参与的积极性等各个层面来描述教师的德勤绩能，促进教师的发展动力，提高教师的发展后劲。通过青蓝工程、主题教研、三备三磨、系列过关课、同读一本书、同讲一堂课等活动，提高青年教师的授课水平。在 2021 年 12 月举行的全市小学教学大比武活动中，学校青年教师朱晓梅执讲的《狐假虎威》获得了第二名的好成绩，在回校交流经验时她深情地说：

"团队的反复磨课褪去课堂上的不足,让课堂实现了华丽转身、精彩超越;团队的帮助让我感受到学校大家庭的温暖。在未来的教育路上,我将继续加强学习,不断提高专业水平。"

三、五育并举,构建"丰实"课程体系

"丰实"课程体现在课程的基础性、拓展性、创新性,基于培养"全面发展 + 个性特长发展"的"丰实"育人理念,以落实德智体美劳全面发展的育人目标,构建家乡课程、书香课程、德育情景剧课程、劳动课程、创新课程五大课程体系,培养爱祖国、爱家乡、爱读书、爱劳动、爱创新的"五爱"少年。

学校开设"地雷战纪念馆""英雄山烈士纪念馆""许世友将军在胶东纪念馆"等红色文化课程,让学生缅怀铭记历史,将红色基因融入血脉,深化学生爱国情感。开发海阳大秧歌、中国功夫、海阳剪纸、郭城摔面等非遗文化课程以及传统节日、民俗课程等,

让学生在传统文化的滋养中,生发民族自豪感,感受美好生活,幸福自然成长。2020 年 12 月,全部由学生组成的"红领巾"秧歌队在烟台市"胶东情"秧歌大赛中获最佳传承奖,成为所有参赛队伍中一匹"黑马"。比赛现场,围观群众纷纷喝彩,海阳大秧歌非遗传承人于文峰说:"实验小学七八岁的小孩来演大秧歌,真是了不起,我们海阳的大秧歌有了传承人啦!"

"我要回国,报效祖国!"全场响起了热烈的掌声,小演员们个个流下了激动的泪水,这是德育情景剧《钱学森回国》的表演现场,音乐、灯光、服装、道具,一个个小演员真实感人的表演,仿佛将我们拉回了新中国成立初期百业待兴、独立自主、艰苦奋斗的艰辛岁月。2020 年以来,学校以

德育情景剧为载体，自主研发并展演录制了 200 余个关于爱国、爱党、爱家、道德、安全、生活、礼仪等主题的德育剧本，大大增强了课程的育人功效。2021 年 4 月，学校的德育情景剧创建工作在烟台市德融数理现场会上作典型经验交流。同月，《"丰实德育"润童心》获烟台市"立德树人落实机制"优秀案例。

学校开设了机器人实验室、竹笛创客室、科学探究室、木工陶艺室，加强"科学技术""STEAM 课程""创客教育"等方面课程建设，聚焦学生创新意识培养。组建课程融合教研团队，探索跨学科融合教育模式，深入研究校园影视与学科之间的结合点。借助校园电视台技术，把校园影视与学科课程开发相结合，融入学科教学中，教师不仅能够直观、立体地把知识呈现给学生，而且引导、激发学生创作与学科学习相关的影视作品，提高学生的学习兴趣，增强学生学习效果。2020 年以来，学校有 20 余节微课程资源在市教育局组织的微课资源开发中获一等奖。

四、铸牢阵地，营造"丰实"活动场域

"丰实"教育离不开环境文化的浸润、日常活动的承载。学校积极加强活动阵地建设，努力把校园建设成为学生的精神家园、活动乐园、生活花园。

这里是家长开放日的现场，学校大型展示屏上正播放着学校的宣传片，参观团沿着干净整洁的甬路参观学校的文化长廊。老校的假山、天鹅雕塑、大铁钟仿佛在述说着过去的故事。请家长进校园，听课堂、看课程、赏校园、查餐厅，面对海阳电视台的记者，五年级一班李宇霖的家长于海俐真诚地说："今天我来到实验小学，看到了美丽的校园，明亮的教室，干净的餐厅，还有那么多的特色课程，我的孩子在这样的学校里学习生活，我真的特别放心。"

"紫薇树校园广播现在开始啦，我是今天的主持人千子尧，欢迎大家收听今天的校园广播……"清新动听的广播声传向校园的每个角落。校园电视台每周四定时播出时政要闻、好人好事、校园新事、古诗诵读、党史故事等栏目，增长了学生的知识，开阔眼界，提升素养，宣扬好人好事，传播正能量。

"同学们，请随我看，这是 20 年前我们学校祁玉老师和学生一起制作的花生播种机，曾代表

学校参加全国劳动制作大赛呢！"这里是学生参观学校校史馆的现场，少先队员们正兴致勃勃地观看着学校奖牌、老照片、老物件，纷纷感叹学校的辉煌发展史，表达努力学习回报母校的决心。德育副校长孙学文说："一直以来，少先队是学校文化的主阵地，学校每学期举行入队仪式，走进军营学习军人的纪律严明、顽强拼搏的品质，开展少先队员学党史、观校史活动，参观学校的党史馆、校史馆、党建主题刊板，让少先队员们在红色文化中茁壮成长。"

近年来，学校各项工作取得了显著成效。2017年，教育部主办的《教育文摘周报》对学校丰实品牌教育的具体做法进行了专版刊发。2020年3月，《丰实文化：从提出到落地的建构路径与策略》获烟台市教学成果二等奖。仅2021年，学校就先后被评为烟台市诗意校园、文明校园、基层先进党组织、教育科研先进单位，山东省节能减排先进单位。近5年来，学校立项省市级课题20余项，多人获得县市级学科带头人、县市级名师称号，执讲各级各类优质课、课程资源100余节。学校的办学影响力、办学质量、办学效益得到了快速提升，得到了教育主管部门、社会、家长的高度认可与一致好评。

"根植于民族，伸展向未来。"学校将一如既往地以"丰实"教育为抓手，"丰富"育人体系，"做实"育人实效。不忘初心，牢记使命，努力把学校建设成为让人民群众满意的新时代品质学校！

海阳市新元小学

　　海阳市新元小学始建于 1984 年,历经海阳市红蕾小学、海阳市榆山街小学时期,于 2009 年 8 月更名为海阳市新元小学,是一所海阳市教体局直属公办学校。学校现有 46 个教学班,在校学生 2088 人,教职工 138 人。学校秉承"奠基人生"的校训,以建设"阳光教育"品牌为中心,积极构建"开放式阳光课堂",造就"智慧型阳光教师",培养"自信型阳光少年"。近年来,先后荣获"全国留守儿童示范家长学校""山东省语言文字规范化学校""山东省少先队规范化学校""山东省体育传统项目学校""烟台市德育工作先进单位""烟台市教育科研先进单位""烟台市书香校园""烟台市安全文明校园""烟台市小学教育教学工作先进单位"等 60 多项荣誉称号。

实施"阳光"教育　点燃生命之光
——海阳市新元小学"阳光"教育品牌建设纪实

总有一种力量催人奋进,总有一种温暖让人感动,2020年9月17日,海阳市教体局局长纪卫东在全市小学教学工作会议上强调"教师要有品质,要有爱的情怀,只有教师心怀对教育的感情,教育才会有灵魂,有根基,有力量"。

怀揣着纪局长的美好期待,海阳市新元小学以自创的GH5C学生核心素养框架图为载体,积极实施以阳光文化、阳光课程、阳光课堂、阳光成长为核心内容的阳光教育,推动学校内涵发展。"阳光教育是一种追赶太阳的理想教育,前方有多远,我们不得而知,但我坚信理想与未来一定有美好的约会。"这是新元小学校长李树栋对阳光教育理念的美好诠释。

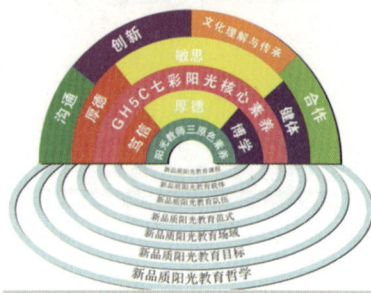

新品质阳光教育示意图

一、阳光文化,让每一个生命充满希望

2017年10月18号,习近平总书记在党的十九大报告中43次提到教育,79次提到文化,这是时代的呼声。总书记曾深情地讲道:"没有高度的文化自信,就没有中华民族的伟大复兴。"

文化理解,孕育阳光情怀。 学校作为教育主阵地,充分发挥育人功能,借助校内LED电子屏、宣传栏、黑板报,通过国旗下讲话、观看宣传片等方式,营造浓厚的主题教育氛围,调动学生参与活动的积极性。集中筛选《地雷战》《生命因你而动听》等一批内容突出、主题鲜明的中西方励志影片,推荐学生观看。通过鼓励学唱《映山红》、*Proud of you*等一系列励志歌曲,加强文化理解、孕育阳光情怀。

文化认同,重构阳光路径。 文化认同,建构阳光新路径与学校文化自觉息息相关。学校建设打造了"岁月如歌"红色文化走廊、书画作品展廊、传统文化长廊、学校发展荣廊四大主题文化廊道。一方面展示学校、教师、学生的成长历程，激励广大师生朝着更高的目标努力前行；另一方面为师生提供了多彩的学习空间，让师生多元发展行稳致远，凝聚了奋勇前行的力量。

文化践行，培育自信师生。"我自豪我是党的儿女"，这是学校艺术团队成果《党的女儿》的结尾，无数次的震撼、无数次的感动。"书籍，赋予我聪颖与智慧；读书，让我更加睿智与美丽。《走进新课程》，我登高望远，开阔了视野，提高了境界；聆听《教育科研有问必答》，我初晓科研真谛，领略科研之巅的绚丽多姿；《不做教书匠》，我在实践中追逐名师的脚步，丰润着自己的教育情怀。"这是王丽娜副校长的读书感言。每周星期三是共同读书日，老师们结伴阅读，共沐书香！阳光文化使全校师生充满了希望，更有了行走在路上的自信与踏实。2020 年 3 月，学校被评为"烟台市书香校园"。

二、阳光课程，让每一个生命张弛有度

"德育不应只在德育课程中，要散布在所有课程中。"原山东省教育厅副厅长张志勇的这句话成为学校阳光课程实施的指南。秉承"让每一个生命张弛有度""校园处处皆课程"的教育宗旨，学校构建了多元共生的阳光课程体系，形成了紧密的"综合育人共同体"。

课程纲要引领方向。《阳光课程实施纲要》是确保阳光课程有效实施的主要指标，也是教师专业素养提升的重要标志。为此，学校通过聘请专家培训、外派学习、查阅资料、观看视频等方式指导教师从课程简介、背景分析、课程目标、课程内容、课程实施、课程评价六个方面撰写课程纲要，确保课程的顺利实施。

阳光课程个性飞扬。金色创意编程课，小技术大思维。通过利用 scratch 编程软件以及开源元器件进行有创意的编程设计，培养学生的编程思维，让学生感受现代科技与创意教学带来的乐趣。紫色才艺课，身怀绝技艺高超。舞蹈社团，学校才艺课老师长期致力于敦煌舞研究，生活中从表现形式、舞蹈结构、舞蹈体裁、表现手段、表演方式、音乐运用、舞台运用以及服饰运用等方面展开研究,把敦煌飞天现实与理想之美表现得淋漓尽致,增强了师生民族向心力与凝聚力。橙色健体课,重拼搏炼意志。"民族情·新小梦"——校园体育节期间,学校把运动技能和综合实践相结合,47个班级学生穿上不同民族的服饰,展示了健体课的成果,体现了体育文化与民族风情的完美融合,孩子们"爱我中华"的情感油然而生。

多元评价促发展。根据阳光课程实施,学校探索了多元评价体系:过程性评价、终结性评价、成果性评价、等级性评价,形成了独具特色的阳光课程评价体系。"阳光少年"每学期评选一次,比例占班级的30%。学期末,各班根据"单色阳光少年"获奖数量评选"七彩阳光少年",比例占班级的10%。各班建立《"七彩阳光少年"评价册》,通过师生互动、生生互动、家校互动,共同促进孩子发展。

扎实有序阳光课程的开展使新元小学在山东省少先队规范化学校、山东省体育传统项目学校、烟台市德育工作先进单位、烟台市未成年人思想道德建设先进单位评选中位列前茅。

三、阳光课堂,让每一个生命慢慢绽放

阳光课堂是师生互动生成、共同发展的开放性课堂,是展现生命个性、激扬生命潜能、走向生命蓬勃的阳光课堂。

2017年,学校对教师专业成长状况进行了调研,发现65%的教师自主愿望发展不强,72%的教师没有执讲过地市级优质课。学校学年教学成绩、教师专业发展成果、课堂教学集体会诊、学生学习品质观察评价,聚焦课堂,发现问题很多。基于此,学校成立三备三磨教研中心,请专家跟进指导。

"三备三磨",同研共提升。课例研究,是阳光团队针对"学评教联动"阳光课堂建设中的普遍问题,对同一个课例进行三次集体备课、三次集体磨课的跟进式研究,以获得解决问题的最佳方案。

课题研究,**推动大课改**。"我们要进一步立足实践,做好课题研究,借力'课题'研究,推动'大课改'。"这是烟台市"十三五"规划课题阶段成果展示现场

会烟台教科院副院长管锡基对老师们的期望。在实际课堂中,学生虽然具备沟通和合作的能力,但申辩思维技能较弱,基于此,分管课题研究的李玉文副校长带领课题组成员走前沿理论,以教学理论统领教学实践,以教学实践印证教学理论,摆脱以知识技能为中心的思维模式,创造出"QTP"学力阳光课堂整体框架图。自此,新元小学阳光课堂迎来了一片新天地。

"互联网 +"智慧教育。为了推动专业一体化,拓展教研方式,学校建设教研社区,将教师的专业发展植入互联网基因,大力推广教师备课使用资源中心的素材,克服普通课件顺序性讲解的弊端。特别是交互课堂,构建教学立体化"互联网 + 云课堂",改变了原有的线上单向与线下封闭的教学模式,为教育共享与教育高效开启了通道。

辛勤的付出换来了丰收的累累硕果,近年来,新元小学荣获省市级教育教学成果奖、论文、优质课 60 余项。

四、阳光成长,让每一个生命自主发展

漫漫人生路上,每个人都会面临各种各样的境遇,遭遇各种各样的挫折,如果给孩子从小形成快乐明亮的人生基调,他会健康从容地打造属于自己的美丽人生。可见,塑造孩子的阳光个性比关注其学业成绩更为重要。

家校携手助花开。近年来,新元小学加强家访、家长会以及三级家委会的阵地建设,由学校延伸到社会,使每一个生命自主发展。2020 年,学校与检察院机关党委联合组织了法制理论走进社区活动,积极向社区居民宣讲法制教育方面的家庭教育理论与方法,收效良好。活动被海阳市委组织部评为"全市十佳主题党日",同时被烟台多家媒体宣传报道。2021 年,新元小学新品质阳光教育家教理论走进社区,活动现场,教师代表与家长代表架起沟通的桥梁,针对孩子成长过程中出现的困惑,交流经验、探讨更好的教育方法,让家长更有信心和学校携手共育孩子的未来。同年,《家校携手爱流淌　助

推花开别样红》经验被烟台教科院全文刊登并被今日海阳、海阳信息网发布。

实践活动炼品格。为了进一步贯彻落实习近平总书记在全国教育大会的重要讲话精神，培养学生正确的劳动观念，学校举行了开辟七彩种植园、风雨同舟、爱心义卖、关爱老人、情暖夕阳、以"研"促教、以"教"促学等一系列活动，为推动学校劳动教育的开展注入强劲的活力。2019 年 12 月，《海阳市新元小学多举措提升学生劳动技能和教师专业能力》信息被烟台综合实践教育发布。

助残圆梦爱涌动。"打赢脱贫攻坚战，绝不让一名建档立卡贫困户学生因贫困而失学。"这是海阳市教育和体育局对全市贫困户的承诺。新元小学认真贯彻落实上级扶贫工作精神，开展"送课上门"活动，托起残疾儿童"上学梦"，在脱贫攻坚的道路上迈出了一大步。虽然与贫困户并不相识，但爱的呼唤让我们在一起，这份情希望了人间，这份爱温暖在你我心里。

行进在阳光路上，阳光理念引领方向。徜徉在阳光路上，动听的旋律在心中荡漾。躬耕在阳光路上，我们奔跑着拥抱希望。实施"阳光"教育，点燃生命之光，我们甘之如饴、踏实无比，我们寂静、我们欢喜……

海阳市育才小学

　　海阳市育才小学始建于 1993 年，占地 38966 平方米，总建筑面积 24060 平方米。目前，学校拥有 70 个教学班，在校学生 3600 余名，教职工 180 余人。多年来，学校一直秉承"关注细节，成就未来"的办学理念，围绕"推进内涵发展，创建特色学校，打造和美品牌"的工作目标，坚持"文化立校、科研兴校、特色强校"的发展战略，打造"和美"教育品牌。学校先后被授予"国家语言文字规范化示范校""山东省教学示范校""山东省文明校园""山东省校本教研示范校""烟台市安全文明校园""烟台市教科研工作先进单位""烟台市常规管理示范校""烟台市教学工作先进单位"等 60 余项荣誉称号，是海阳市窗口学校。

以文化育和美，以和美迎未来
——海阳市育才小学"和美"教育品牌建设纪实

"沿着校园熟悉小路，清晨来到树下读书，初升的太阳照在脸上，也照着身旁这棵小树……"

伴随着悠扬而又熟悉的旋律，育才小学新的一天开始了。身着绿衣服的志愿者、穿着红马甲的小标兵、戴袖章的执勤老师、全副武装的保安大叔……校园门口车水马龙中，育才小学的学生们迈着自信的步伐井然有序走进校园……

从1994年仅有300余人的名不见经传的小学校，发展到2021年的70个教学班，学生3600余人，教师180余人的海阳市窗口学校，育才小学仅用了20余年的时间。这样的变化源自学校的文化建设——和美。创建"和美"教育品牌，是每一个育小人内心的追求，在这条路上育小人充满了骄傲和自豪。

一、和美沁入校园，润物无声如潺潺溪水

育才小学致力于构建"乐学共进、自主创新、和谐尚美"的校园文化，努力把校园建设成为学生的精神家园、活动乐园和生活花园。

和美理念充溢校园。 育才小学秉承"为每一个孩子的和美人生奠基"的教学理念，以办"根植于民族，伸展向未来"的现代化学校为总体目标，以"千教万教教人求真，千学万学学做真人"为校训，把"关心下一代工作"作为重点工作。"文化是一所学校的精神内涵，只有在浓厚温和的滋养下，才能让老师更有情怀，学生健康成长。"这是育才小学孙洪超校长常常对教师们说起的一句话。

育才小学的教学楼内窗明几净、书声琅琅。走在校园中，你会看到以"和美""涵美""慧美"等命名的教学楼赫然屹立，在阳光中闪烁着光芒。

"和"是核心，是一种境界，一种追求；"美"是特色，是一种评价，一种期待。为此，学校精心打造设计优美的校园环境文化，包括楼宇布局、命名、外观设计、特色走廊文化，无不渗透着和美。德育处汪敏副校长谈到校园文化时讲道："我们的教学楼整体颜色选取的是暖色调——橘黄色，它温暖、阳光、平和向上。"学校将"和美"中的"美"物化，激发学生探究海阳、热爱海阳、立志建设海阳的情感。

走进学校"慧美楼"，楼内的走廊设立读书角，供学生读书，走廊上的板报记录着历史名人故事，刻录着富有教育意义的大家名言。连廊大厅设置古色古香，"和"字厅与"美"字厅，互为映照，中厅内摆放着各式各样的手工作品，让

师生无时无刻不浸润在传统文化的海洋中。

和美文化无处不在。"老师同学们早上好，和美童声校园广播又和大家见面了。大家好，我是四年级十二班的于美慧……"每天上午八点十分校园广播都会准时响起。校园电视台中心负责人王晓伟老师说："虽然每天工作比较忙碌烦琐，可是看到播音员同学充满自信的样子以及广播内容给学生带来的思想启迪，觉得一切都是值得的。"

德育处蒋岚副主任谈道：要结合学校德育系列化课程，围绕"习惯养成、德育故事、经典诵读、爱国教育、传统文化"等内容，各班级每周一主题，每天一播报，培养学生的集体主义意识，营造和谐校园文化。

走进班级就会发现，已经到校的同学坐姿端正，他们正在认真倾听。"我们可期待每天的小广播了，不仅可以丰富课外知识，还可以听到播音员那么好听的声音。真的很羡慕可以当播音员的同学，我也会向她们学习，让自己的朗读越来越好，争取下次轮到我们班，或者轮到我！哈哈哈……"五年级六班的于金灵同学说到这里忍不住哈哈笑了。

"礼之用，和为贵。"和美文化以和聚力、以和育德、以美启智、以美怡情，培养学生做有涵养、有气质、有梦想的人。

二、和美融入课程，和而不同如海纳百川

和美教育倡导把立德树人贯穿学校教育全过程，坚持育人为本、德育为先、和美发展，致力于德智体美劳全面发展的和美育人目标的实现。

和美课程有效实施。在深入研究传统文化的基础上，结合海阳新时代品质教育要求，学校出台《海阳市育才小学和美课程实施方案》，形成以"和"（和谐、和乐、和悦）为经，以"美"（德美、智美、体美、艺术美、实践美）为纬的"和美经纬"课程体系。

"和美"课程实现的是人与人、人与自然、人与社会的和谐共生，孕育的是德行美、文化美、个性美、鉴赏美以及创新美。教务处任君梅副校长是这样解读

和美课程"二三五"结构的"二"指的是和美课程的两大核心理念——"和而不同,各美其美";"三"指的是"三和"原则("和谐""和乐""和悦")、"三个指向"(指向德行、指向文化、指向能力)、"三个层面"(文化基础、自主发展、社会参与);"五"指的是五大课程类型,即涵美、慧美、健美、艺美、泽美课程,简称为"五美"课程。

结合学校提出的"涵养身心、学习创新、润泽生命"三大育人目标,育才小学的课程内容丰富多彩:将习惯、礼仪教育融入日常学习生活中,引领"晨诵·午写·暮省"成为儿童的生活方式,并确立了以传统节日实践活动引领学生学会做事、学会做人的生活德育之路;立足语文、数学、英语等国家课程,开展校本研讨,构建学科核心素养导向的课堂教学范式,让学生达到会学、共学、研学、乐学;落实好国家课程,为学生搭建起社团种类丰富的实践课程平台。学生走出课堂,走出校园,参与社会活动,培养社会责任感和奉献精神。

从整体来看,每个类型的课程都涵盖旨在培养学生核心素养的课程内容,课程设置处于"三和"原则指导之下。"和美课程"对应学生的知、趣、行、志,学生更加积极乐观、阳光健康!

和美课堂落地开花。为促进教学改革,打造和美课堂,学校每学期都会组织教师开展听课、观摩课活动,帮助教师们提升教学水平。老师们且行且思,不断成长。

2020 年 11 月,育才小学承办了烟台市课堂革命活动,烟台市教科研领导以及各县市区的 50 所小学校长、骨干教师参与此次活动。在听取了育才小学刘虹妤老师执讲的《古诗三首》后,烟台市教科院管锡基院长是这样说的:"海阳的语文老师能够真正地去理解文本、解读文本、重构文本,在语文老师的课堂上,孩子能够收获到真正的幸福和快乐。"

教师作为"和美"课程的开发者与实施者,实现了真正的专业成长。近几年来,海阳市举行的各种观课议课活动中,育才小学的观评课团队表现突出,"发现问题不留口,解决问题不留手"的专业品格与素养总会获得专家的一致好评。

5年来学校教师获得烟台市优质课14节,获得烟台市优质资源课22节,省级一师一优课一等奖7节,部级优课4节。李圣荣老师执教的《古诗词里蟋蟀鸣》、刘虹好老师执讲的古诗词《蝉语》均荣获烟台市级优质课小组第一名的好成绩,由此开启了学校研究古诗文教学的热潮。学校教师精心教研,将"和美"教育理念融入课堂,真正实现教师和学生的"各美其美"。

三、和美引领创新,和美与共如扬帆远航

结合学校"和美"文化特色,全体党员带头践行,传承中华传统文化,努力实现自身专业成长,力求成为合格的"引路人"。

和美教师模范争先。育才小学积极响应上级教育工委开展的"一校一品"党建特色品牌创建工作,用心打造"红色传承·和美发展"党建品牌,基于"和美"教育理念与"和美"文化特色,实现教师自身专业发展的同时,成为学生成长的引路者。

党员教师吴晶说:"为提升教师的专业水平,学校每学期都组织开展很多活动。如新学期的青蓝工程师带徒活动、每周一讲专题活动。一名党员与一名青年教师结成师徒对子,加速青年教师成长。党员教师每天到党员活动室的自主学习不少于40分钟,通过阅读修身并引领学生以书怡情,以书修身,以书励志。"

通过党建品牌建设活动,全体党员的精神面貌焕然一新,满腔热忱辐射带动了所有教职工。党员教师在各自岗位上,以积极的姿态和扎实的工作,推动了学校新的发展。在学校开展的"和美教师"评选中,10名当选的教师有6名是党员教师,1名党员教师被评为山东省优秀教师,3名党员教师被评为烟台市名师,7名党员教师执讲省市优质课,1名党员教师在烟台市"学宪法讲宪法"活动中荣获优秀教师指导奖。

通过党建特色品牌创建工作,进一步提升了学校抓党建促发展的能力和水平,实现了党建工作与教育教学工作的互促共进、相得益彰。

和美教育根植未来。正因为一批批"和美教师"的辛勤付出,引领学生成

长,学校还评选出了一批优秀的"和美少年"。"和美少年"包含对学生理想信念、公民素养、行为养成、人格品质、学习态度等方面的要求,体现的是学生优秀的综合素养。在海阳市举行的体育节、艺术节、元旦联欢、歌咏比赛以及绘画书法摄影展等丰富多彩的活动中,育小学生的精彩表现都让与会的领导、家长代表叹为观止。"孩子的表现真是太精彩了!特别感谢学校和老师的辛勤培育!作为家长,我们也要用心参与孩子的成长,家校携手才能让孩子更优秀!"四年级一班"和美少年"李炳阅的妈妈发自肺腑道。

育小的学生"各美其美",成绩自然随之而来。学校推荐的"四一和美中队"荣获国家级动感中队;在山东省举办的创客节大赛中,学校的修文昕、李炳阅荣获山东省一等奖,于新宇、王子赫荣获山东省二等奖。学生发表的文章、通讯稿每年都有数十篇……

级部主任曲华说:"在创建'和美'教育品牌的道路上,学生是最大的受益者。在每次家长会、家委会的交流中,教师和家长都发现学生们变得更有德行了,每日的阅读习惯、练字习惯,使学生们更有涵养了。教育就应该是培养有根、有气质、有文化、有内涵的和美好少年!"

"和而不同,乐学共进",育才小学以培养社会主义建设者和接班人为己任,育才小学的教师们始终牢记这一使命担当,珍惜这个伟大时代,做教育第一线的奋斗者。

以文化育和美,以和美迎未来。无论什么时候,每一位育小教师在教育教学工作中,都时时想到国家,处处想到人民,为终身教育发展奠基,力求以实际工作成果不辱时代使命,不负人民期望,办人民满意的教育!

海阳市方圆学校

海阳市方圆学校成立于1996年，2010年迁校于新元街42号，占地面积2700平方米，现有23个教学班，1094名在校生，68名教职工。近年来，学校认真贯彻党的教育方针，积极推行品质教育，以打造"智行"教育品牌为中心工作，确立了"广博周备、品正方行"的办学理念，形成"崇真尚礼、求实创新"的校风、"文明守纪、乐学善思"的学风、"爱生正己、博学敬业"的教风，努力把方圆学校打造成一所学生成长的乐园、教师发展的精神家园、文化传承与发展的圣地。学校先后获得"山东省课程与教学实验基地""烟台市优秀实验学校""烟台市教育科研工作先进单位""烟台市教育教学工作先进单位"等省、市级荣誉称号。未来的方圆学校将继续与时俱进、追求卓越，为铸就志存高远、德才兼备的师生队伍而不懈努力。

"智行"教育提品质　知行合一育英才

——海阳市方圆学校"智行"教育品牌建设纪实

走进方圆学校大门，"智圆行方"四个字赫然醒目；步入教学楼里，或方或圆的各种元素不经意间捕捉；轻轻地走进教室里，方和圆已经不再是简单的形状，而是渗透在每一个细节的装饰中；而当你真正走到这所学校的教学管理中心，你会惊讶地发现，方、圆已经深入每一个教育细节。

方圆学校的一切教育活动以"心小、志大、智圆、行方"为核心，即心思谨慎重细节，心胸开阔树理想，智慧圆通品行端。为落实这一核心理念，学校在教育教学活动中以学生习惯培养为依托，以道德教育为抓手，以深度学习智慧课堂为引领，努力打造"智圆行方"的教育品牌，培养知行合一，德才兼备的时代新人。

一、理念引领促发展

老子曰："凡人之道，心欲小，志欲大；智欲圆，行欲方。"一直以来，方圆学校努力践行"智圆行方、方圆相济"的办学理念，将"方"和"圆"作为教育的出发点和归宿，培养博学行美的人，创建和谐自主的校。

"我们坚守'智圆行方'的理念，促进生命不断地生长、绽放与超越，用自己的勤勉与智慧创造出更加幸福的教育生活。"2021年9月10日，方圆学校校长高文军在教师节大会上的讲话给"智圆行方"品牌教育注入新的生机与活力。

熟悉方圆学校的人都知道，几年前，学校师生很少，甚至连专职教师都配不齐，促使学校实现发展的契机是在2013年开始的"多彩德育"的实施。从此，学校从集体活动入手，让学生们用积极向上的人生态度面对学习生活的同时，有了更深的团队合作集体意识。在德育的引领下，学校在2015年正式提出了"智圆行方"的教育理念，把培育"智圆行方"的未来公民为育人目标。从此，无论是课程还是管理，甚至是师资队伍培养，都有了崭新的方向。"当初只是一个理念的提出，让潜能生变优秀，让每一个学生脸上都有微笑，我们的'智圆行方'教育越做越贴合实际,学校发展越来越好。"这是学校副校长张涛对"智圆行方"教育力量发出的感慨。如今,学校已经有了 23 个班级、1094 名学生,学校的发展,周边的家长看在眼里,记在心上,愿意把自家的孩子送到方圆学校。

二、筑牢课堂促高效

教学是学校的核心工作,课堂教学是实施素质教育的主渠道。自"双减"政策实施以来,向课堂要质量的呼声,一浪高过一浪。因此,学校牢固树立向课堂要质量的意识,聚焦核心素养,积极探索基于"自主预习""主动倾听与有效对话"主题下的深度学习型课堂教学模式,实现学生由学会向会学,再由会学向乐学的转变,形成富有生机与活力的特色课堂教学模式。

研磨三大课型,构建课堂模式。经过多年的探索,学校形成了分学科分学段的深度学习要求,预习指导课、新授课、复习课几大课型也渐趋成熟。近几年,学校一直在研究、反思自身的课堂,并充分认识到课堂教学中只有主动倾听与有效对话,才能促进学生自主学习的兴趣和成效,才能建构富有生命活力的"学本"课堂。基于此,学校开启了构建基于主动倾听与有效对话的深度学习课堂研究与实践。在烟台市"基于学科核心素养的课堂教学改革"现场会上,学校承办了分会场,王洪学老师出示了语文观摩课,学科团队展示了"基于核心素养"的观课议课活动,学科领导做了发展核心素养的经验交流,受到与会专家和老师的好评。近几年来,学校有 6 人执讲省级优质课,36 人执讲烟台市级优质课,4 人获省级课程资源奖,12 人获烟台市课程资源奖,多人执讲海阳市优质课,并在学科研讨会上出示研讨课、示范课、公开

课。

开发校本课程，构建"智行"课程体系。"智行"课程体系体现在实践性、拓展性和创新性。基于"做中学"和"知行合一"的教育理念，学校一直致力于构建多彩校本课程，真正做到让孩子们在"做中学"。每周五下午两节课是孩子们最喜欢的校本课程，教师们集思广益，开展了国学经典、书法绘画、足球篮球、舞动校园、快乐英语、航模搭建等30多门校本课程。学校聘请校内外专家进行专业引领，扩大学生求知领域，使学生乐于所学，学有所成，全面发展。在乘着歌声的翅膀校本课上，一串串流动的音符陶冶了学生们的情操，开发了学生的音乐素养；经典诵读课程中教师带领学生在优美的音韵和富有情感的吟诵中亲近经典，传承国学文化；机器人教室里的小队员们，正在紧张地进行着比赛，一个个帅气的动作，令人目不暇接。精彩纷呈的校本课程充实着学生的生活，愉悦着学生的身心，发展着孩子们的个性，提升了学生的综合素质。

骨干引领，助推教师专业化发展。学校高度重视骨干教师队伍建设，为教师成长提供机遇和发展平台。通过校本培训、青蓝工程、主题教研等多种渠道和措施，提升了教师自身的专业素养和专业能力，教师获得了职业能量和职业幸福感。"静听劲竹拔节声，雏凤清于老凤声。"在"青蓝工程"中，师傅深入课堂，对青年老师进行听课指导。师徒结对磨课、组内同课异构、优质课评选等多各种活动为青年教师提供锻炼机会，展示成长的足迹。一批优秀的青年教师脱颖而出，后来居上，他们逐渐成为学校教学骨干和中坚力量。学校坚持每周一次学科主题教研，集中解决教师在实际教学中遇到的难题，分享成功经验，有效推动了课改进程。锐意进取的教师们用各自独特的教学风格收获着成功的喜悦。近年来，共有60多篇教育教学论文在国家、省、市级学术刊物上发表，辅导学生在各级各类比赛中多次获奖。

三、规范管理促提升

古语有云：矩不正，不可为方；规不正，不可为圆。科学管理出质量，人文关怀出成果，高水平的学校离不开高层次的管理。为了达到"依法治校""以德治校"的目的，使学校管理有章可循，有法可依，学校通过校委会、教师代表大会进一步完善了各项规章制度。与此同时，学校坚持把服务意识放在第一位，一切从师生发展的需要出发，为教师和学生提供高质量的管理服务。

学校在完善各项规章管理后，又把权力下放给师生。权力的下放让教育充满智慧与挑战,让学校充满生机与活力,改变了从前人管人的管理模式,形成了制度管人与人文关怀并行的管理方式。

多年来,学校一直坚持制度引领,规范办学,过程管理。在教师管理方面,学校致力管理团队建设,形成了以政教处、教导处、后勤处、党建办为龙头,以年级组督导为依托、以学科组建设为引领,以班级管理为重点的分项负责、分层管理、分线协作、分块考核的管理模式。将主持日常教育教学工作下放给各级部领导和教研组长,鼓励他们在真抓实干的基础上创造性地开展工作。在学生管理方面,学校组建学生自主管理稽查大队、纪律检查部、卫生检查部、路队检查部、体育检查部五大部门,每个部门制定了检查与督导制度,每天20多名小督查佩戴袖章,在执勤教师的带领下,各自履行自己的职责。走进校园,课堂学风浓郁,课间秩序井然,学生彬彬有礼,生活自主自理,整齐的路队、标准的两操、整洁的环境、文明的言行成为一道道亮丽的风景线。

四、以德育人提素质

人文环境塑造"智行"人格。俗语有云:近朱者赤,近墨者黑。一个积极健康向上的人文环境,深刻影响着学生个性的培养、心理素质的锻炼、知识的增长。学校在德育工作中,利用一切可以利用的资源,为学生构建积极向上的能量场域,充分发挥环境育人的作用。学校除着眼于学生目之所及,足之所至的文化长廊、宣传橱窗、黑板报、教室文化墙之外,还坚持"阵地"教育,利用校园广播、少先队文明岗、综合实践教育基地、红色教育基地等,把"智行"教育落实到每一细微之处,把做人的基本道理逐渐内化为学生端正的品行。

德育活动培养方正品行。学校始终把德育工作摆在首位,通过系列教育活动,培养学生良好的品行习惯。从培养学生做人开始,对学生进行系统的文明礼仪、行为习惯、心理健康、法制安全等教育活动,塑造学生健全人格。从宏观布局,从细节入手,对学生文明礼仪习惯、劳动卫生习惯、学习习惯、体育运动习惯等细微方面进行严格要求,以培养学生良好的行为习惯。学校以各类习惯明星班级、习惯明星少年评选为依托,对学生进行人格教育和品行养成教育。同时,学校以形式多样、内容丰富的德育实践活动为切入点,让学生在活动中培养方正品行。如国旗下讲话、主题班队会、传统节教育、法制教育、安全演练、大队风采展等活动提升学生道德认知。学校以一切可以利用的节日为契机,组织学生参加爱国合唱比赛、朗诵演讲比赛、队列体操比赛等主题活动,培养和丰富学生的道德情感。学校以学生的自我管理为行动点,充分发挥他们的自主能动性,发挥模范岗、小哨兵的作用,让学生在班级中、在学校中进行自我管理,正是在这种自我管理中逐步形成行动的自我内驱力,达到塑造学生的道德行为的目的,做到知行合一。

家校合力育"智行"少年。 道德教育不仅是学校的责任,同样也是家庭的责任,乃至全社会的责任。基于这样的共识,形成了以学校为主导,延伸家庭,辐射社会的三结合德育网络。学校把学生的德育工作落实在每一天的学习与生活中,强化在每一项活动中。近年来,学校着力发挥劳动育人作用,不但在学校中开设特色课程,还与家长联手,鼓励孩子们从简单的打扫庭除开始,感受劳动之美。方圆学校从小处着眼,细微做起,把道德教育外化在真实可感,触手可及的一言一行中。

"志于道、据于德、依于仁、游于艺。"未来,方圆学校全体师生将牢记先哲圣训,秉承"智圆行方"的发展理念,以更加开放、向上的精神,追求卓越,改革创新,让每一个生命都绽放精彩。

海阳市亚沙城小学

　　海阳市亚沙城小学是第三届亚洲沙滩运动会在海阳成功举办之后，由海阳市委市政府投资兴办的一所新校，于2014年9月1日投入使用。学校现有22个教学班，在校师生1000余人。近几年来，学校坚持把打造"德馨"教育特色作为学校的首要发展目标，坚持"德能并修，追求师生自主和谐发展"办学理念，以"问题导学"生态课堂为抓手，全面培养师生关键能力，提升核心素养，形成了"因势利导、明理启慧"的教风，"读万卷书、行万里路"的学风以及"兼容并蓄、尽责奉献"的优良校风。2017年12月，学校被评为首批"海阳市教育科研基地"，2018年9月荣获海阳市教学工作先进单位荣誉称号。

德能并修　和谐共进

——海阳市亚沙城小学"德馨"教育品牌建设纪实

在钟灵毓秀的海晏山下,闪耀着一颗璀璨的教育明珠。这是一个成全生命的乐园,每一朵鲜花都绚丽绽放,每一片绿叶都摇曳生机,每一扇门窗都开启了师生自主和谐发展的希望……这就是美丽如画、蓬勃发展的海阳市亚沙城小学。

海阳市亚沙城小学是第三届亚洲沙滩运动会在海阳成功举办之后,由海阳市委市政府投资新建的一所市直学校,占地90多亩,可容师生2200人。现有教学班22个,1000余名学生,61名教职工。学校认真贯彻国家教育方针,全面推行素质教育,努力提高教育质量,经过全校师生的共同努力,现已发展成为一所学生乐学、教师乐教、家长满意的高品质学校。

一、文化育人,养品性之善

步入学校,一幢幢现代化楼房错落有致地分列校园中轴大道东西两侧:幽雅耸立的教学大楼、功能齐全的数字化教室、藏书丰富的图书馆、标准化的田径场、窗明几净的环保食堂……舒适怡人的校园环境充满着勃勃生机。

"勤学慎思　砥德励行""德融于心　智践于行""继往纳新　润泽生命"一幅幅外墙标语,一排排文化专栏,透溢出浓郁的文化气息,激励学校师生立德修身、开拓创新,塑造崭新卓越的自我。

学校景观以大海为主题元素,整体设计以亚沙会吉祥物"海海""阳阳""沙沙"的蓝色、黄色、红色为主色调,彰显大海博大宽广之视界、海纳百川之胸怀,是学校对"开放、创新、拼搏、卓越"的亚沙精神的弘扬和传承,以此激励亚小人乘风破浪、奋勇前行。

走进楼内,廊道、墙壁、室内各大板块的主题文化尽显风采。"仁、义、礼、智、信"楼层主题,诠释了"崇尚礼仪,立德修身"的优秀中华文化。每一幢楼房园舍,都与学校的精神追求、理念文化紧密融合、相得益彰,浓郁的文化馨香,给师生以心灵的陶冶、智慧的启迪。

二、课程统整,创生命之美

亚沙城小学秉承"德能并修,追求师生自主和谐发展"的办学理念,结合海阳地域文化丰富厚重的特点,坚持立体、开放的大课程观,开发了基于地域资源整合的"海蕴"校本课程,开启谱写生命之美的新篇章。

基于地域物化资源开发的基地展馆课程、基地劳动实践课程和亲近自然休闲课程,让孩子们走进亚沙展馆、海晏山、湿地公园、金鼎葡萄酒庄……师生在研究和实践中,开阔视野、愉悦身心,激发了孩子们热爱家乡,赞美家乡的情感。

基于地域文化资源开发的非遗文化课程、特色文化课程、海阳大秧歌、海阳剪纸和海阳沙画,让孩子们感受到秧歌的粗犷奔放、剪刀下的惟妙惟肖、细沙的灵动美丽……

借力地域人力资源与胶东少年军校联手开发的少年军校课程,让孩子们在队列集训、自理自护、野外生存、抗挫折训练中磨炼意志,体验军旅人生的刚毅与顽强。携手博远教育与海阳电视台联合组织"童年印象,亲子活动"项目,定期开展户外拓展、亲子体验活动,为学校校本课程实施注入了新的激情与活力。

除此之外,学校还将国家课程校本化,开发了语言素养类课程:绘本阅读、经典诵读、情景剧展演等;艺体素养类课程:舞蹈、声乐、书画;劳动技术素养课程:种子画、丝网画、布贴画;人文素养类课程:节日主题课程、行为礼仪课程等。为学生提供了追求个性、培养特长、锻炼能力、提高素质的发展平台,培养了学生勇于实践、敢于创新的科学精神。

海蕴课程开发实施的研究成果——《海蕴课程与小学生核心素养发展的策略研究》于 2017 年 3 月在山东省教育厅主管的《现代教育》发表;《烟台教育》2017 年 11 期封二、封三也对学校海蕴课程实施典型经验做了专题介绍。

三、课堂重构,求学问之真

课堂改革是教育一个恒久课题。近年来,学校不断创新教学、改进课堂,试图研究出一种适合师生生命自由成长、和谐发展的课堂教学改革之路。中国学生发展核心素养研究成果发布，明确了教育要培养"全面发展的人"。"立德树人"育人目标要真正落地，必须重构课堂，让课堂萌发蓬勃的生命力，成为师生学海求知、演绎精彩的舞台。经过多年的实践探索，学校不断优化课堂建设思路，重塑课堂教学价值取向，由关注知识、技能习得转向核心素养培养，开启了核心素养取向的"问题导学"课堂建构之路。

核心素养取向的"问题导学"课堂，以问题为核心，激活学生思维，引发深度学习，实现情智共建。课堂以"探学""展学""省学"三大板块为基本结构，以"问题统领""深度对话""评价驱动""素养取向"四大实施策略为主要特征，突出以生为本，学为中心，走向深度对话，指向核心素养的学评教一体化教学。实施"三研一训"研修推进策略，采用"文本研读""课例研讨""微格研修""主题培训"等形式，深入课堂，把脉课堂，扎实开展"问题导学"课堂研究活动。

岁月穿梭，四季更迭，春华秋实。如今，海阳市亚沙城小学焕然一新，学生学力素养不断提升，呈现出积极向上、活力四射的生命状态。教师教学理念不断更新，专业能力发展迅猛，学校课堂教学水平不断攀升。连续年来，陆续有20余位教师在省市级优质课比赛中获奖，多篇论文发表在省市级刊物上，7名年轻教师入选烟台市首届教坛新秀。

四、课题精研，强善教之师

三尺讲台育桃李，德能并修铸师魂。"乐教"为德，"善教"为才。学校为打造乐教善教、德才双馨的教师队伍，倡导课题精研，提速教师专业成长。学校现承担了"基于地域文化的校本课程开发研究""小学生体验式阅读策略"等6项省市级教学研究课题，"利用校园电视台提高小学生德育素养策略研究"1项国家级信息技术课题，"小学高年级情绪调控策略研究"1项烟台市"十三五"心理学课题。

搭建平台，助推成长。教师们在学校主办的"主题阅读读书沙龙""学本课堂教学大比武""课例研讨评点""主题教研讲学""德馨教育大讲堂"等活动中，展现深厚的文化底蕴和德才双馨的精神风貌，体验成长的快乐，遇见最好的自己。学校德馨教师评选表彰活动，是对每位亚小教育者热爱教育事业、不懈追求、勇攀阶梯的高度肯定与赞扬！

典范教师，激励成长。教师们围绕课题潜心研究，大胆探索、勇于创新，静心阅读思考，勤于写作积累，不断实现自我超越。多年来，涌现出一批特色鲜明的研究型教师。孙翠老师在海阳市第四届教育科研工作会议上执讲"在文化传承中成长"，得到与会人员高度认可；烟台市首届综合实践教育特色项目推进会上，成蕾丽老师成功推出了公民教育课"关于校车运行机制的研究"，2017 年 5 月在中国教育学会教育管理分会"中小学特色实践课程建设与管理""十三五"规划课题培训会上再出新课"激情亚沙　神奇沙画"；梁雪洁老师，勤奋好学、积极上进，已成为一名数学课题指导骨干成员，她的课题被立项为山东省教育教学课题；宋军丽老师因对写作情有独钟，成为《海阳教育》特邀编辑，并作为专业写作的指导教师在市教科研会议上进行专题讲座。

专家指导，引领成长。学校青年教师迅速发展，得益于区域内专家指导引领。先进学校实地考察，"影子"培训学习，区域教研共同体，都受到了专家科研引领和专业指导。海阳市教研室小学室姜萍主任、张建华副主任，骆本强、王竹芝老师经常到学校指导学科教学；科研室负责人李云辉来校开展多轮次的课程、课堂、课题指导与培训；综合实践教育处张敏副主任，也多次指导学校的综合实践教学。这些活动既高位引领，又下接地气，与教学实践紧密对接，强有力地助推了教师专业发展。

弦歌不辍，声声传捷；不忘初心，方得始终。每位亚小教育者怀抱对教育的深情，对学生的挚爱，用心教书、用爱培育这片心旷神怡的求学乐土，汇聚一路桃李芬芳。"耕耘已绿新春雨，千帆竞发驭长风"，在追求师生自主和谐发展的路上，亚小人任重而道远。学校将步履坚实地沿着既定的发展路径，紧抓机遇，开拓创新,不断提高育人质量,为积极创建特色学校,打造优质教育品牌而不懈奋进、拼搏!"德能并修,和谐共进",亚沙城小学的教育航船,风正帆悬,勇往直前!

海阳市方圆街道办事处中心小学

　　海阳市方圆街道办事处中心小学1984年建校,是慈善总会定点救助留守与贫困儿童学校,山东省太平洋希望小学。近几年来,学校以打造"尚美"教育品牌为中心工作,践行"和谐奋进"校训,秉承"求真向上　向善尚美"的校风、"团结协作　严谨治学"的教风、"自主学习　快乐成长"的学风,凝心聚力,务实笃行。学校先后被授予山东省学校文化建设重点研究基地、烟台市级规范化学校、烟台市安全文明校园、海阳市教育系统先进基层党组织、海阳市先进双管单位、海阳市少先队工作先进集体、海阳市最佳慈善义工组织等荣誉称号。

从心出发　向美而行
——海阳市方圆街道办事处中心小学尚美教育纪实

松柏挺拔,玉兰飘香,青草逶迤;楼宇岿立,大道昭昭,书声琅琅……这里是海阳市方圆街道办事处中心小学的美丽校园。

美洋溢在校园的一砖一瓦,一花一树,一师一生中。岁岁年年,朝朝暮暮,渗透在校园的每一角落,荡漾在每一位师生的心中。

2015年方圆街道办事处中心小学提出"尚美教育"理念,倡导方正做人,圆润育人。从"尚美文化、尚美课程、尚美课堂"三个维度着重发力,努力实现"让教育成为'美'的事业"这一朴实愿景。近年来,学校又借助新时代品质教育东风,促进学生核心素养发展,齐心构建教师留恋、学生向往、家长满意的品质学校。

尚美文化:多元发展　能知能行

学校以"方正"做人、"圆润"育人为出发点,教人"求真、向上、向善、尚美"。通过正德涵养道德之美,正体保证健康之美,正智厚积学习之美,正艺绽放艺术之美,正劳体验劳动之美,促进学生德智体美劳全面发展,为学生终身发展和未来幸福奠定基础。所以在海阳市方圆街道办事处中心小学,随处可见学生足球场上挥汗如雨,武术课上一决雌雄,棋乐园里逐鹿楚河汉界,文化课上你追我赶,劳动实践基地里劳而不怨……尚美学生时时处处感受美、欣赏美、创造美。

从党建活动室到红色革命基地,学校开展内容丰富、形式多样的党建活动,理论武装激发党员教师活力。通过构建"红色铸魂五个一"教师队伍教育课程(即讲述一个红色故事、写好一篇师德征文、参加一次义工服务、帮扶一名特殊学生、上好一节红色教育课),打造尚美党员教师。从教研组到魅力课堂,教学研一体化发展。党员教师兴致勃勃带头搞教研,优秀教师津津有味上示范课,年轻教师乐此不疲地研磨课……一位位尚美教师正向高素质、专业化奋进。仰取俯拾，2021年王晓娜等教师在海阳市教学大比武比赛中获得优异成绩，满载而归。

尚美课程：大道昭昭　向美而行

尚美课程引领学生多元发展。"我喜欢做大课间的武术健身操，既能锻炼身体，又可以学习传统文化。""我最期待每周五的象棋兴趣小组，下象棋的时候感觉时间都变慢了。""每天看着劳动实践基地里我们和老师一起种的作物有了新变化，就很有成就感。"学生们兴奋地说。近年来，学校开发融体育、传统文化、美育为一体的"国学武术操"，在劈掌冲拳中调动学生参加体育活动积极性，锻炼学生身体素质，养成阳光心态；建立劳动实践基地，展开春耕活动，引导学生走出教室，走出书本，在自然中劳作，在生态中探究，培养劳动观念，锻炼意志品质；开设剪纸、航模、象棋、足球等多彩课程，给学生提供丰富的课程选择，让学生兴趣特长得以协调发展。

尚美课程引领家长智慧教育。"听了今天的讲座，我对家庭教育有了深刻地认识。感谢学校给我们家长提供这么好的学习机会！"这是一位家长在听了教研室姜萍主任《支持孩子爱上学习》专题讲座之后动情的感叹。"老师来家访，通过交流，我能感受到老师对孩子的关心和爱护，我真的很感动，感谢学校！"这是家访后学生家长的肺腑之言。此外，学校还成立家长委员会，加强家校联系，拉近家校关系，随时为家长育儿"排忧解难"。

尚美课堂：革故鼎新　相得益彰

自提出尚美教育以来，学校采取课程重构、内外资源整合、教育形式拓展等综合措施，以学生的需要为出发点，关注每一名学生的差异性，致力于寻求尚美课程新生长点，让学生在有质量、有温度的教育环境中多元发展、多彩绽放。

尚美课堂提升学生核心素养。碰撞思维火花，建设魅力课堂。道德课上，教师别出心裁地设计了"微辩论"环节，学生们脑洞大开、思维活跃，人人都是学习的主人；数学课堂上，学生们争做小老师，积极主动投入学习中……这是

"尚美课堂"的一隅所见。"尚美课堂"以研究为抓手，突出精神引领、学习为本、思维关键三个维度，把学生放在课堂中心，以提升学生核心素养为旨归。

多元评价激发学生潜能。2020年，学校构建了习惯养成课程体系。开展"碎片化时间段"微课程建设，设立八大课题，从课程目标、课程内容、规则与礼仪的训练要求、评价标准四个方面一一细化，对学生进行细节训练，最后上升到尚美文化精神层面。评价多元化，且重视过程性评价、发展性评价，以激发学生潜能。一树百获，学生中的"尚美之星"层出不穷。

爱因斯坦曾说："照亮我的道路，并且不断给我新的勇气去愉快地正视生活的理想，是善、美和真。"如今，在"尚美"教育引领下，师生幸福感、家长满意度大幅提升，学校向心力、凝聚力不断增强。面向未来，学校将更加主动作为，让尚美教育建设进一步助力高品质发展。

海阳市方圆街道办事处中心小学，从心出发，向美而行。

海阳市凤城街道中心小学

　　海阳市凤城街道中心小学东西校区分别坐落于凤城街道和旅游度假区，南邻黄海，北靠凤凰山，倚山面海，风清气爽。学校现有28个教学班，70名教职工。学校人文底蕴深厚，有全国优秀教师1人，山东省优秀教师1人，山东省特级教师1人，多人获烟台市级荣誉。多年来，学校始终坚持"凤品教育——拥有美好品质"的办学理念，以"发展学生核心素养，成就教师专业幸福，促进学校品质发展"为宗旨，创设"凤品"校园文化；依托"五色凤品"课程体系的建构与实施，打造"凤品"课堂，落实立德树人根本任务，培养德、智、体、美、劳全面发展的"凤翔少年"；在"用心做事，追求卓越"的校风中，促进学校品质发展。

发展核心素养，塑造美好品质
——海阳市凤城街道中心小学"五色凤品"课程建设纪实

多年来，海阳市凤城街道中心小学始终坚持"凤品教育——拥有美好品质"的办学理念，以"发展学生核心素养，成就教师专业幸福，促进学校品质发展"为宗旨，依托"五色凤品"课程体系的建构与实施，落实立德树人根本任务，发展学生核心素养，培养德、智、体、美、劳全面发展的"凤翔少年"；积极打造个性发展、以强带弱、优势互补的雁式教师团队，在携手共进、助力高飞的团队"共振"中，锻造合作创新的"凤美"教师；创设"凤品"校园文化，打造"凤品"课堂，在"用心做事，追求卓越"的校风中，促进学校品质内涵发展。烟台市教科院管锡基院长曾对学校课程建设给予高度评价："凤城小学课程建设是烟台市的一个标杆，值得推荐和学习。"

一、追根溯源，锚定育人目标

《小学绀珠》卷十中有言："凤象者五：五色而赤者凤；黄者鹓鶵；青者鸾；紫者鸑鷟；白者鸿鹄。"凤城小学依托凤凰文化，以五色凤凰为具象，以凤凰美好品质为内涵，提取凤凰"红、黄、青、紫、白"五色寓意，创设"五色凤品"课程体系，主旨为培养学生立德向善、启智求真、健体强身、尚美乐艺、悦劳长技的优秀品质。通过国家课程的校本化实施、校本课程的体系化开发、学校活动的课程化建设，关注学生核心素养，全面落实立德树人根本任务，最终实现学校"发展核心素养，拥有美好品质"的育人目标。

五色凤品课程包括五大课程群，即红色立德课程、黄色启智课程、青色健体课程、紫色尚美课程、白色悦劳课程，总体架构为"三级五维"模式。"三级"指的是基础性课程（国家和地方课程）、拓展性课程（校本课程）、特长课程（活动性课程），基础性课程保障学生全面成长，拓展性课程促进学生多样化发展，特长课程满足学生个性化成长需求。"五个维度"指五色课程群分别指向德、智、体、美、劳五方面的育人目标。"五色凤品课程"是基础性课程、拓展性课程双线并行又相互交融的课程体系，整个课程结构呈现出立体式、多维度、全方位的特色，促进了学生全面而有个性的发展。

二、课程架构,凸显育人途径

红色立德课程。红色寓意"吉祥""革命"。红色立德课程立足传承优秀传统文化和发扬爱国主义两个出发点,通过开设"家国情怀浸润课程""礼仪养成课程""生命成长体验课程",将国家德育课程与学校德育主题教育活动、专题特色活动紧密结合,全面培养具备家国情怀、继承中华优良传统、形成良好品行习惯的涵养少年。

青色启智课程。青色寓意"深邃""探索"。青色启智课程通过开设"慧心诵读""数学悦思""科技启智"等课程,为学生们在深邃广阔的知识天地里畅想遨游、探索发现、开启心智插上飞翔的翅膀,使之成为具备科学思维、理性思考能力、探索创新精神的智慧少年。

黄色健体课程。黄色寓意"活力""收获"。黄色健体课程通过开设"自励操""阳光体育课程""心理健康讲座"等课程,增强学生身体素质,关注学生心理健康,使之成为身心健康、具有坚韧品质和阳光向上风貌的活力少年。

紫色尚美课程。紫色寓意"炫美"。紫色尚美课程通过开设剪纸、版画折纸、彩泥画、编织、十字绣、书法国画、海阳秧歌等民俗童趣课程、墨韵飘香课程、歌声舞韵课程,意图让学生在认识美、感受美的过程中发现美、创造美,成为具备艺术感知力、表现力、创造力以及审美情趣和情操的尚美少年。

白色悦劳课程。白色寓意"干净""整洁"。白色悦劳课程通过"班级整理课程""岗位体验课程"等,培养学生的劳动兴趣,磨炼学生的意志品质,使学生成为善于动手实践、热爱劳动、知行合一的勤劳少年。

三、课程实施,落实育人活动

基础类课程,凸显学生的全面成长。在基础类课程中,学校注重夯实基础,凸显整体育人的理念。依据学科课程标准,通过分类、拓展、补充等方式,将目前的课程再加工,进行高水平的校本化实施。从整体入手,以基础类课程为主体,体现"一体多维"的课程设置思路。

以语文学科课程的校本化实施为例。"一体"指部编语文课本,"多维"指"慧心诵读""养心阅读"等课内外多维阅读体系,旨在保证学生阅读的广度、高度和深度,落实"一体多维"的大语文观。在课程设置上,每天设有15分钟的养心诵读课,每年级都梳理出了必背篇目,经过多年总结、积淀,出版了《养心教育经典诵读》校本教材。每周还有一节30分钟的校外阅读课,进行"1+x"读书工程,"1"是每个月必读的同读书目,收录在校本教材《国学经典诵读》里,"x"是与这本书内容相近的自主选择书目,可以自己购买,也可以从学校图书馆借阅。布置阅读前,教师先进行导读,之后学生回家进行自主阅读,读完必读书目的学生,可以自行选择"x"里面的书目进行拓展阅读。每月学生们进行读书分享,分享采用的形式各不相同,包括手抄报、作文比赛、演讲、情景剧等。"一体多维"阅读体系极大地提高了学生的阅读量,提升了学生的阅读水平,拓展了学生的知识面和视野。"腹有诗书气自华",在2020年山东省抗疫征文比赛中,学校共获得省级一等奖3名,二等奖2名。结果公布后,获奖学生家长激动地说:"是学校的大量阅读为孩子的写作插上了腾飞的翅膀!"其实,这仅仅是学校利用基础类课程撬动学生全面发展的一个缩影,多年来,夯实学生基础,凸显学生全面发展的教育教学思路一直在引领着学生健康、全面、快乐地成长。

拓展类课程,促进学生的多样化发展。拓展类课程主要是通过开设多种类、多层次的课程,拓宽学生的视野,丰富学生的认知体验和情感经历,促进学生的多样化发展。如红色立德拓展课程中开设了家国情怀浸润课程,让学生在红色经典诵读中生成爱国、爱家的美好情感;礼仪习惯养成课程使学生在优秀礼仪习惯养成过程中注入爱家、爱社会的美好情愫;在队列比赛中养成规则意识,培养团队意识,树立集体荣誉感。

另外,在实施课程育人的过程中,学校将教育活动放置在课程的层面上加以构建和组织,使学校活动释放更大的教育价值,产生更优的教育功效。

活动方案课程化。主要做法是将活动方案转化为课程方案,将活动目的转化为课程目标。如将读书节活动方案转化为读书节课程,其目的是增加学生的阅读量,提高学生的阅读能力,丰富校园文化氛围。

常规活动主题化。将平时开展的常规教育活动冠以明确的主题,使教育的目的性更强,形成教育主题系列化。如以"感恩教育"为主题的"我为父母做道菜"活动、班级义卖活动、城市小义工活动等。

主题活动系列化。围绕着一项主题开展系列活动。比如,学校曾推出"传承红色经典"的主题式课程,设置了诵经典:开展"我心中的红色经典"诵读比赛;绘经典:用画笔画出心中的革命形象;唱经典:举办社区"唱首歌儿给党听"歌唱比赛。

"一花独放不是春,百花齐放春满园。"学生的多样化成长有效促进了学校的品质内涵发展,比如学校的习惯培养课程,从入校路队习惯、早读习惯、课间路队习惯、文明就餐习惯等,从点滴间、细微处培养学生的习惯养成,这种文化的浸润在孩子幼小的心灵深处种下了良好习惯的种子,凸显了学校"五年习惯,阳光一生"的习惯培养课程理念。为此,学校在2021年小学室组织的经验交流会上进行了典型经验交流,兄弟学校也多次组织领导和教师到学校交流学习。

特长类课程,满足学生个性化需求。 特长类课程的开发和实施,力求在"精"字上下功夫,学校通过精准调研设计课程目标、精心设计课程计划、在课程内容上精益求精,以满足学生个性化需求。根据各年龄段学生的身心特点和兴趣爱好,开设了学科扩展类、艺体特长类、手工制作类等内容丰富的课程。每学期开学初学生根据自己的兴趣和爱好选择一门社团活动课,可以每学期进行调换选课,也可以长期坚持一门课程发挥所长。在实施中采用了走班形式,即在规定时间内,同一年级几个班的学生走班上课。对于社团活动和兴趣选修课程不能满足需求的特长型学生,学校还为他们成立了多个专业的校级指导教师队伍,利用固定的课余时间对其进行专业训练,提升学生的专业技能和专业素养。

尊重并利用学生的差异,满足学生的个性化需求,是学校孜孜以求的教育目标,特长类课程最大限度地满足了学生需求和学校的发展愿景。2019年六一儿童节上,学校进行了以社团成果展示为主要内容的节日庆祝活动,并邀请家长参观。节日现场,家长们都为孩子们精彩的展示而喝彩,掌声从开始到结束一直不断。三年级有一个小男孩平日里特别调皮,但他对刺绣非常痴迷,在那次展示中,当他的妈妈看到孩子站在舞台中央,大方而充满自信地介绍自己的作品时,霎时间热泪盈眶,她说:"老师,以前我从来没有发现我的孩子还能如此的优秀,在我的眼中,他除了调皮还是调皮,是学校给了孩子发展的机会和平台,给了我们对孩子发展的信心,感谢学校,多谢老师! 老师,辛苦了! "

回顾过去,我们踌躇满志立下宏愿;立足当下,我们拼搏奋进勇于担当;展望未来,我们必将中流击水浪遏飞舟,用"五色凤品"课程体系为海阳市新时代品质教育描摹出浓墨重彩的一笔。

海阳市龙山街道中心小学

　　海阳市龙山街道中心小学创办于 1981 年 8 月，于 2007 年搬迁至新校区，是一所环境幽雅、配套设施齐全的现代化小学。学校占地面积 47926 平方米，其中绿化面积达 17200 平方米，人均绿化面积达 62 平方米，可算得上是真正意义上的花园式学校。学校现有教学班 8 个，学生 276 人，教职工 32 人。学校秉持"五年习惯　阳光一生"的校训，以"让学校成为师生健康发展的乐园"为办学目标，坚持以"立德"为教育之本，努力营造"美德、健体、勤学、创新"的校园文化。学校先后荣获海阳市教学工作先进单位、教书育人先进单位、优秀基层党组织、绿色学校，烟台市规范化学校、安全文明校园等荣誉称号。

养成教育润童心　良好习惯助成长
——海阳市龙山街道中心小学习惯养成教育纪实

教育家叶圣陶先生指出"教育就是培养习惯"。走进龙山街道中心小学，"五年习惯　阳光一生"的校训便映入眼帘，在全面实施素质教育，落实立德树人根本任务中，学校始终秉持"五年习惯　阳光一生"的办学理念，围绕"党建引领、德育为先、抓基固本、阳光育人"四方面，落实习惯养成教育，促进了师生"规范＋个性"的和谐发展。

一、党建引领，习惯养成促发展

为提升学校教育教学管理的实效性，学校以党建工作为统领，实现党建与学校管理有机结合。在《围绕中心抓党建　抓好党建促发展》专题会议上李敏校长提出："在教育工作中，我们必须迎难而上，发挥党组织的领导优势，组织统筹，加强党对教育的领导和管理，深入开展细致的思想工作，共同为教育事业的发展贡献聪明才智，为教育的发展提供动力。"会议经过讨论确定了"养成教育润童心　良好习惯助成长"的教育主线，并确定将习惯养成教育与学校常规管理、日常规范要求、学科课堂教学、师德师风建设、校园内外活动、校园文化建设相结合。这一举措得到了全体教师的大力支持，学校一年级班主任李晓燕老师说道："在孩子的成长要素中，只有习惯是永远忘不掉的，而只有忘不掉的才是真正的教育。"

二、德育为先，主题活动促成长

德育是基础教育的重要组成部分，而习惯对于学生的品德形成至关重要，因此，学校在习惯养成教育中始终坚定德育的首要位置。在全方位多渠道推进习惯养成教育之时，坚持全面开展基于核心素养的"养成教育润童心　良好习惯助成长"主题教育活动，以养成良好的行为习惯、学习习惯、交往习惯、孝亲习惯等主题为抓手，每学期突出一个侧重点，分时段逐一推进，通过系列活动的开展带动习惯养成教育的实施，不断拓展和提升养成教育内涵。上学期学校增开了"孝亲作业"，鼓励学生坚持30天，每天为父母做一件事。学校四年级一班的由宇浩同学,坚持 30 天,每天给妈妈洗脚,家长反馈道:"感谢学校和老师的用心,让我从'不好意思'到'感动',让孩子从'完成任务'到'习惯',希望孩子从龙山小学开始,走好人生的每一步。""五年习惯　阳光一生"的校训,如同一面会说话的镜子,时刻提醒每一名师生,好习惯是成就人生的基础。

三、抓基固本,习惯养成我先行

没有规矩不成方圆,良好习惯的养成需要长期的、严格的、持之以恒的规范训练才能形成。为此,学校从以下几方面进行了落实。

开展一日生活常规展演活动。养成教育养成首先要从常规习惯抓起,学校重点训练学生入校礼仪、上下楼梯、自觉晨读、出操集会、课间行为、课桌椅摆放以及路队纪律等一日常规,对学生提出了统一要求,并组织展演。学校对优秀班级进行拍摄并录制视频,利用课间、班会等时间宣传播放,对学生加强正面教育,充分发挥榜样的作用,让学生产生"我要这样做"的教育效果。

组建"文明劝导队"。针对学生课间吵闹、奔跑等不良现象,学校采取自愿报名、班级筛选、长期培训的建队机制,创建了一支高素质的"文明劝导员"队伍。这支队伍充分发挥同伴的引导示范作用,纠正"红领巾监督岗"的权威管理,增强学生自身的光荣感和服务意识,为创建安全文明课间发挥了积极有效的作用。

开展"啄木鸟行动"。为加强对学生日常行为规范的监察力度,政教处定期开展"啄木鸟行动"。学校重点关注学生课间文明好习惯的养成,在检查课间文明习惯中分两种途径实施,一是在班级中开展,进行相互监督、纠正不良习惯;二是通过设点排查的形式查处违规同学,在学校反复监督检查之下,极大降低了一些不良行为的发生率。

学校采取一系列措施,既明确了习惯养成的标准,又调动了同学们养成好习惯的积极性。海阳市教体局副局长宋晓勇莅临学校指导工作时,看到学生在习惯养成中取得的各项成果时评价道:"教育就是要以人为本,让每一名学生都得到发展。"

四、阳光育人,持之以恒成自然

学校始终坚持以人为本、以生为本,创设全员育人、全程育人的环境,按照小处入手,细处着眼,强化训练,养成习惯的思路,设计了"好习惯早养成,文明礼仪我先行"的墙面文化,归纳整理了勤奋学习的习惯、遵规守纪的习惯、文明礼仪的习惯、养成自理的习惯和健康锻炼的习惯。此外,学校还将习惯养成细化为"六个九":九个学习好习惯、九个礼貌好习惯、九个安全好习惯、九个卫生好习惯、九个劳动好习惯以及九个饮食好习惯。五年级学生荆雅如在日记里这样写道:"每每从教学楼大厅走过,我都忍不住驻足观望墙上的展板,时刻提醒自己,我还有哪里没有做好,我还应该做好什么。"

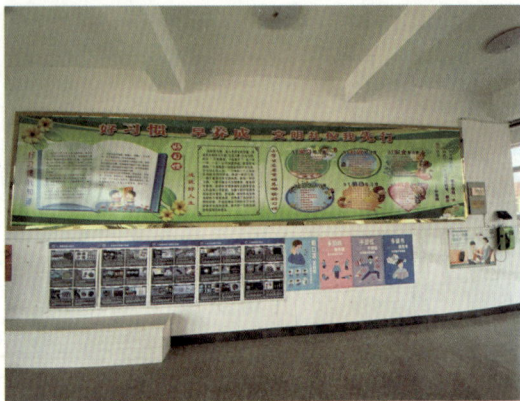

"少成若天性,习惯成自然。"在习惯养成教育工作中,我们将继续在"我们的事情现在就做好"的理念指导下,立足实际,潜心育人,让每一位学生得到发展,让每一位教师施展才华,让每一位家长收获希望,办让人民群众满意的教育。

海阳市留格庄镇中心小学

海阳市留格庄镇中心小学,于2018年9月从原校址搬迁至原海阳市第九中学旧址,现有教职工41人,学生369人,10个教学班。学校坚持以美育人,秉承"向真、向善、向美""三向"为核心的尚美教育理念,启动"慧美"课程、"智美"课堂及"和美"校园建设计划,向美而生,卓越前行。学生的合唱、舞蹈连续多年在海阳市艺术月活动中获一等奖;2020年以来6项学生综合实践活动成果在全市比赛中获奖;教师20多人次执讲海阳市级优质课;2名教师执讲烟台市级优质课;1名教师获烟台市教坛新秀称号。学校先后荣获"海阳市劳动教育先进单位""海阳市书香校园""海阳市诗意校园""海阳市特殊教育工作先进单位"等荣誉称号。

向美而生　卓越前行
——海阳市留格庄镇中心小学"尚美"教育纪实

老子说过：圣人无常心，以百姓之心为心。海阳市留格庄镇中心小学秉承"以学生发展为本"的教育理念，育时代所需之人、育全面发展之人、育面向未来之人、育健康幸福之人。向美而生，卓越前行。

一、以美通达，创建"和美"信息的管理文化

学校从实现"美"的管理入手，尝试运用全新的电子信息化的校务管理。教学管理信息化建设是一个既具有现实性，又带有超前性、开拓性的课题，对提高教学管理效率和管理质量，具有十分重要的意义。学校依托钉钉办公软件，初步探索学校信息化教学管理的方法，实现了网上请假、网上调课、网上公文、网上物品采购申请、网上数据填报与收集、网上图书馆、网云盘资源管理等等，简化程序，提高管理效率，实现管理上的和美通达。

"教师经常会因各种原因需要调课，原来的纸质调课单经常忘填或是事后来补，为避免这种情况出现，网上请假时必须要关联调课单，没有调课单，考勤领导不予准假。如果调课或请假成功，所有与之相关的领导老师都会知道，这样便于教师及时对其他学校工作做出相应的调整。"学校分管考勤的赵海强副校长满怀兴奋地说道。

分管总务采购的孙志新副校长说："实行网上物品采购审批管理，采购申请人提出的申请需将物品的规格、型号、价格、时间等信息填写完整，必要时可以附上照片，有了这些信息，给我们的采购带来极大的方便。"

二、以美启智，打造"智美"灵动的课堂文化

随着课堂教学改革的不断深入，学校致力于追求全体、全面、全过程的育人愿景，积极探索遵循教育规律和学生身心发展规律的"智美"课堂：安全、舒适、优美的课堂环境；民主、平等、和谐的师生关系；探究、合作、高效的学习方式；实践、创造、愉悦的情感体验。

结合海阳市品质教育新课堂建设行动方案和原有智美课堂的实际情况，学校又分别在语文、数学两大学科进行新课堂建设的探索。

语文"美读"课堂建设。叶圣陶先生说："所谓美读，就是把作者的情感在读的时候传达出来。"为了让学生能真正走进文本，学校确定让"美读"回归课

堂。经过两年的探索,学校初步确定了"情境导入,感知文本(问答对读、填空背读、创设情境读)——品词析句,细读文本(缩扩句设比读、填词设比读、文本变形读)——情感升华,赏析文本(营造气氛读、分角色朗读、剧本表演读)——读写结合,拓展文本(换句应用读、补白想象读)"四大版块 10 多种"美读"方法。"美读"课堂四大版块的主标题可视为某一教学环节的主要目标,"美读"方法则是完成教学目标的具体策略,开展"美读"课堂教学设计时,可按"目标标题 + 美读方法 = 美读教学设计"的公式来组织,做到心中有目标,眼中有方法。

"一篇篇美文,在孩子们或深情或激昂、或俏皮或温柔的诵读中,被演绎得淋漓尽致,精彩纷呈。""一段段精彩的诵读,一张张欢快的笑脸,一次次热烈的掌声……在抑扬顿挫的吟诵中,孩子们领悟到文章的内容美,语言美,意境美,情感美。"提起"美读",语文老师们赞不绝口。"美读"对孩子们的影响不言而喻。

数学"图思"课堂建设。小学数学核心素养的总体目标中指出:在学习数学和应用数学的过程中,"会用数学的眼光观察现实世界,会用数学的思维思考现实世界,会用数学的语言表达现实世界"。我们的数学"图思"课堂,就以情境图、示意图或线段图和思维导图"三图"引领学生的课堂思考,培养学生的数学思维能力。"图美"课堂的基本流程为:情境导入,以图导思—灵活运用,以图拓思—整理总结,以图反思。在教学中教师要设计情境图激发兴趣,用示意图说明方法,用思维导图展现思维,把复杂的问题简单化、抽象的问题直观化,让学生在轻松愉悦的学习氛围中感受到数学学习的奥妙。

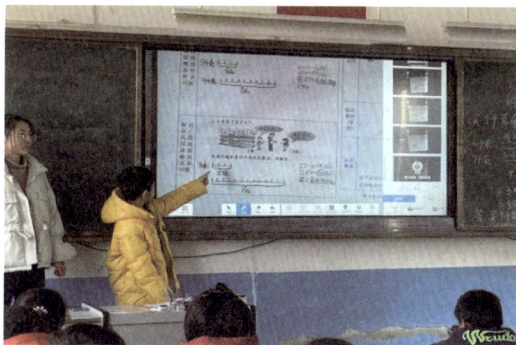

"借助图形教学,启发学生自主悟理、说理、明法,让我们的教学更轻松!"数学老师李竹寒自豪地说道。

三、以美引善,培育"尚美"特色的德育文化

德育的核心在于情感的共鸣和心灵的共振,为达成这样的共鸣与共振,学

校在积极创设丰富多彩活动的同时,以活动之美来推动学生的道德认识、道德理想、道德信念转化为道德行为,促进其人格的完善,达成以美扬善之目标。

建立科学规范的德育工作机制。学校以立德树人为根本任务,建立育人导师制。教职员工全员参与德育、全面关心学生健康成长,为每名学生确定导师,对学生的学习生活、心理健康、生涯规划等各个方面予以指导。同时,学校注重情感体验,探索德育实效性的"体验德育"教育模式,让学生在自主活动中体验、感悟道德境界,提高分析、判断能力,主动遵从道德规范,建设和美文明的校园。另外还形成学校、家庭、社区"三位一体"齐抓共管的德育工作机制,教师与家长坦诚交流,密切合作,共同实现并传播"爱""美""发展"的价值。

在这种德育工作机制下,老师、家长的教育心态都发生了很大的变化。

"当我真的静下心来与孩子真诚交流的时候,我发现孩子竟然是那么的可爱!"班主任曹英老师说。

"真的感谢老师对我家孩子的关心,以前对学校、老师的工作有很多不理解的地方,现在老师经常找孩子谈心,也经常就一些教育孩子的方法孩子与我们探讨,孩子变化真的很大!"二年级陈奕玮家长于辛说道。

开展行之有效的主题德育活动。学校以主题教育的形式,搭建多彩的"立美"活动平台,使育人的方式和手段多样化;开展丰富的节日课程和艺术活动,让"美"找到生根发芽的土壤,丰富"美"的意义,培育"尚美求真"的学生文化,形成独特的德育体系;重视从小处入手的养成教育。行为习惯的培养,于小处着眼,功在平时,以评比促进养成,发挥榜样示范作用,引导学生在日常学习生活中养成良好的文明礼仪行为习惯,培养学生的行为美;举办活跃的学生社团活动,激荡"尚美"风气。学校从学生兴趣出发,成立书画、舞蹈、声乐、足球、篮球、创客(3D)、课本剧、纽扣画、钻石画等20多个学生社团,鼓励他们参加自己喜欢的社团。

"没想到这些孩子竟然唱得这么好!"家长看到学校在班级群里发的庆祝

建党 100 周年的学生合唱视频,纷纷在群里点赞。

英语情景剧社团指导老师吕梦雅说:"几个小朋友组成一个群,练习小品、故事,有效锻炼了孩子们的口才和合作能力。"

新时代品质教育的宏伟蓝图已经绘就,学校党支部将在市教体局党组的领导下,全力拼搏,用"美"的文化奏响"美"的乐章,我们期待在尚美教育的引领下,每一个孩子都能拥有"求真""向善""至美"的品质,为未来人生的美丽绽放奠定坚实的基础!

海阳市核电装备制造工业园区中心小学

　　海阳市核电区小学地处海阳核电站北邻,是一所美丽的滨海小学。1929年建校,已有90多年的历史。2013年迁至新校区并于2015年4月更名为山东省海阳核电装备制造工业园区中心小学。学校现有10个教学班,在校师生370人。在学校党支部的领导下,学校被评为"烟台市教学工作先进单位""烟台市校本教研工作示范学校""烟台市小学教学示范学校""烟台市劳动教学先进学校""烟台市教育科研先进单位"。学校以"培德养正,悦智润行"的教育理念,打造以"悦读""悦行""悦动""悦情"四方面为课程主题的"尚悦"教育,建立以学校为主体、家庭和社会为两翼的"悦"文化德育体系,点亮学生幸福童年。

党建领航"尚悦"教育,点亮孩子幸福童年

——海阳市核电区小学"尚悦"教育品牌建设纪实

每一天这里有300多名师生共同迎接崭新的太阳;每一年这里都汇聚着600多名家长的殷切期盼;每一步都凝结着30多名教师的辛勤汗水,这里就是散发着蓬勃朝气的海阳市核电区中心小学。

学校以"培德养正,悦智润行"的教育理念,打造以"悦读""悦行""悦动""悦情"四方面为课程主题的"尚悦"教育,建立以学校为主体、家庭和社会为两翼的"悦"文化德育体系,点亮学生幸福童年。

一、红色阅读,最是书香能致远

"核电区小学的经典诵读,是红色基因教育的试金石。"2018年秋季全市教学工作现场会上,海阳市教育和体育局原副局长于建涛对学校的阅读工作给予了高度评价。

兴一方教育,从阅读开始。学校深刻认识到小学阶段阅读对于一个人幸福成长的重要性。因此在党建引领下,通过"悦读"课程,全校掀起读"红色故事"的浪潮,让学生养成喜欢读书的良好习惯。

亲子阅读打卡、故事分享会、师生共读交流会、批注阅读展示会、读书成果汇报会、阅读之星评选、书香家庭表彰……一系列的读书活动,针对学生年龄特点和知识储备阶梯式部署,形成了"成长式"阅读体系,通过循序渐进的读书活动来夯实学生的文化底蕴,打造翰墨飘香、高雅文明的书香校园,让书香成为校园的味道。

走进核电区小学,你可以看到"墙廊相呼"的书香环境,"诗韵古风"的阅读文化,"兰香相染"的阅读氛围。在"尚悦"教育的积淀下,孩子们的校园生活更精彩:学校自2014年开始连续7年获得海阳市"经典诵读"比赛活动的一等奖,"经典诵读"节目选材以红色主题为主,《花木兰》《八女投江》《中华游子情》等中华优秀经典诗词,被孩子们演绎得精彩动人。2018年8月经典诵读节目《精忠报国》更是荣获山东省第八届读书活动一等奖,学生的表

现异彩纷呈,充分展示了在党建引领下,核电区小学师生源远流长的底蕴和根深叶茂的生长。

二、知行合一,绝知此事要躬行

课间活动中,学生们兴味盎然地舞动手中的红旗,时而组成菱形,时而排成"田"字,时而旋转奔跑,感受着运动的快乐和集体的力量;研学活动中,学生们兴高采烈地感受着旅程的新奇,或是亲眼所见不曾见过的画面,或是听闻不曾了解的故事,或是记录不曾学到的知识,交流起难忘的研学之旅"白垩纪恐龙基地""虎头湾影视基地""留格茶园"……孩子们如数家珍;社团活动中,学生们兴致勃勃地制作着手中的作品,有时用柔嫩手指轻轻按压,有时用智慧的眼睛细细观察,有时与热情的小伙伴紧密合作,在动手的活动中获得快乐和技能。

这就是"悦动""悦行""悦情"课程的魅力! 通过体育活动来培养拼搏精神、强健学生的体魄;通过研学活动让学生锻炼性格、磨炼意志;通过社团活动让学生动手动脑、陶冶情操。

"看到全校孩子一起表演的红旗操,我都留下了泪水,实在是太震撼了! 为我的孩子骄傲,也为所有的孩子骄傲,更为学校骄傲! "这是五年级学生袁佳怡妈妈看了学校《相亲相爱》红旗操后真挚的感受。是的,动起来,更精彩。不闻不若闻之,闻之不若见之,见之不若知之,知之不若行之,学至于行止矣。"知行合一"的系列课程,让核电区小学孩子们的童年,快乐而精彩! 而这也将是能影响孩子一生的宝贵经历和财富。

三、师生同行,山登绝顶我为峰

党建引领下的学校不仅是学生成长的乐园,也是教师成长的沃土。校长胡生春十分注重青年教师的培养,总是不遗余力地为青年教师搭建广阔的发展平台。在学校课题《农村小学青年教师"三维一体"专业培养策略》的带动下,通过"导、带、训、谈"一体化的青年教师专业帮扶策略,"读、研、写、教"一体化的新教师专业促动策略,"展、赛、评、推"一体化的新教师专业激励策略,学校青年教师成长迅速,新教师在班级管理中能够很好地处理好师生关系,班级工作井井有条,得到了学生们的爱戴;从上不动课、抓不住重点、提不高成绩的阴霾中逐渐走出来,面对复杂多变的课堂,不再无所适从,能驾轻就熟、游刃有余地指挥调度。

年轻有为,硕果累累。近几年,学校中青年教师已立项省级课题两项,已经结题的烟台市级课题两项,两人荣获烟台市首届教坛新秀称号,多名青年教师执讲烟台市优质课,获得烟台市级荣誉称号,一人入选山东省优秀农村青年教师培养奖励计划。

"感谢老师对我的教育,虽然我即将毕业,但你们的笑容会永远留在我对母校的美好记忆中……"这是2021年2016级学生毕业典礼上张忆茜同学的发言,随后她便和妈妈一起送上了六面锦旗来感谢小学五年来曾经教育过她的恩师们。这是对核电区小学老师们的肯定和褒奖,也成为老师们向着更美好的教育方向前进的不竭动力。

回顾历程,展望未来,学校将"尚悦教育,点亮幸福童年"作为特色愿景,通过科学的宏观设计,以阅读为导向,打造良好习惯;以经典濡染品行,丰厚底蕴;以活动涤荡心灵,陶冶情操,为孩子们拥有幸福童年,教师拥有职业幸福感,坚定前行,筑梦远航!

海阳市郭城镇第一小学

　　海阳市郭城镇第一小学坐落于巍峨的林寺山脚下,学校始建于1982年,总面积为7800平方米。在上级领导的关怀和学校师生的共同努力下,历经40年的飞跃发展,目前有8个教学班,30余名教职工,在校学生226名。学校以"和合党建"为引领,坚持"和谐育人,合作成才"的办学理念,以"学生和乐,合作共长;教师和睦,合力共进;学校和美,合一共赢"为办学目标,着力建设"521和合高效课堂",培养学生的创新意识和创新精神,形成了鲜明的"和合"教育特色。学校先后被评为山东省"冰雪特色学校"、烟台市教育科研工作先进单位、烟台市安全文明校园,海阳市教书育人先进单位等。

和合党建领航,出彩教育扬帆

——海阳市郭城镇第一小学"和合"教育品牌建设纪实

郭城镇,地处海阳市北部山区,位于美丽的林寺山脚下。这里山清水秀,风景宜人,是烟台著名的水果之乡。这里是有着光荣历史的革命老区。1941年2月,胶东最高领导机关——胶东行政联合办事处在这里成立。抗日战争时期,八路军胶东军区司令部曾多次进驻郭城,许世友这个名字就是在这里开始响彻胶东大地,这里诞生了著名作家孙峻青、中国冶金物理奠基人孙珍宝博士、著名学者周绍贤等一代名人。郭城镇第一小学,就坐落在这片历史文化底蕴丰厚的土地上。

这里,是一方净土。走进校园,晨曦沐浴下的教学楼,迎风飘扬的五星红旗,教室里朗朗的读书声,会把你带回天真无邪的美好童年。这里是孩子们放飞梦想的乐园,这里是教师传道、授业、解惑的舞台,这里是学生探索求知的殿堂。在这片充满生机的热土上,我们在放飞着明天的希望。

一、创氛围,重熏陶,"和合"思想润校园

苏霍姆林斯基曾经说过:"跟人相关的一切都应当是美的,一个最好的学校连墙壁也会说话。"学校重视校园文化建设,积极营造"学生和乐,教师和睦,学校和美"的文化环境,让每一个置身其中的人都受到润物无声的教育和潜移默化的影响。郭城一小的校园里,"和合"文化充斥在校园的每一个角落。进入校园,抬眼便是"和合"二字的起源,

"和"取义和谐、和睦,是标准;"合"取义合作、合力,是方法。各种"和合"文化展示牌,让每一位师生在不经意间扎根"和合"思想,将"和合"思想融入学校每一个活动中。

在"和合"思想的引领下,学校围绕传统文化教育、民族精神教育、励志教育、安全教育等内容,发动学生利用所学知识与技能,创作了各具特色的走廊文化、楼梯文化、班级文化等。教学楼内,国学故事、知识长廊,让你得到智慧的启迪;安全提示、警钟长鸣,让你感悟生命的意义;书画展示、作品展览,让你一睹学生的风采。学校还建有"和合"绿园、"和合"探究室、"和合"美术室等,在这

里，每一个角落都充满了人文色彩，每一个细节都蕴含着教育的契机。窗明地净，书声琅琅，这里是学生健康快乐成长的家园。

二、塑师德，强师能，"和合"党建促发展

习近平总书记强调，加强党对学校工作的领导，加强和改进学校党的建设，是办好学校的根本保证。近年来，学校始终把党建工作摆在学校发展的重要位置，着力打造"和合"党建品牌，按照"抓好党建促发展"的工作思路，着眼实际、融入实践、追求实效，让"和合"特色党建与"和合"校园文化遥相呼应，将党建优势转化成为推动教育改革，提升教育教学质量，促进优质办学，实现创新发展的原动力。"和合"党建品牌体现在与时俱进、开拓进取、合力共进，2021年8月，学校在海阳市"先锋杯"党建金品牌大赛评比中，从50多家学校脱颖而出，荣获党建品牌"十佳金品牌"。

抓"和合"党员队伍建设，发挥党员先锋模范作用。"作为党员，我们就要带头做好表率，成为与时俱进的模范。"郭城一小党支部书记姜华福在一次主题党课中说。为使党员教师更好地服务群众，学校还开展了"和合党建五个一工程"，即：一个党员负责一个片区，干净为大家；一名党员联系一个班级，和谐你我他；一名党员关注一个孩子，照亮一小家；一名党员拉手一个教师，指引发展方向；一名党员选读一本刊物，搭建思想交流平台。在姜校长的号召与带领下，学校10余名党员在校内赛课、演讲比赛、主题教研等活动中总是你追我赶，为全体教师做好表率，发挥党员先锋作用。疫情防控期间，党员干部日夜驻校值班，或居家线上教学，或下沉社区参与防控，始终蹲守在抗疫一线，关键时期充分发挥了先锋模范作用。通过党员身体力行，用行动树立光辉模范，形成了一支"教师和睦、合力共进"的"和合"教

师群体。

抓"和合"党建活动载体,开创学校发展新局面。"我们是共产主义的接班人,继承先辈的光荣传统……"伴着熟悉的旋律,一年级少先队员激动地唱起中国少年先锋队队歌《我们是共产主义接班人》,期待着他们人生中第一次意义重大的时刻。近年来,学校不断挖掘主题党日活动内涵,丰富其形式。在入队仪式的重要时刻,学校党支部组织党员教师、团员教师、优秀少先队员代表一起为新队员们佩戴鲜艳的红领巾,寓意着在党旗的引领下,红领巾将飘扬在学生们的心中。历史见证初心,使命铸就未来。在"和合"党建的引领下,学校陆续开展了"走近许世友,争做好少年""凝心聚力学党史,砥砺前行谱新篇""红心向党,争做先锋"系列活动,有效实现党建工作和教育教学工作之间的有机融合,点燃了学校发展的红色引擎,以高水平党建引领教育事业实现高质量发展,完成了"学校和美,合一共赢"的办学目标。

抓"和合"教师队伍,追求合作奉献的作风。教师是学校的中流砥柱,只有拥有一支奋发进取、合力共进的教师队伍,一所学校才能真正发展。学校把"和合"文化建设与师德师风教育紧密结合起来,通过全员培训、学校例会、教职工大会等组织全体教职工认真学习党的教育方针和政策,严格规范施教行为,形成讲正气、讲合作、讲奉献的思想作风。积极开展"每周一读分享""班主任经验交流""我心目中的好老师"等活动,让广大教师立足岗位求作为,超越岗位求发展,不断推动学校师资队伍建设,从而形成了你追我赶、团结奋进、力争上游的教师群体。在家访活动中,姜校长带领班主任利用午休时间走家串巷,深入贫困学生家庭,把满腔的爱洒向学生;优秀党员、师德标兵、金牌班主任们个个孜孜不倦一心扑在教育教学上,深受家长尊重、学生爱戴。2021 年 12 月举行的全市小学教学大比武活动中,学校参与的语文、数学、英语、音体美等学科,全部取得了前三名的好成绩。

三、精细化,重实效,特色课堂助成长

"和合"特色课程体现在课程的基础性、独特性、适切性,基于培养德、智、体、美、劳全面发展的"和合"少年,郭城一小将国家基础性课程有效地优化整合,实现了国家课程的"和合教育"校本化。

以"和合"为理念引领课堂改革。"和合"教学是一个和生、和达的生命过程。"和合"教学注重协调各种对立因素,将不同的学习目标和内容有机协调、

统一在一个完整的教学过程中，使各种教学因素发挥最优的效能。为此，学校组织骨干教师开展课程整合，以国家基础课程为核心，拓展设计"和合"课程规划，开展了童声合唱、舞蹈、3D打印、播音与主持、魔方、七巧板、益智机器人、绘画、书法、田径、足球等选修课程，引领学生多元学习，让具有不同优势智能和不同兴趣志向的学生都得到充分的发展。在特色课程的引领下，学生在不同方面取得了长足的进步。近年来，每年都有十几名学生在海阳市书法绘画、演讲、英语口语等比赛中脱颖而出，也在烟台市级的各项比赛中取得优异的成绩。更令人自豪的是，学校有近十名学生荣获烟台市"书香少年"的荣誉称号。

以"和乐"为目标促进学生成长。为达成学生"和乐"成长的目标，让"和合"文化滋润着校园的每一个角落，郭城一小举行各类丰富多彩的活动促进学生成长。校园队列比赛、合唱比赛、体质测试等各类竞技比赛彰显着校园活力，展示着师生和谐；劳动实践基地与课程相融合，让劳动教育真正地落地生根，让学生通过自己的双手，真正感悟劳动可以创造美好生活。活动能使学生体验到失败的沮丧，增强学生的抗挫能力；也能使学生体验到成功的喜悦，驱动学生努力争取更多、更大的成功，学会正确面对失败与成功。在各种活动的锤炼中，郭城一小的学子们也在更健康、全面地成长与发展。到郭城敬老院为老人献上一支暖人的歌舞表演，到郭城金矿汇报演出自编歌舞《中华武功》，在海阳市艺术月评比中屡次名列前茅……风扫云散晴夜空，花香满园蜡梅红。学校也将继续以"和乐"为目标，以各类活动为抓手，促进学生健康、快乐成长，继续将学生培养成为有志向、有梦想、敢担当的社会主义合格的建设者和接班人。

四、重引领，担使命，红色校园育英才

"他一生忠勇辉煌；他性格刚烈正直；他洋溢着浓郁的传奇色彩。他就是我军卓越的指挥员、战功卓著的猛将——中华人民共和国开国元勋之一许世友将军！"伴随着铿锵有力的讲解，一名小小讲解员带领同学们走进了许世友将军在胶东的纪念馆。郭城一小拥有许世友将军在胶东的纪念馆等红色传统教育基地的地理优势，多年来，与纪念馆建立了长期稳定的联系，携手共进，积极开展"走近许世友"一系列红色研学活动。通过红色研学活动，大力推进红色教育进教室、进教材、进课堂、进教案"四进"活动，定期邀请讲解员入校，广泛开展学习革命历史、诵读国学经典、传唱爱国歌曲等活动，把爱国、爱党、爱校、爱家思想融入教育学生中去，学生的心灵得到了洗礼，爱国热情得到了进一步增强。传承红色基因，赓续红色血脉。学生在日积月累中锻炼了自身素质，学校的红色教育也取得了一系列成果。2021 年 5 月，五年级二班的于欣怡同学在海阳市第一届中小学生红色故事讲解大赛中取得了优异的成绩。

"问渠那得清如许，为有源头活水来。""和合"教育改革为学校的快速、高位发展注入了源头活水。今天，站在学校发展新的起点，我们将加倍努力，合力共进，努力打造合一共赢的校园，推动学校的教育教学工作再上新的台阶。

海阳市郭城镇第二小学

　　海阳市郭城镇第二小学，于1984年建校，原名战场泊中心小学。1996年改名为郭城镇第二小学，由著名作家峻青提笔挂牌。作为峻青大作家的故乡学校，东临林寺山，北环月牙湖，南接许世友将军胶东纪念馆，具有浓郁的红色革命传统文化底蕴。得益于政府加大对教育的关心投入，学校硬件设施得到相应完善，先后建设了标准化音乐教室、舞蹈教室、心理健康室、美术教室、录播教室等多功能室和师生餐厅、室外运动场。郭城二小通过几代人的奋斗，校园逐渐绿化、美化、净化，校容校貌处处彰显着教育人、熏陶人、引导人的成效。

红心乡党，"真爱"立人

——海阳市郭城镇第二小学"真爱"教育纪实

20 世纪 90 年代，学校曾经创造了全市教学成绩连年名列前茅的奇迹。21 世纪初，学校积极实施素质教育，学生的书写和体育锻炼成为特色。2009 年，在姜兰花校长的带领下，全校上下共同努力，郭城二小评为全市开放学校。2016 年，李文纯校长作词、马伟凤老师谱曲，创编了本校校歌《郭城二小，我们幸福奠基的地方》。

教育的秘诀是真爱。我们坚信，通过坚守真爱红心、研究真爱课堂、打造真爱教师、培养真爱学生，就可以收获一个师生教学相长的"真爱"乐园。

一、追随红色足迹，坚定"真爱"红心

自 2016 年开始，学校秉承真爱教育理念，以"红心向党，真爱立人"为党建品牌，以"真、爱、和、乐"为校训，以培养"仁智相生，德才兼备"的学生为己任，树爱国志，怀感恩心，大力实施真爱教育，建设以爱为魂的校园文化，有效落实海阳新时代品质教育。

学校依托红色文化地域特点，深入挖掘红色文化资源。用许世友将军的红色革命精神来引领全体师生，切实强化党建引领，以党建带队建，连年组织"走进许世友胶东纪念馆，党员带队员携手共成长"系列活动，党员与队员共同缅怀革命先烈的奋斗历程和丰功伟绩，追随红色足迹，接受革命传统和党性教育。开展少先队系列教育活动，提升少先队活动的高度与质量，并以此强化学校德育，将学校打造成"红色摇篮"，切实坚定教师的红色教育初心，潜心培育全面发展的"红娃娃"。

二、夯实常态教研，打造"真爱"教师

学校以党员骨干教师带教研组，提升教学教研水平，倡导每个党员领导带动一个管理团队、带动一个学科教研的模式，在各自领域努力让每位教师都被

打造成"真爱"教师,推动学校整体工作协调发展;通过组建优化"青扬教师"团队,发挥名师名班主任的骨干引领作用,日渐夯实教师专业技能和良好的职业道德操守;致力于小组合作学习下的单元主题整合教学的研究,取得阶段性成效。以小组自主互助学习与差异教育为突破口,精细化与人文化管理相结合,培养学生良好的学习习惯与行为习惯,形成独特的办学特色与校园文化特色。在学科研讨中,及时交流、及时研讨和及时反思。在反思中成长,在研讨中提高。三年级的办公组长说:"精心研究课堂授课技能,人人将真爱带入课堂,努力践行高效的'真爱'课堂,让学生切实受益,真是太棒了!"

三、突出"育桃文化",做实"真爱"特色

依托校园植被和空地优势,人人参与劳动实践,经历育桃的各个阶段,逐步构筑学校特色"育桃文化",并总结提炼了育桃之魂—育桃之源—育桃之爱—育桃之美四个类别的"育桃文化"品牌课程。

宋倩主任带领学校综合实践骨干团队成员研究"育桃文化"品牌课程体系课题,围绕"价值体认、责任担当、创意物化、问题解决"制定了我校"育桃文化"品牌课程目标,确立了"育桃文化"品牌课程的内容,在此基础上围绕"育桃文化"开展自主体验式的"育桃文化"实施策略,学生在教师的指导下,参与修剪、嫁接、疏果、套袋、采摘等劳动实践活动和班级共享劳动成果、给孤寡老人送桃献爱心等实践体验活动。一位老人禁不住称赞:"孩子们种出来的桃子就是甜。这帮小孩子还真不赖!"二年级一位家长激动地说:"这项活动的开展真是太值了,我家孩子非常开心,告诉我'妈妈,我真体会到了一分耕耘一分收获的道理呢'。"

在参与劳动实践的基础上，实践团队又组织全校师生结合桃子品种进行了利用综合实践课积极开展"争做小巧手"手工制作创意实践活动，创作了多个品种各种样态的桃园桃树，将"育桃文化"由田园植入引进课堂，由校内延伸到校外。结合学生年龄特点采用自评、互评、师评等多元化评价方式，进而激发学生参与"育桃文化"实践的兴趣。

一路耕耘一路收获，学校"育桃文化"品牌特色的开展获得上级领导的一致好评，教师也获得专业化成长：2018 年和 2021 年宋倩主任被评为"烟台市综合实践先进个人"，执讲烟台市优质课，并多次执讲海阳优质课，主持省级课题，积极撰写论文，发表论文数篇。在自己专业化成长的同时，宋主任引领学校综合实践骨干教师迅速成长。指导骨干教师执讲优质课，带领参与校本教材的编写和相关课题的研究，在海阳市各项比赛中频频获奖。他说："'育桃课程'是一门实实在在的课程，对参与'育桃文化'实践的学生来说，不仅锻炼了动手实践能力、问题解决能力，还让孩子们在室外桃园收获了丰硕的成果。"

菁菁学校砺人志，淡淡墨香写春秋。过去的年日，感恩前辈与你，携手同行！未来的年日，凝心聚力，筑梦远航！奋斗无穷期，追求无止境，在作家峻青回信的鼓励下，在许世友将军红色精神的熏陶下，学校将一如既往地坚持"真爱"理念，打造"真爱"教师、培养"真爱"学生，拼搏进取，让每一个生命都绽放光彩，努力把学校建设成为让人民群众满意的新时代"真爱"品质学校！

海阳市徐家店镇中心小学

　　海阳市徐家店镇中心小学创立于1993年,学校占地面积约13384平方米,学校现有教学班16个,学生558名,教职工55人。学校秉承"规范、精细、质量、和谐"的办学宗旨,依托学校自身的教育优势,确立"管理讲民主,教学求优化,质量有提升,办学有特色"的办学目标,学校遵循教育规律和育人要求,结合学生发展核心素养,形成了"智善古贤,尚品徐小"的核心价值观,使学校成为令人向往的学园、乐园、书苑,提升师生幸福指数,为每个学生创造美好未来奠基。学校先后荣获"海阳市少先队工作先进集体""海阳市教书育人先进单位""海阳市招商引资功勋单位""海阳市绿色学校""海阳市安全文明校园""海阳市教学先进单位""海阳市巾帼文明岗""山东省级安全文化重点研究基地"等荣誉称号。

行"尚品"教育，建"尚品"校园
——海阳市徐家店镇中心小学尚品文化建设纪实

时光荏苒，岁月如梭。徐家店镇中心小学从 1976 年建校以来，距今已有40 多年光辉历史。徐家店小学一直遵循教育规律和育人要求，结合学生发展核心素养，将独具特色的地方文化作为办学理念的基础和内涵，形成了"智善古贤，尚品徐小"的核心价值观。"尚品"即高尚的品质，"尚品文化"即尚智通慧之美、尚善修德之美、尚古传承之美以及尚贤领秀之美。"尚品教育"即崇尚教育本真，尊重人的成长规律，重视人文环境，强调唤醒人生命潜能，目标是培养"体格健康、人格健全、品格高尚"的德智体美劳全面发展的社会主义建设者和接班人，落实立德树人根本任务，提升教育的品质，真正让教育成为美丽而绵长的过程。

一、全面发展，构建"尚品"课程

有什么样的教育理念，就会有什么样的教育课程，课程是体现学校办学特色的主渠道。徐家店小学在"尚品"教育办学思想的指引下，整合学校多方面的资源，逐步形成了以培养学生"博学洽闻、多才多艺"为目标的多元化"尚品"课程。多种课程项目的实施，大大激发了学生的学习兴趣，开阔了学生的视野，培养了学生的创新能力，提升了学生综合品质。

成立"体艺俱乐部"，提升艺术修养。徐家店小学组建了青少年体艺俱乐部，开设了足球、篮球、书法、象棋、合唱、舞蹈、书画、古筝等体艺项目，常态化开展各项活动，极大地丰富了学生的课余生活，磨炼了意志，锻炼了身体，发展了学生的个性特长，为学生的成长成才打下了坚实的基

础。在不断的努力下，徐家店小学排练的舞蹈《爸妈，我想您》《少年志》，合唱《青春舞曲》《卢沟谣》等节目在艺术月中荣获一等奖。徐家店小学女子篮球队的队员不畏艰难，披荆斩棘，在海阳市 2021 年的篮球比赛中荣获海阳市二名的成绩。

创办"四大节",塑造健康人格。 学校一贯坚持"科研兴校,特色强校"这一办学思路,每年坚持举办艺术节、读书节、科技节、体育节等"四大节",开展丰富多彩的活动,塑造学生健康的人格。学校自创的经典诵读《时间都去哪了》荣获海阳市一等奖。

丰富实践活动,厚植家国情怀。 整合教育资源,提高实践能力。徐家店小学积极整合各种优质特色教育资源,先后组织了"许世友纪念馆研学""学雷锋做好事""校外公益"等德育和综合实践活动,让学生参与校外环保考察、社会调查、公益劳动、志愿服务、扫墓、敬老等活动。为了更好地传承红色基因,培育时代新人,徐家店小学每年3月开展为期一周的红色研学实践活动,师生认真聆听气壮山河的革命故事,感受军民鱼水情,感叹英雄壮举。在红色文化的熏陶下,了解革命历史,传承红色精神,增强爱国情怀。

二、德智融合,建设"尚品"课堂

学科教学的时代意义不仅体现立德树人的教育主旨,更多的还是对学生思维发展的引领。学校以"聚焦核心素养,落实学评教一致性"为目标,建设"尚品"课堂,成就新品质教师。

学校明确教研任务,制订教研计划,按照计划学习课标、解读

教材、核心素养等内容。为了提升教师的专业能力，每学期开展"观名师、学名师"活动。每个教研组一个主题，教研组长带领学习、研讨、磨课，形成精品课例，开展组内观摩课和教学大比武活动，最后每位教师要形成自己"观名师学名师"的成长档案。

学校非常关注教师的成长，开展"青蓝工程结对"活动，由资深教师结伴青年教师不断前进，共同提高。学校注重主题教研活动的开展，每周各学科固定时间进行主题教研活动，打磨精品课例，每学期末各学科开展主题教研公开课展示活动。

通过不断的学习、打磨，教师的专业技能不断提升。2021年5月举行的烟台市教学大比武活动中，徐腾老师荣获烟台市语文教学大比武三等奖，2021年12月举行的海阳市教学大比武活动中，陈秀老师执讲的《父爱之舟》获得海阳市二等奖的好成绩。这一切源于各位老师的共同努力，相信在不久的将来，徐家店小学的团队力量会更上一层楼。

三、善德润心，培育"尚品"少年

于吉春校长高瞻远瞩，以"尚善修德之美"为指引，提出了"善德润心，日行一善"的道德教育实践主题，开展"善德润心"实践活动，以德育工作体现学

校特色。"善德润心"以"善"作为培养学生道德品质的核心要求，以"行"作为培养学生道德品质的基本方法，引导学生坚持每天做一件对己、对人或事物有益的事情，在亲身实践的过程中积累"善"之德行，从而达到培养小学生道德品质的目的。

"勿以善小而不为"，小小的

手掌帮辛苦劳累的父母洗洗脚，一句"您辛苦了"，激起父母有感而发"孩子长大了"；弯下脊背捡起走廊里的白色纸片，背着沉重的书包，主动跑上去扶腿脚不方便的老人过马路……事虽小，却实实在在改变着学生的品行。

"善德润心"实践活动的范围不局限在校园内，而是要渗透在学生生活的各个方面，善在学校、善在家庭以及善在社会，引发了"一个学校教育一批学生，一个孩子带动一个家庭"的社会效应。

古有诸葛至理名言"静以修身，俭以养德"，今有红色经典永传承，革命精神时刻记，句句皆是经典古训。学校努力培养智慧、善德、儒雅之才，坚持为每一位学生提供平台、绽放精彩，时刻关注学生内心变化，关爱学生、善待学生，始终把学生的发展放在第一位，让"尚品教育"在徐家店镇中心小学开出最美的花朵。

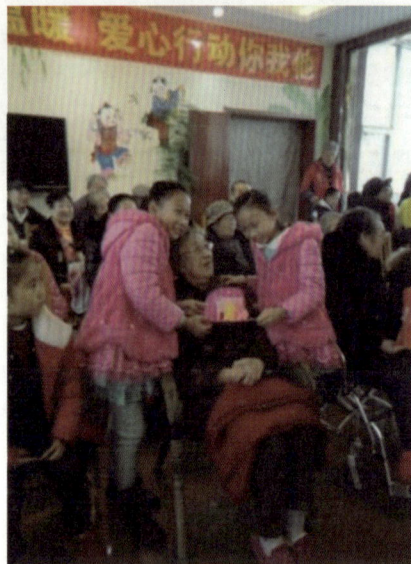

海阳市发城镇第一小学

　　海阳市发城镇第一小学，前身为发城镇中心小学，1994年5月兴建现校址，2012年6月迁入新教学楼。学校坐落于309国道与306省道交会处，占地面积21亩，北傍观山一脉，南依昌水河畔，景色宜人，环境优美。学校各类功能室、教学设备设施齐全。几年来，学校坚持"崇德尚美　博学求真"的办学理念，形成了"和美管理""润美德育""悦美课程""智美课堂"等尚美教育体系，致力培养师生必备品格和关键能力，全面提升核心素养。学校先后荣获"海阳市教书育人先进单位""海阳市教学工作先进单位""烟台市安全文明单位""烟台市素质教育示范学校""烟台市规范化学校""山东省乡村温馨校园""山东省强镇筑基首批试点学校""海阳市优秀基层党组织"等荣誉称号。

崇德尚美　博学求真
——海阳市发城镇第一小学"尚美"教育纪实

"崇德尚美，博学求真"熠熠生辉金色大字镶嵌在发城镇第一小学的教学楼上，在阳光的照耀下格外醒目。

"这是一所建在'皇家'红富士苹果之乡的农村学校。果兴农兴教育兴，教育要做强，一定要筑牢基础。"在山东省强镇筑基首批试点学校验收的现场，省基教处领导对王金德校长说。

近年来，学校坚持走内涵发展、特色发展、质量发展之路，积极推进"尚美教育"，潜心探索"尚美育人"的现实路径，通过文化引领、课程重构、课堂精研等有效载体，打造"秀美"校园，成就"绽美"教师，孕育"慧美"学子，在让教育成为"美"的事业愿景道路上阔步前行。

一、凝练尚美文化，厚实学校发展底蕴

以理念凝聚思想。王金德校长于 2020 年 9 月一到任就在全体领导会议上说："教育就是一个不断崇尚美，追求美、创造美的过程，'美'是教育施加影响后在'德智体美劳'诸方面所要达到和追求的目标。"学校一班人汲取"美"的内涵和元素，确立了以"尚美"教育理念为引领的学校文化，以"悦美课程""智美课堂""润美德育"等 10 个方面为切入点，打造"秀美"校园，成就"绽美"教师，孕育"慧美"学子，以美育美，各美其美，让每个生命都如花绽放。

以目标引领方向。学校要发展，目标是关键。近年来，学校结合教育发展新形势、新要求，确立了"品质育人"的发展理念，达成了"聚集核心素养，以课程的思维推进精致化内涵教学，致力品质育人"的工作思路，细化出抓好"安全生产"课程、致力打造"尚美党建"、践行"润美德育"课程、提质"国家主体"课程、做实"校本特色"课程、促进学生全面个性成长等六大工作内容，清晰地勾画出学校内涵、可持续发展的路线图。

二、建构悦美课程，助力学生幸福成长

海阳市教育和体育局局长纪卫东到校考察后，对王金德校长说："学校能给予儿童最好的礼物就是'课程'，'课程'是为学生铺就幸福前行的跑道，也是落实立德树人根本任务的有效载体，你们要让发城一小的孩子们在课程中徜徉、畅游，幸福地成长。"

学校基于育人理念和教育哲学，立足国家课程主体，以固本培元的"基础课程"、学力提升的"拓展课程"、扬长励志的"特色课程"、润美惠心的"共育课程"为主体，构建"悦美"课程体系，满足学生差异性需求和个性化发展，致力于培养和提升核心素养。

探寻国家课程校本化实施。学校确立了"悦读润心灵·习字立新人"的课程建设主题。通过"教师读书""学生读书""师生共读"及"亲子共读"四大板块构建"书卷气"工程的立体网络，学校的阅读一体化课程逐渐形成了"读领风骚"的学校文化。

"最是书香能致远，没有一艘船，像一本书，没有一匹骏马，像一页跳动的诗行那样，将人带向远方……"这是在学校"悦读润心"分享会上，五年级的孙梓萌同学在向台下的听众叙说着自己的读书心得。与好书为友，与经典对话，与博览同行，学校的"悦读润心"课程也取得了阶段性成果：2021年3月份公布的山东教育社第18届当代小学生书画作文摄影大赛中，学校2名小学生分获二、三等奖；2021年5月，学校还被市教体局授予"诗意校园"称号。

学校在"习字立新人"课程建设中，以"一笔一画习字，一撇一捺立人"为理念引领，遵循习字教学规律，按照"领航→习法→践行→立人"习字四环节有序展开。

"习字讲究提、按、使、转，跟我们做人是相通的。"在五年级书法课上，书法老师辛世红正在一边示范书写，一边对同学们说。学校通过"一上好两落实三规范

四评价""两周一展示，一月一评比"和"书法家进校园"等举措，引领学生们习字、做人。如今，发城一小的学生们正在逐步养成动笔认真、写字用心、做事负责的好品质，真正达到"墨香怡情，习字育人"功效，"端端正正写字，堂堂正正做人，踏踏实实做事"在校园中蔚然成风。

校本特色课程选点深化。"我们的案例于2021年5月获得了烟台市一等奖，山东省一等奖，这是对我们实施'四美润心'劳动教育课程的肯定和鞭策。"在烟台市首届劳动教育总结大会上，王金德校长高兴地对与会专家领导说道。学校遵循"生活即教育""劳动立身"的课程理念，从孩子的学习生活实际出发，通过劳动实现"五通"（学科打通、知识互通、时空联通、角色变通、生活贯通），以培育美好劳动品性为目标，系统化地开发、实施了以"恬美校园""和美家园""秀美田园""大美社园"为内容，以"全过程""跨边界""多样态"为课程实施方式的"四美润心"全景化劳动教育课程，形成了一套新时代小学生劳动教育特色课程开发与实施的新方案、新范式。

"这是我烙的金鸡报晓葫芦，我要通过烙画，让更多的人了解我们的家乡，爱上家乡的葫芦！"在葫芦烙画课程上，五年级学生栾玉林兴奋地向同学们展示自己的新作。近年来，学校充分利用

农村资源优势，开发实施了"醉美葫芦"课程，通过不断的实践和探索，形成了"研葫芦→种葫芦→摘葫芦→雕画葫芦→烙刻葫芦→吹奏葫芦→礼送葫芦"等系列葫芦课程。下一步，学校将把葫芦课程做细、做实、做强，给每个年级适配不同门类的葫芦课程，让葫芦课程系列化。同时通过校园义卖、集市售卖等方式，让孩子们的葫芦作品产业化，走向市场，让孩子们真正感受课程效益，劳动创造价值，真正体会到幸福靠自己勤劳的双手来创造。以"葫芦"为特色的系列课程，让学生德智体美劳"五育"并举，全面发展。

三、聚焦专业成长，提升教师职业幸福

教育国之大计，党之大计，教育振兴，系于教师。教师专业化成长，是学校发展的不竭动力。

教师教育理念提升是关键。"教师理念的提升，课题研究是最有效的方式，

是教师成长的快车道。"在青年教师成长座谈会上，受邀参会的海阳市教科室主任李云辉说。近年来，学校立足校情，以校本教研为平台，开展了"基于标准的教学""教学评一致性"等专题培训，通过阅读《以学习为中心的课堂观察》《深度学习走进核心素养》等教育专著，更好地引领教师"解决教／学什么""教／学到什么程度"等问题，积极探讨如何实现从课程标准到课时学习目标，如何研读文本找到核心知识，如何调研学情找准教

学起点，在实践中总结出"源于课标、据于教材、基于学情"的三大设计原则，让教师从理论到实践，实现教学的转型发展，由"学科教学"转向"学科育人"，走向核心素养。近三年来，学校教师在各级各类刊物中发表文章 61 篇，其中，省级以上 21 篇，市级以上 8 篇；党员教师荣获烟台市级以上优质课、优秀课程资源 10 余节；学生在《当代小学生》《课外活动》发表文章、征文 5 篇。学校承担或参与省、市级课题近 10 项，荣获烟台市优秀教学成果奖 2 项。

教师成长的切入点和突破口在课堂。课堂教学是学校教育教学改革研究的永恒主题，课堂是教师演绎精彩的舞台。"智美'同学'课堂，是从课堂的主体'学生'出发，向课堂的目标'学习'走来，把'学生'与'学习'放在课堂最重要的地方。"在课堂评价会上，全国优秀教师、山东省教级教师褚桂芳老师向同行们交流自己对"同学"课堂的认识。全国优秀教师、全国优秀班主任王春珍老师补充道："我同意褚老师的观点。'同学'课堂突显互学共学的伙伴关系，是'让我自己学''同伴一起学''师生共同学'的课堂，实现还学于生、互助合作、师生共进的课堂价值追求。"

这样的课堂评价，已成为发城一小的常态。

通过智美同学课堂的确立与引领,领导、教师将教学研究的眼光更多地聚焦于课堂,由关注自身教学行为的"规范性",走向了关注自身教学行为的"科学性",走向了关注课堂生成,并能够有意识地利用生成有效转化为教学资源;由以教定学,走向了眼中有学生,更加关注"以学为本",由目标随意性转向了以目标为导向,落实教学评一致性,引领自身教学逐步走向科学、规范、高效。

新发展、新机遇、新挑战。"苔花如米小,也学牡丹开,我们虽处乡镇农村,但我们教育的眼界、视野不能因地处乡村而闭塞障目,只要我们有心,肯思考,积极主动去学,我想我们会有更宽广,更明亮的世界。"王金德校长在全校教职工大会上,勉励同行们以海阳新时代品质教育为发展契机,继承和发扬成绩、优点,以更奋发的姿态和更充沛的干劲,坚守在乡村的校园里,守望"成为好老师"的教育初心,以美育人,静候每一朵生命之花美丽绽放!

海阳市发城镇第二小学

　　海阳市发城镇第二小学创办于 1996 年，原名北埠后乡中心小学，坐落于海阳市发城镇北埠后村。学校占地面积为 21632 平方米，现有 5 个教学班，在校生 107 人，教职工 16 人。学校以"红烛之芯"党建品牌为引领，坚持"让每个生命绽放精彩"的办学目标，努力实现"播种爱心，收获温暖；播种勤奋，收获成功；播种习惯，收获命运；播种梦想，收获未来"四个"播种"愿景，让全校师生过上寓教于乐、教学相长的幸福生活。学校先后荣获"海阳市教育系统先进基层党组织""海阳市教育系统特色党建品牌学校""烟台市德育工作先进单位""烟台市青少年科技教育优秀组织单位""烟台市小学教育教学工作先进单位""海阳市学科德育工作先进单位""海阳市教育科研工作先进单位""海阳市创客工作先进单位""海阳市教学工作先进单位"等荣誉称号。

党建引领德育路　播种乡村教育梦

——海阳市发城镇第二小学"德馨"教育纪实

怀着对党的教育事业的无限忠诚，海阳市发城镇第二小学以"党建＋"引领学校特色发展，实施"德馨"主题教育，坚持"播种快乐，共享幸福"的文化理念，致力于培育德、智、体、美、劳全面发展的人。

一、"党建＋"引领学校内涵发展，描绘"德馨"教育全景

党建工作是德育的基础，是加强学生自信教育的前提和关键。发城镇第二小学将"立德树人"的根本任务贯穿在"三会一课"和"主题党日"中，在"党建＋"的引领下开展了主题式系列德育活动，主要包含"三个一"，即一个中心主题、一条活动主线和一次提升评价。

教育需要深耕细作。发城镇第二小学秉承"谋定而后动，知止而有得"，精心做好"德馨"主题教育整体规划，充分开发和拓展课内外课程资源，坚持活动育人、学科育人、全方位育人。活动育人以年度德育主题为主线，以月份主题为副线，通过爱国主义、感恩励志、心理健康、生命安全、习惯养成、心理辅导等主题活动，使德育与学习生活有效融合，厚植爱国主义情怀和个人修养；学科育人倡导学科教学融入德育，实现各学科联合育人；全方位育人落实家庭、社区、学校合力育人，实现德育的生活化、常态化、区域化，形成一个可持续、可延展、可生成的教育全景。

二、"党建＋"淬炼学生个性成长，塑造"德馨"品质少年

"劳动是一切幸福的源泉"，这是发城镇第二小学王建波校长经常对学生们

说的一句话。学校利用一块空地开展了"一亩阳光"校园综合实践活动。根据"以劳树德、以劳促智、以劳健体、以劳益美"的目标,学校把德育实践基地活动与国家课程和校本课程进行了有机整合。德育实践基地活动与语文课程整合:让学生到基地观察,写日记、写作等;德育实践基地活动与数学课程整合:带领学生到基地进行实地丈量,计算土地面积、种植数量,并估算作物产量,结合市场价格估计收入等;德育实践基地活动与信息技术课程整合:让学生利用网络进行探究学习。此外,美术课上可让学生到基地里进行绘画,道德与法治课上联系基地活动对学生进行感恩教育等。

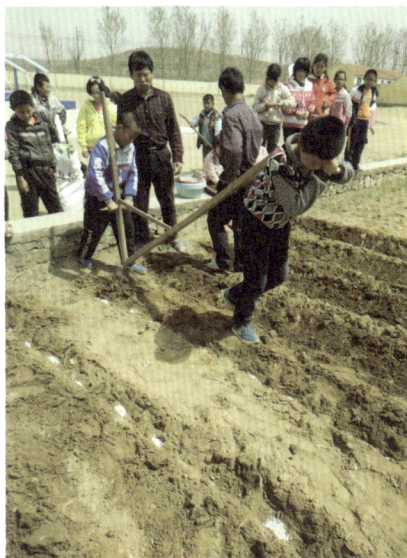

"爷爷、奶奶,我们又来看您啦!"在"关爱老人·温暖社会——走进敬老院"的活动中,学生给老人捶背揉肩,打扫卫生,表演自编的文艺节目等,这一系列温暖活动培养了学生尊老爱老的传统美德,增强了学生的德育实践体验,促进德育入脑入心,增强了德育的生命力。

三、"党建+"赋能教师团队提升,优化"德馨"课程体系

"我是你的一片绿叶,我的根在你的土地……"学校拥有一支"小绿叶"青年教师团队,不断为学校的学科德育工作贡献力量。为提高教师们的学科德育工作能力,学校有计划地组织全校青年教师学习德育融合学科教育理论,扎实开展"读一写一说一思一行"研训活动。研训以"故事+案例"的形式,进行教育叙事写作,寻找不一样的教育。2017年11月《海阳教育》为学校教育叙事

进行专题报道，得到领导一致认可。

在学科德育建设活动中，学校"小绿叶"团队开展了基于核心素养的"三化三问"学本课堂建设活动，"三化"即内容问题化、问题活动化、活动目标化；"三问"即提问、议问、答问。"三化"要求教师紧紧把握教材内容，以目标精准、问题精炼、语言精简、评价精巧为突破点，"三问"要求学生主导课堂，以积极表达和主动探索为突破点。课堂要始终以关注学生学习情感，关注学生学习行为，关注学生学习能力，关注学生通过学科学习逐步形成的关键能力、必备品格和价值观念为最终落脚点，让每位学生得到精彩的绽放。

"苔花如米小，也学牡丹开"，海阳市发城镇第二小学将继续注重改革创新，从细微之处入手，在管理上做文章，在细节上下功夫，通过"党建＋"引领学校特色发展，使学校"德馨教育"体系更加完善，让发城镇第二小学的孩子成为德、智、体、美、劳全面发展的社会主义事业建设者和接班人，为乡村教育振兴做出积极贡献！

海阳市小纪镇第一小学

　　海阳市小纪镇第一小学始建于1982年，2009年7月由小纪村迁至后沙埠前村（原海阳四中校址）。学校占地面积4.9万多平方米，依山傍水，环境优美，文化气息浓郁，是培育人才的理想摇篮。学校现有6个教学班，在校学生166人，教职工25人。多年来，学校一直秉承"德以修身，雅以成人"的办学理念，坚持在内涵上下功夫，在特色上做文章，形成了"读书立人，以行养德"的办学特色。多年来，学校在全市综合考核中均为优秀，先后获得"海阳市教学工作先进单位""海阳市小学教学示范校""烟台市小学教学工作先进单位""烟台市绿色学校""烟台市学校安全管理工作先进单位"等荣誉称号。

德雅惟馨　唯实创新
——海阳市小纪镇第一小学"德雅"教育纪实

步入小纪镇第一小学，一棵挺拔苍翠的雪松傲然而立，庞大的枝干层峦叠翠，见证着从1957年海阳四中建校到海阳七中再到小纪镇第一小学的历史变迁。它是学校发展史的见证者，也是励精图治精神的见证者。

"实施德雅教育、打造德雅文化、凝聚德雅精神、成就德雅人生，你们的办学愿景，要像这棵雪松一样，成为一种文化，一种精神。"海阳市教育和体育局局长纪卫东到校考察时，语重心长地对谭士乐校长说道。

"雅者，正也""正而有美德者谓之雅"。近年来，小纪一小以"德雅"教育为品牌创建抓手，努力营造"和雅温馨、清雅有序、典雅大气"的学校文化氛围，培植具有"儒雅的教育知能、宽雅的爱生胸怀、邃雅的教学方法"的教师队伍，培养"举止文雅、谈吐温雅、内涵博雅、气质贤雅、品德敦雅、学识慧雅"的学生群体。

一、优雅学校：入目经典有德行

"雅"是学校的一种内在气质，是一种潜在的教育力量和无形的精神力量。

美丽校园，三季有花四季绿。"学校的前身为高中学校，我们要在文化传承的基础上，改造成适合小学生生活的乐园。"学校校长谭士乐在全体教职工

大会上说。为了营造"雅"的氛围，学校领导带领学校党员干部一班人，利用寒暑假期对学校环境进行了整体改建，移除了枯朽的树木，移栽了月季、芍药、迎春、蔷薇、丹枫、樱花、紫薇、垂丝海棠等170余棵十多个品种的花卉灌木，让学生行走在校园的每一个角落，都能感受"低头赏花，抬头

观绿"的意境。

平安校园,家校携手共筑牢。学校地处海莱公路旁,离公路有 1 千米之遥,家长接送学生上下学、校车运行等,一直是老大难问题。为消除学校门口安全隐患,学校积极与村干部协商,将学校大门两侧的种植地整建成了可供全校教师、接送学生家长停放车辆的停车场,学生家长高兴地说:"学校真为我们办了一件大实事,以后接送学生,再也不用提心吊胆了,学生安全得到了保障,我们心里也稳当。"

文化校园,德雅育人润心田。2020 年暑假,学校对校园文化进行了重新规划,内墙以传统文化经典教育为主,分别选取《论语》《诗经》《大学》《老子》《孝经》里的经典语句,让校园每个角落都蕴含文化高雅的气息。外墙以五育并举红色教育为主,共设计了 28 面以爱为主题的墙壁文化,努力做到让每面墙壁都"说话",每个角落都育人。

2021 年 12 月 2 日,烟台市教育局领导在海阳市教育局局长纪卫东等领导的陪同下视察了小纪镇第一小学,就学校德雅文化的品牌建设听取了汇报,纪局长听后高兴地说:"一所农村学校能办成这个规模,你们做了许多的工作,把办人民满意的教育理念真正落到了实处。"

二、儒雅教师:腹有诗书气自华

《荀子》曰:"君子安雅。"打造一支儒雅的教师队伍,是小纪一小人对德雅教育的不懈追求。

读书沙龙,静读华章醉人意。"幸福和谐真教育,胸藏万汇任驰骋。读书,让我尽享教育之美……"小纪一小的读书论坛正在开讲,这一期"仰望、静美天空"的讲座者辛老师正结合自己的读书经历侃侃而谈,她从于永正的"五重教学法",谈到管建刚的《不做教书匠》,从贾志敏的《小学作文教学面面观》,谈到薛法根的"生活作文"和何捷老师的"游戏作文",对自己的读书所获进行着分享。每年一期的读书论坛,不仅给了教师精神上的引领,更激发了教师间学名师悟真谛的热情。

研写团队,笔留墨香促成长。为了进一步激发教师读研写的热情,学校还出资帮助教师整理读

书成果编辑成册,有随笔式专辑系列,有对某一个主题做长时间的探索和研究而整理研究的主题式专辑系列,还有像《读"奇迹"悟"教育"》和《雷夫,请看我们的教育世界》的对比式专辑系列等。一本本专辑,见证着教师阅读的足迹,凝聚着教师思想智慧的结晶。当教师调离学校时,学校会将这些具有纪念意义的读书成果以纪念品的形式相赠,教师带走的是读书感悟,留下的是阅读传承。

"书,宁可翻烂了,不能腐烂了;宁可搬空了,不能虫蛀了。"是谭士乐校长在教师阅读分享会常说的一句话。走进小纪一小的教师办公室,常看到老师们捧着一本本书在阅读,他们正在努力让阅读成为生活的必需品,努力让校园成为言谈文雅、举止优雅、情趣高雅、气质儒雅的精神乐园。

三、文雅学生:胸藏文墨虚若谷

子曰:"不学礼,无以立。"有"文"的熏陶才有"雅"的内涵。

绘本阅读,巧借东风快启航。小纪一小是海阳市微笑公益组织绘本阅读的第一批受惠者。千余册绘本的无偿赠予,丰盈了孩子们的读书宝库。学校通过绘本朗读小团队、小丫读绘本、绘本妈妈志愿团、我和妈妈编绘本等活动,大大促进了绘本这种阅读方式在农村小学的落地生根。当海阳市教研室引进高效阅读训练后,学校又积极参与到实验中去,与已有的阅读方法进行相互补充、验证、完善,逐渐形成了具有自己特色的快速阅读训练方式。2017年4月,小纪一小在烟台市小学拓展阅读课程体系构建研讨会主会场做了题为《阅读有术,贵在得法》的经验交流。烟台教科院孙明芝主任听后说:"一所农村小学、一群农村孩子,能把阅读做到这个程度,让我们看到了基层老师们的坚持、坚守、坚韧。你们用书籍为孩子打开了一扇窗,这种心灵的滋养也必将为农村孩子插上一对翅膀。"

躬身实践,知行合一重素养。"自己种的瓜最甜,自己包的饺子最香,自己包的粽子味道最难忘",学生们正争先恐后地诉说着自己的劳动感悟。抱着收获的大南瓜笑得合不拢嘴的孩子们,脸上灿烂的笑容感染着每一个走进校园的人。学校历来重视学生综合素养的提升,围绕考查探究、设计制作、社会

服务、劳动与技术教育等内容开展了丰富多彩的校内外实践活动。先后组织了"校园植物知多少""大蒜种植技术的研究""苹果树的管理""种植空间再利用"等考查探究活动和劳动教育活动。"数字油画""头饰制作""珠绣""丝网花""钻石绣""海绵贴画"等校本课程锻炼了学生动手操作能力,为他们今后的发展奠定了良好的基础。

研学求知,文雅气质厚底蕴。学校充分利用身边的红色教育资源,组织孩子们参观胶东纪念馆,一个个英雄的故事激荡着孩子们的心怀。参观许世友纪念馆,同学们感受着老一辈革命家的光辉一生,也对红色革命精神有了更深刻的理解。莱阳白垩纪研学旅行,给同学们留下了很深的印象,这是他们第一次看到了恐龙骨架,第一次走进了模拟实验室,第一次不需要老师布置任务就听得聚精会神,很多孩子兴奋地追问:"老师,我们能每个学期都走出来吗?""我们还能走得更远去更多的地方看看吗?"车厢里满载的不仅是孩子们兴奋的笑声和歌声,更是一扇认识世界的门。

优雅的学校,儒雅的教师,文雅的学生,止于至善才能和谐发展。德以修身,雅以成人,固阅读之根,寻德雅之源,小纪一小人在海阳新时代品质教育的征途上正一如既往地踏歌而行。

海阳市小纪镇第三小学

　　海阳市小纪镇第三小学是一所农村小学，学校占地49亩。近年来，在海阳市委教育工委的正确领导下，学校在立德树人工作中推行以"性正、心正、德正、志正"为主要内涵的"养正"教育，构建"课程育人""文化润人""实践成人"的育人体系，培养具有"尚德、博学、健康、阳光"品质的新时代品质少年，逐渐形成"党建引领，养正育人"的特色品牌，推动了学校内涵式发展。学校先后被授予"烟台市安全工作先进单位""海阳市教学工作先进单位""海阳市综合实践先进单位"等荣誉称号。

厚实"养正"内涵　培育品质少年
——海阳市小纪镇第三小学"养正"教育纪实

近年来,海阳市小纪镇第三小学从立德树人的根本任务出发,从"丰富养正文化,实现文化润人""聚焦小组合作,突出课程育人""立足劳动体验,彰显实践成人"这三个方面探索和实践"养正"教育,为培育德、智、体、美、劳全面发展的"尚德、博学、健康、阳光"的品质少年筑基。

一、丰富养正文化,实现文化润人

学校在打造校园文化时,突出"养正"特色,将"养正"教育课程化、活动化、常态化,突出抓好养成教育。

经典引领,目标导航。小纪三小的校园养正广场上树立着"养浩然之气,正做人之本"和"书山有路勤为径,学海无涯苦作舟"两块景观石,时刻提醒学生要勤勉努力。学校精心择选《弟子规》部分内容上墙,如:教室外"步从容,立端正,揖深圆,拜恭敬"等,让学生时时处处接受传统文化的熏陶和洗礼,让经典引领学生的言与行。

同时学校把《弟子规》作为校本必修课,学生自一至五年级逐步增加学习内容。要求学生不仅能熟练背诵,还要深知其意。用优秀的传统文化规范学生日常行为,乃至形成良好的品质,让经典的光芒在学生身上绽放。

学以致用,脚踏实地。学校生活课程化作为立德树人的一个重要方面,坚持"实践出真知,知行要合一"的教育理念,让养正教育从生活中的小事着手、在细节中落地。早晨,学生乘校车下车整齐有序;中午放学后排队打饭,不推不挤,就餐前学生抑扬顿挫地齐诵"一粥一饭当思来之不易,半丝半缕恒念物力维艰……",就餐时食不言,细嚼慢咽……今年一年级新生张雨轩同学说:"在学校吃饭的时候,我很喜欢餐前诵读,觉得特别有意义,提醒我要珍惜粮食。";放学候车时传唱安全儿歌,秩序井然地乘车……这样的文明习惯在学校随处可

见,使学生在平凡小事中涵养"正气"。

星级申报,多元评价。学校在宣传栏处设立了星级光荣榜,张榜表扬"四好少年""学习智慧少年""文明礼仪少年"等各种星级少年,光荣榜人人可参与、自主申报,这种跳一跳都可以够得着的评价激励机制,激发了同学的积极性,不断提升自己。

二、聚焦小组合作 突出课程育人

学校每个班级里,都有一座金灿灿的"奖杯",这是全校学生追求的最高荣誉,也是促进学生合作与竞争意识的标志,更是学校教学管理得以轻松高效执行的法宝。这座"奖杯"正是学校"小组合作捆绑评价"制度贯彻实施的标志。

全面发展,丰富内容。围绕学校育人目标,将"捆绑"内容确定为品德修养、行为习惯、合作精神、学习品质四大方面,对每一方面的具体项目做了细致规划与界定,制定标准,张贴上墙,让每一位学生明确自己的努力方向和目标,促进学生全面发展。

求同存异,优化方法。小组合作捆绑评价制度以"组内异质,组间同质"的划分标准,将班级全体成员按照性别、优点、不足等均衡组队,施行组长负责、副组长协助的开展方式,并给予各小组相应的自主权力,如定期轮换组长等,通过优化"捆绑"方法,使每个学生都能发挥优点,弥补不足。

多元成长,实现成效。在贯彻实施小组合作捆绑评价制度的过程中,全体学生与教师共同参与,人人有责,既培养了学生的合作探究与合理竞争的意识,锻炼了合作、实践、执行、管理等能力,又促进了学生学习方法的掌握,品德修养的提高,实现了学生的多元成长。并且教师在此过程中也实现了教学相长。

学校推行小组合作捆绑评价制度以来,学生日渐团结向上,积极进取,教师工作倍感轻松高效,家长对学生的变化深表惊喜与肯定。"现在回家就写作业,就怕给小组拖后腿。""在家长群里看到孩子手捧奖杯的照片,自己心里也高兴。""我孩子作业本上的字越写越工整了,他说写得工整错误就少了,错误少了小组加分就多了……"越来越多的家长欣喜地同班主任交流。乐于"捆绑",

益于成长,此项制度为学校全体学生、教师及家长带来了长效的益处。

三、立足劳动体验,彰显实践成人

学校秉承"养正教育"的办学理念,开展"劳动最光荣"主题教育实践活动,引导各个年级的学生尽己所能,积极承担自己力所能及的家务劳动、校园劳动、生产劳动,将劳动教育落到实处。

学校组织学生种植喜好的农作物,了解耕地、锄草、播种、浇水、施肥、收获等过程,在这片培育园里,学生们洒下了辛勤的汗水。"谁知盘中餐,粒粒皆辛苦",同学们不仅掌握了劳动技能,而且体会了劳动的艰辛,父母的不易,大家纷纷表示自己一定要好好学习,报答父母的养育之恩。

在养正教育探索与实践中,学校师生养正了思想,养正了行为,养正了习惯。我们将在市教体局新时代品质教育的引领下,一如既往地牢记教育使命,大力推行养正教育。三小少年定当沐浴着教育的春风,乘风破浪扬帆起航,成长为德、智、体、美、劳全面发展的"尚德、博学、健康、阳光"的新时代品质少年!

海阳市行村镇小学

　　海阳市行村镇小学始建于 1959 年,位于行村镇行五村, 2009 年搬迁至行四村,学校占地面积 36551 平方米,建筑面积 4770 平方米,现有 11 个教学班,在校学生 423 名,教职工 30 名。学校以"行是知之始,知是行之成"为办学理念,以创建"行知"教育品牌为抓手,干群合力,勇于创新,先后获得"国家级足球教学实验点校""山东省学校安全文化建设示范学校""山东省学校文化建设重点研究基地""山东省信息技术实验点校""烟台市规范化学校""烟台市小学教育工作先进单位""烟台市综合实践教育工作先进单位""烟台市综合实践实验点校""烟台市'四心食堂'""海阳市精神文明先进单位""海阳市教学示范校""海阳市学本课堂建设先进单位""海阳市综合实践德育工作先进单位""海阳市教学工作先进单位"等荣誉称号。

以干固本　知行合一
——海阳市行村镇小学"行知"教育纪实

步入海阳市行村镇小学的大门，夺目的"干"字，便映入眼帘。

"行村镇小学的天空真蓝！行小师生团结一心，于'干'中思，在'干'中行，于新时代品质教育大潮中'干'出一片行知教育新天地。"教体局党组书记、局长纪卫东一语道出他对行小行知校园建设的赞美。

一个"干"字，凝结了行小人近50年奋斗历程的精髓——踏实行动，行进不止，知行合一，在海阳新时代品质教育的引领下，勇做知行合一的践行者，奏响行知教育之歌。

一、以德为本，筑牢行知教育之根

爱你们，无惧岁月流转，坚守岗位，各尽其力的老教师。年近五十的宋晶红老师主持的"五读三写"主题教研，将行小语文打造成一支踏实奋进，潜心研究的追梦团队。教科室李云辉主任在听取宋老师的交流后，高度赞扬行村小学的老教师，夸他们是"师之楷模"。课堂改革大潮中，他们躬耕课堂，示范引领，青年教师遇到困难时，他们更是倾囊相助，奋力护航。

爱你们，褪去孩童青涩，勇担重任，朝气蓬勃的青年教师。五年级毕业典礼后，孩子们早已离开母校，由青青老师在空空的教室里，久久不愿离开，看着黑板上孩子们满满的祝福，任由泪水流淌，是不舍，更是祝福。在"携手唱响青春赞歌"交流会上，他们笑泪交替，诉说着自己的教育情怀和那份执着的坚守。离开家的港湾，他们为学生们撑起一片天。

爱你们，沐浴美德之光，勇敢逐梦，昂扬向上的行知少年。序列化德美活动，润物无声，向阳成长。"粽香飘，敬老情"行村镇敬老院之行,老人们吃着行小少年亲手包的粽子,欣赏着少年们演唱的《童心向党》,夸赞他们是"祖国的希望!""喜迎建国七十二年,强国有我行小少年"迎国庆活动,绘祖国、做国旗、唱红歌、颂诗篇,行小上下,一片中国红。"祖国妈妈好棒啊,我要为她添光彩。"一名少先队员在国旗下庄严宣誓。"家校携手,共育幸福行知娃"家长会后,钰浩奶奶双手颤抖,眼含泪花:"我孙子说,感谢我和他爷爷对他无微不至的照顾。老师,谢谢你们,教他们做人。"

美德校园,联结社会,温暖家庭,爱意涌动,团结奋进,一言一行,尽显"师"之教育——大情怀。

二、以智为擎,创生行知教育之魂

"教孩子五年,想孩子一辈子。"是邢京顺校长的教育情怀,培养"会学习、会生活、会做人"的行知少年是行小教师的教育追求。

会探究,问题引领,自主学习。"行小少年,会思考,能实践,手中玩转小物件,成品之后撼人心呀。"2015年1月,烟台市教育科学研究院赵霞副院长到学校视察工作时,对学校的综合实践工作高度肯定,并挑选了20余幅石头画,陶泥,秸秆画等作品带回烟台市教育局,展示在走廊内。语文课堂,读写并举,学生熟练使用工具书、根据大问题完成"五读三写"的自主阅读,打开学生的语文课本,密密麻麻的阅读批注,符号统一,感悟独到深刻。数学课上,坚持"大问题引领、小问题串联",完成"导知识、导思维、导能力""3D"导学提纲的自主学习,学生数学思维得到提升。英语课上,强调语音语感的培养,学生根据"双L"预习册,在自主听音中,提高自然拼读能力,完成重点句型的学习。全市教学成果推介活动现场,教科室原主任车言勇赞叹:每个孩子的批注感悟均不相同,这是真思考!

会倾听,心灵碰撞,课堂联动。行小课堂,学生倾心静听教师和同伴的话语,人人会思考,生生互动、生生联动的"学本课堂"是教育常态,学生是课堂真正的主人。"老师,我要给这位同学补充。""我不赞同他的观点,我的观点是……"认真倾听之下的课堂,学生个个都是思维活跃的小老师,于环环相扣,层层递进中完成重难点知识的学习。思维火花频频闪现的联动课堂，彰显着倾听的无穷魅力。

会表达，有理有据，神采飞扬。 自主探究与倾心静听下的课堂，学生不仅能说，更会说。学生思维所得的成果用恰当的话语、到位的神态、合适的动作——展现。瞧，孩子们的小手在说话：类似数字"八"的手势，表示同意；类似数字"七"的手势，表示我要补充；类似数字"九"的手势，表示我有问题。"这个班级的孩子太会说了，他们是这节课最靓的仔。"海阳市道德与法治行村镇小学现场，兄弟学校的老师听完课后频频称赞，并跟孩子们合影留念。

美知校园，智慧创生，思维灵动，善思乐学，一言一行，尽显"生"之学习——高境界。

三、以行为舵，高扬行知教育之帆

"在新时代品质教育的引领下，做知行合一的践行者"是教研室小学组姜萍主任对我们的期许。所有的美好，要行出来，才能达到大美、至美。美行校园的建设，立足校情，顶层架构，有效落实，逐步构建起"新品质行知·美行校园建设"体系，以行为舵，高扬行知教育之帆。校园的制度章程、文化活动，都在昭示着"我能行"。

有温度，有爱有光，温暖教师心灵。 "行知·美行"校园建设的路上，琐碎的教育日常中，定期的主题表彰暨班主任经验交流活动，尽显美得如花、静得如水、纯得如雪的教育之美。学期初，"抓好学校常规，营造行知·美行校园"会议主题——让爱有温度，肯定班主任老师对班级工作的主力军作用，感谢督导团队的教师默默付出，老师们于感动中，收获成长。学期末，"抓好学校常规，营造行知.美行校园"会议主题——让爱看得见，通过视频回顾一学期班主任管理中的点滴，看见平凡中的伟大，聆听支教班主任的优秀经验分享，一起感受教师的教育情怀，看见榜样的力量，于满满的仪式感中，收获肯定，砥砺前行。

有秩序，遵规守则，护航人生旅途。 "行知·美行校园，有我、有你、亦有他"

专题刊板在全校展示,提高管理者威信的同时,营造了"行知·美行"校园人人有责的学校文化氛围。"督导团队—班主任管理—美行少年协助"三级管理,从领导到教师,从教师到学生,人人都是参与者。校园之内,随处可见美行少年的影子,他们身穿黄背心、头戴小黄帽,是行小校园不可缺少的守护者。

有品质,袅袅书香,浸润生命底色。教研室小学组张建华主任说:"阅读,是门槛最低的高贵。"伴随行知阅读体系的落地,"阅读的孩子最美丽"早已是行小少年内心的共识:早晨到校后教室内认真读书的孩子,课间走廊内流动书柜前静心阅读的孩子,班级图书角处忙着借还书的孩子,学校图书室内如饥似渴的孩子,系列读书主题活动上孩子们自信昂扬的脸庞,国学小名士竞赛中孩子们的毛遂自荐,这都是行小一道道最美的风景线。家校共育群里,时常会有老师们捕捉到的孩子们读书的身影。阅读在行小的每一寸土地都能发生,阅读让"行知·美行"校园建设有品质。

美行校园,活动有序、浸润书香、温暖守则,一言一行,尽显"校"之包容——大胸怀。

"我们将在海阳新时代品质教育的引领下,深耕行知育人品牌,谱写行知文化篇章,努力让校园的每个角落都流淌着行知元素,让每个孩子都有行小特有的文化烙印。"邢京顺校长对行知教育充满了信心。

以干固本,知行合一。长长的教育路,携手并肩,踏踏实实,慢慢走……

海阳市辛安镇第一小学

    海阳市辛安镇第一小学秉承"阳光育人　幸福成长"的办学理念，坚持"明德砺志　博学笃行"的校训，全面实施素质教育，以"立德树人"为根本任务，以提高学生综合素养为目标，优化育人环境，强化师资队伍建设，深化教育改革，坚持创新驱动，促进内涵发展，让每个孩子在阳光下幸福成长。学校先后荣获"山东省规范化学校""烟台市教育信息化先进单位""烟台市人防教育先进单位""海阳市'学本课堂'建设先进单位""海阳市教科研工作先进单位""海阳市事业单位绩效考核先进单位""海阳市教学工作先进单位""海阳市学科德育工作先进单位""海阳市实践活动德育先进单位"等多项荣誉称号。

培育阳光少年，奠基终身发展
——海阳市辛安镇第一小学"阳光"教育纪实

在秀美的辛安镇整洁的新政街上，有一所洒满阳光、令人向往的学校——海阳市辛安镇第一小学。它是一颗璀璨的星，一颗燃起学子憧憬的星。它是一把金光闪闪的钥匙，一把打开人生智慧大门的钥匙。工作在这里的500多名师生，以饱满的热情、昂扬的斗志、顽强的毅力、不懈的追求，耕耘并收获着……

"阳光教育"是以尊重、理解、赏识、激励为核心标志的，用真爱和真知为学生的幸福人生奠基的教育。海阳市辛安镇第一小学多年来一直秉承"阳光育人　幸福成长"的办学理念，以立德树人为根本任务，聚焦学生核心素养发展，积极推进课程改革，着力构建阳光课程体系。建设阳光团队、打造阳光课堂、开展阳光活动、搭建阳光舞台，让校园充满阳光活力，让每位学生都成长为"会做人、会学习、会生活；会健体、会审美、会创造；有科学素养、有人文素养、有个性特长"的阳光少年。

一、建设阳光团队

立德树人是教育的根本，教师则是根本的根本。"站在教室讲台的那个人，决定着教育的基本品质。"教师的成长是学校发展的永恒主题。近几年来，青年教师逐渐成为学校发展的主力军，青年教师干劲十足，但经验欠缺，亟待成长。为正确引领青年教师专业发展，阳光团队应运而生。

阳光团队活动每两周为一期，每期一个主题，由一名团队教师主持，校长、副校长积极参与，进行专业引领。团队活动聚焦教师专业成长，从教师的阅读推进、教学研究、教育写作、团队共进四个方面进行。读书交流、课堂研讨、课题研究、教学管理研究、班主任工作培训、多媒体技术培训……一个个专题引领教师教海探秘。伴随活动开展，学校逐步拓宽教师发展渠道，为教师搭建自我展示的平台，设计了"爱朗读　好书法"活动板块，为青年教师配备练字小黑板，每周展示。与此同时，学校每学期组织书法比赛、朗读比

赛、演讲比赛、板书设计大赛、微课制作大赛，提升教师的教学基本功，全方位、多渠道促进教师专业成长。

付出总有收获，阳光团队一路走来，硕果累累。先后多名团队成员执讲烟台市优质资源课，海阳市优质课、电教优质课。多名教师在海阳教研上发表文章、主持海阳市小课题并结题。孙秀菊老师执讲了烟台市综合实践优质课，孙智豹校长撰写的论文获得山东省督导论文比赛二等奖。学校教科研工作成绩斐然，继吴心刚副校长主持的烟台市"经典诵读"课题顺利结题后，2020年11月周磊霞主任主持的烟台市教育科学"十三五"规划公民教育专项重点课题"公民教育实践活动与社会主义核心价值观教育内容对应关系研究"顺利结题。2021年6月，邓丽、成芳老师主持的山东省"十三五"规划课题"区域推进中小学德育课程一体化的实践研究"专项重点课题"农村小学优秀传统文化课程校本化开发与研究"顺利结题，实现了学校课题研究的新突破。

二、打造阳光课堂

学校独具特色的阳光展示课，在不断的研究和改进中逐步形成了"一体两翼三板块四环节"的课堂授课模式。"一体"以学生为主体，"两翼"通过"教"和"学"的方式改革，促进学生成长和教师发展，"三板块"是构建课内整合、课外拓展、实践应用三个板块的知识体系，"四环节"意指课堂教学模式分为"任务呈现—成果展示—点拨升华—学习评价"四个环节。学校的阳光展示课成果在全市得到推广。

课堂改革必须与教学研究同步，学校教研活动立足于研究真问题，提升教学力、培养学习力。除了常规教研，学校先后开展了一系列的主题教研。研究主题基于课堂教学需要与学校发展而不断更新：视频课例研究、常态课例研究、阳光展示课研究、学本课堂研究；研究内容从读懂教材、读懂学生、读懂课堂全面分析；研究路径也从名师课堂、新手课堂、公开课、同课异构逐步深入。随着一系列的课堂教学深入研究，课堂教学效益也显著提升，学校已经连续多年被评为海阳市教学工作先进单位。2018年11月29日,烟台市"十三五"规划课题中期指导暨阶段性成果展示会在海阳召开。学校作为分会场,承办了该活动。烟台市教科院副院长管锡基、海阳市教体局副局长于建涛、教研室副主任车言勇莅临学校指导工作。会上,周磊霞老师出示了示范课"古诗今韵,浓浓乡情",王洁主任在会上做了"传承经典,净化心灵,面向未来"经验交流。2019年6月,学校作为海阳市教科研基地学校,举办了教科室组织的《核心素养导向的阳光展示课研究成果推介会》,会议取得圆满成功,得到与会学校领导、老师的一致好评。

三、开展阳光活动

学校为满足学生个性化、多元化发展的需求,全面提升学生核心素养,通过构建阳光课程文化体系实现国家课程校本化、校本课程特色化,以此提升学校发展内涵,真正体现"以人为本",促进每一位学生全面、个性发展,让每一位学生都健康、快乐、自信地成长,让每一个生命都能释放灿烂的阳光。

常规活动德育一体化。清晨,琅琅读书声润泽心灵,下午,课前十分钟练字,十分钟阳光谈说。课间操,阳光体育,每周一,国旗下宣誓。每月组织阳光舞台展示活动。孩子们在各项活动中,发展特长、张扬个性,全面提升综合素质,快乐幸福地成长在灿烂的阳光下。

实践活动德育一体化。学校以主题德育实践活动为主线,以综合实践课程为载体,大力弘扬和传承中华优秀传统文化。在开齐、开足、上好国家课程的基础上,结合地方课程、学校课程,针对学校现状与学生发展情况,对学校课程进行开发,不断丰富学校课程内容,为不同层面的学生提供学习的机会、实践的平台,彰显学生个性化发展。组织开展春节、清明、端午等节日课程、二十四节气研究、经典诵读、课本剧表演、诗词大赛、首届读书节等多种实践活动。多彩实践课上,孩子们用灵动的双手制作衍纸画、粘贴种子画、制作布贴画、黏贴纸浆画;"校园种植园"里,孩子们用勤劳与智慧精心管理蔬菜、花卉;学生还在老师的带领下走进针织厂,了解一件衣服的制作过程,体会针织工人的辛劳。学校现已有多门课程、作品、课堂教学获得烟台市、海阳市各种奖项,充分体现了学校特色,使校园充满了阳光活力。

课程建设德育一体化。学校结合自身与师生发展的需要,开发了学科拓展课程,不断丰富完善国家课程体系,着力培养学生核心素养。先后开发了"经典诵读""课本剧表演""快乐作文""诗词大赛""成语故事""七巧科技""科学家的故事""英语脱口秀"等拓展类课程,不断满足学生个性化发展的需求。校本课程的实施,深受学生及家长的喜爱,既提升了学校发展的内涵,又满足了学生个性化、多元化发展的需求。师生们在各级各类比赛中获得地、市级多种奖项。在烟台市举办的中小学电脑制作大赛中,《创意七巧板》获得一等奖,《珍爱生命远离烟草》获得二等奖,《打地鼠小游戏》获得二等奖;在烟台市举办的机器人竞赛创新挑战赛中,获得二等奖;孙秀菊老师执行的《衍纸贺卡》获得烟台市小学综合实践活动类课程优质课,《衍纸书签》获得烟台市优质资源课二等奖;《布贴画》《衍纸画》被评为烟台市级优秀教材。

学校发展是不断探索的行动研究过程,需要不断地创新和实践,更需要所有人的不断努力和不懈追求。海阳市辛安镇第一小学将继续乘势而上,用心培育新时代阳光少年,在新时代发展中逐浪前行,扬帆远航……

海阳市辛安镇第二小学

　　海阳市辛安镇第二小学创办于1944年,首名为大山所村初级小学。1995年学校选址重建,命名为海阳市辛安镇第二小学。学校左靠巍峨的虎脚山,右靠雄伟的大山,面朝蔚蓝的大海,环境优雅。校园布局合理,建筑格调清新,是一所富有朝气、蓬勃发展的乡村小学。几年来,学校沿着"端正办学思想,规范办学行为,体现办学理念,突出办学特色,提高办学水平"的工作思路,进行"山海德育课程"的开发与实施,培养师生坚定不移的精神和兼容并包的品质,教育教学质量稳步提高,赢得了社会的广泛赞誉。目前,辛安镇第二小学全体师生正以敢为人先的精神,只争朝夕,不负韶华,为打造海阳新时代品质教育,继续谱写学校发展的新篇章!

实施"山海"教育　奠基幸福人生
——海阳市辛安镇第二小学"山海"教育品牌建设纪实

岁月不居，时光如流。1995 年选址重建的海阳市辛安镇第二小学，教学环境优雅，校园布局合理，建筑格调清新，育人设施完备，是一所富有朝气、蓬勃发展的乡村小学。

进入学校大门，仰望上空，在蓝天白云映照下的闪闪发光的"仁山载物，慧海育人"八个大字，无时无刻不浸润着全校师生的心灵，由"山海文化"提炼的教育理念下面，是安装着五彩闪光的意识形态教育大型电子屏幕，带给我们一种文化的熏陶。

如今的辛安镇第二小学，以创建"山海"教育品牌为中心工作，落实"立德树人"的根本任务，以"打造文化氛围浓厚、学习环境优雅、育人方式温馨的窗口学校"为出发点，把"办好人民满意的教育"作为一切工作的落脚点，正努力向创办一所平安、高尚、和谐、卓越的现代化农村小学迈进。

一、"仁山慧海，涵养生命"的校园文化

文化对于一所学校的意义，犹如灵魂之于生命、思想之于人类，是一所学校凝聚力和活力的源泉。而富有生命力的校园环境则可以衍生出一股强大的文化力，它随风入夜、润物无声，能使学校的品质卓尔不群，绽放个性光芒。

孔子曰："仁者乐山，智者乐水。"中国古老的"山水文化"蕴藏着宝贵的教育资源。辛安镇第二小学"依山临海"的地理环境与深厚的历史文化启发我们提出"山海文化"的研究设想，提炼出"仁山载物，慧海育人"的山海文化理念。"仁山载物"即教育的智慧是生命对生命的责任和承载。仁山，比喻仁德宽厚如山，教育的大智慧犹如大山般以深厚的德泽育人利物，培养健康的生命、智慧的头脑、高尚的灵魂。"慧海育人"即教育的智慧要回归到全面育人上来。慧海，喻指智慧深广如海，教育的大智慧犹如大海般以宽广的胸怀容养万物，激发生命活力，充实学生的心灵，启迪学生的智慧。

走在学校甬路，呈现在眼前的是东西两边"新时代品质教育"八块展板，记录着品质学校、品质教师、品质学生、品质党员的新风采。流连于校园，你必会感受到其"环境育人，文化育人"的文化内涵。每一面墙壁都奏出育人的天籁，每一块石头都蕴含育人的意境。老师们用剪纸、绘画、书法、摄影等艺术作品装饰展室，点亮生活；孩子们用花卉、盆景、制作装点教室，表达情感。当你置身

于其中,这些独特的图案、宜人的景观定会让你被学校浓厚的人文气息所吸引。班级文化则兼顾共性与个性,创设彰显特色的"五有"班级文化:每班有口号,构建班级精神文化;每班有公约,形成班级制度文化;每班有光荣榜,打造班级赏识文化;每班有书柜,打造班级书香文化;每班有"书山学海"展示台,创建班级阅读文化。从校园布局到课室设计,无不体现了"山海文化"之精髓,从文化中来,到文化中去,优美的人文环境起到了春风化雨、润物无声的作用。

二、"责任如山,宽容如海"的人文管理

在辛安镇第二小学校长王志伟看来,一所学校要持续发展,既需要高屋建瓴的洞察,也需要良好的管理,二者缺一不可。学校的"山海式"管理,既具有海的气度,又让每一颗心灵装满山一般的责任,是一种"刚性如山,柔情似水"的管理制度。

"刚"就是规范、规则、制度和标准,是硬性的,是办学的规矩和原则,让管理有法可依,工作有章可循,为学校发展提供保障。"柔"就是对人性的尊重、理解和关爱。学校对师生进行价值认知层面的引导,让师生明白了为什么要遵守规定以及遵守规定对自身成长的意义何在,进而在内心认同学校的制度约束,明确自身定位,真正认识到怎样的言行举止更符合自我的身份。校长王志伟举例说,我们学校的每位教职工都可以充分参与学校制度的建设,教代会制度、民主议事制度、校务公开制度以及完善教师队伍管理的各项规章制度,都为这种参与机制提供保障。学生管理方面实施"自主管理,自主发展"的模式,每位同学都有班级岗位,人人有事做,事事有人做,学会从小事做起,负责好每一项任务,培养了学生的主人翁意识和集体荣誉感。

"刚柔并济"式的管理制度,既能积极发挥师生的主观能动性,又能充分展示师生的个性特长,使其感悟生命成长的意义与价值。

三、"大爱如山，博爱如海"的课程建设

在课程设置上，学校有效落实"立德树人"根本任务，以国家课程标准为基石，坚持"为学生的生命质量负责，为学生的成长成才铸魂"的发展目标，秉承"仁山载物，慧海育人"的山海文化教育理念，构建"山海德育课程"体系，通过课程的构建与实施，涵养学生的品德，充盈学生的心灵，启迪学生的智慧，培养学生成为有道德、有智慧的现代化小公民。

"山海课程"对国家课程、地方课程、校本课程进行有效组合，形成了"三山三海课程"。横向分为"学海课程"（必修课程）、"慧海课程"（选修课程）、"扬海课程"（特修课程），纵向分为实践与创新的"书山博学课程"、品行与修养的"仁山修身课程"、艺术与审美的"立山敏行课程"三大领域。该课程体系注重将课程的各个构成要素进行排列组合，使各个课程要素在动态发展过程中统一指向课程目标的实现。

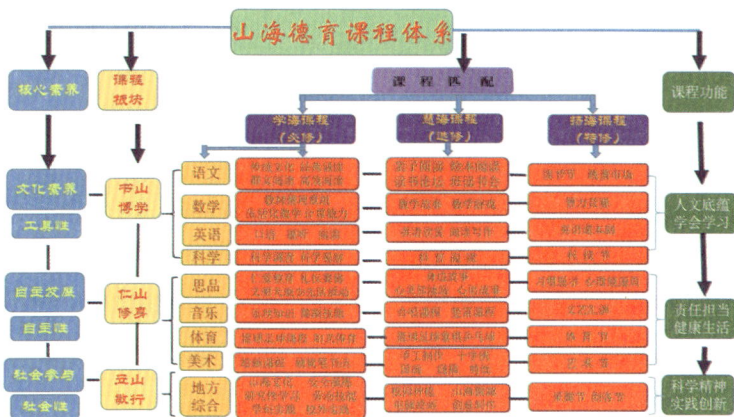

"三山三海"德育课程中的"三山"是指横向上指向课程功能的三类课程。第一类"书山博学课程"指向核心素养中的文化素养，课程设计让学生懂得，在读书、学习的道路上，没有捷径可走，只有汲取更多更广的知识，才能走向成功。课程设计目的是培养学生的人文底蕴和学会学习。课程涵盖语文、数学、英语、科学及拓展类课程。第二类"仁山修身课程"指向核心素养中的自主发展素养，课程设计目的是培养学生健康体魄和责任担当的个性品质，通过礼、诗、书、画、乐以及主题活动培养少年儿童的修身养性意识及艺术情趣。课程涵盖思品、音乐、体育、美术四大学科及拓展类课程。第三类"立山敏行课程"指向核心素养中的社会参与素养，课程设计目的是培养学生具有科学精神和实践创新的能

力,课程涵盖地方课程、探究性课程、综合性课程、社会性课程。"三海"课程是指纵向上指向课程实施的三类课程,包含"学海课程"—"慧海课程"—"扬海课程"。

学校力求通过"山海课程"的建设和实施、开发和实践、融通与整合,进一步促进学校内涵发展从品味走向品牌、教师发展从专业走向品质、学生综合素质发展从单一走向多元,而这三个方面的目标既相辅相成,又共生共长、融合共通。

学校以富有前瞻性的理念,脚踏实地的作风,在短期内实现了跨越式的发展。学校先后被授予"山东省二级科技事业档案管理单位""烟台市规范化学校""烟台市安全文明校园""烟台市科技教育先进集体""烟台市师德师风建设示范校""海阳市教学工作先进单位""海阳市教育科研工作先进单位""海阳市绿色学校""海阳市书香校园""海阳市乡村温馨校园"等荣誉称号。造就了一支师德高尚、素质过硬的"山海之师"。其中,2名烟台市教学能手,2名烟台市骨干教师,1名烟台市优秀教师,1名烟台市师德标兵。培养了博大坚毅、博学进取、博爱宽容的"山海学生"。12名学生被评为"烟台市级优秀小记者",多名学生被评为"海阳市读书明星"。近两年,在县市省级举行的"经典诵读""读书演讲""英语课本剧""书法绘画"等比赛中,均有学生获奖。

学校领导和教师坚信,只要坚持以研究为起点,以研究为支撑,以研究寻找前进的方向,"山海课程"定能触摸到教育教学的灵魂,让学校成为提升师生生命品质的家园。

海阳市二十里店镇中心小学

海阳市二十里店镇中心小学始建于1969年，学校占地面积9000多平方米，现有10个教学班，在校生273人，教职工43人。学校实施"三育四德"工程，以"文化育人""活动育人""课程育人"为抓手，引领教师"社会公德献爱心""职业道德讲诚心""家庭美德比孝心""个人品德修仁心"，创建"党建领航，尚德育人"品牌特色。学校以习惯养成为重点，推进教学改革，突出实践育人。学校先后荣获"山东省规范书写特色学校""烟台市教书育人先进单位""烟台市规范化学校""烟台市少先队工作红旗单位""烟台市教科研先进单位""烟台市安全文明校园""海阳市教书育人先进单位""海阳市教学工作先进单位""海阳市学校安全工作先进单位""海阳市劳动教育示范单位"以及"海阳市先进基层党支部"等多项荣誉称号。

劳动致美　实践育人
——海阳市二十里店镇中心小学"实践"教育品牌建设纪实

自制小口罩、面塑制作、清洁小能手、收纳小达人、无土栽培、磨豆浆……这是海阳市二十里店镇中心小学制定的劳动实践课程清单。海阳市教体局局长纪卫东在陪同烟台市教育局王旋副局长到学校考察时,看到学校的活动场景和学生的作品后,欣慰地说道:"孩子们的作品充满了童真童趣。劳动教育不是简单地出出汗、做做样子,而是要实现'以劳树德,以劳增智,以劳强体,以劳育美'的教育目标。"

为积极探索具有学校特色的劳动教育模式,创新体制机制,注重教育实效,实现知行合一,促进学生形成正确的世界观、人生观和价值观。近年来,二十里店镇中心小学通过开辟校内外劳动实践基地,实施劳动教育课程,实现让学生真正走出课堂、走进自然,在亲近自然、体验劳动的艰辛与乐趣中助力"双减"政策落实。

一、劳动体系:提纲挈领引航向

"劳动体系的构建,是学校开展劳动教育的前提和保障。劳动教育既要有传承,还要突出创新。"校长杨国志在劳动教育开发团队启动仪式上如是说。

学校结合校情,构建的劳动体系主要包括"一个核心""两个基本点""三个强化""四个领域""五个融合"。"一个核心"即坚持立德树人为核心。"两个基本点"指坚持以劳有所需为基本出发点,坚持以劳有所获为基本归缩点。"三个强化"指:强化劳动意识,提升品德修养;强化劳动精神,培养责任担当;强化劳动能力,注重知行合一。"四个领域",即开展适合小学生的"生活性劳动""服务性劳动""生产性劳动""拓展性劳动",注重脑力劳动与体力劳动相结合。"五个融合":一是融合学科教育;二是融合校园文化建设;三是融合主题教育活动;四是融合家庭教育指导;五是与其他"四育"(德智体美)的融合。学校劳动体系的构建,形成了从必修课程、社团活动

到校外社区课程、劳动实践基地课程为引领的跨学科、多领域的劳动教育范式。

二、劳动实践：绝知此事须躬行

"吃着自己包的馄饨，格外香！"烟台市首批综合实践小明星黄晓灿边吃边说。这是发生在学校面食课程上的一幕。

包馄饨是学校日常生活劳动中的一课。劳动实践课程内容丰富，学生们乐于参与，在动手实践中掌握技能，培养生活情趣。当然，劳动教育不一定要专设场地，就地取材就能开展，引领学生"小鬼"当家，让爱心传递、躬耕陇亩、创意智造。学生通过动手实践达到磨炼意志，在劳动中树立正确的价值观，从而达到教育的目的。

生活性劳动教育有宽度。学校根据学生的年龄特点和学段要求，分层次设计了基础劳动课程。课程实施以个人成长为主线，日常生活为基调，重在学生的劳动意识启蒙、行为习惯的养成以及劳动技能的掌握、运用等方面下足功夫。

"面燕的眼睛可以用花椒核来镶嵌，这样才有神。"五年级二班黄佳璇的妈妈孙歧兰在到校指导学生捏面燕的时候耐心地对社团的学生说。她与女儿的面塑作品在 2020 年海阳市中小学劳动技能比赛中获二等奖。通过孙妈妈精心地指导，学生们不仅掌握做面燕的精髓，而且渗透到生活中的点滴，做任何事都要认真观察，潜心揣摩。

服务性劳动教育有温度。每年重阳节，学校都会组织学生和家委会成员到敬老院为老人送去慰问品。同学与老人们亲切交谈，了解他们的生活、身体状况，并帮老人们整理床铺，仔细打扫卫生，最后还为老人们表演了精心准备的文艺节目。老人们乐得喜笑颜开，感受到来自学校和社会的温暖。

让劳动教育有温度，不仅要倡导学生从自身做起，从清洁教室和美化校园做起，而且要引导学生以自己的服务意识辐射家庭和社会，关爱社会中残障孤寡老人，将劳动教育与良好的学风相结合，学风与良好的家风相结合，良好的家风进而形成优良的社会风气。

生产性劳动教育有深度。"黄瓜生长期对水分需求大，日常养护需及时补充水分，夏季水分蒸发快，可以增加浇水的次数，但水量不宜过多，空气湿度不宜过大……"这是学校邀请的校外农业技术人员在对五年级同学进行白黄瓜田间管理培训呢！海阳白黄瓜因脆甜多汁闻名遐迩，二十里店镇作为蔬菜大棚之乡，学校就积极发挥地域优势，与村民联合，设置校外劳动基地，深耕、播种、点花、吊绳、田间管理、收获、售卖……

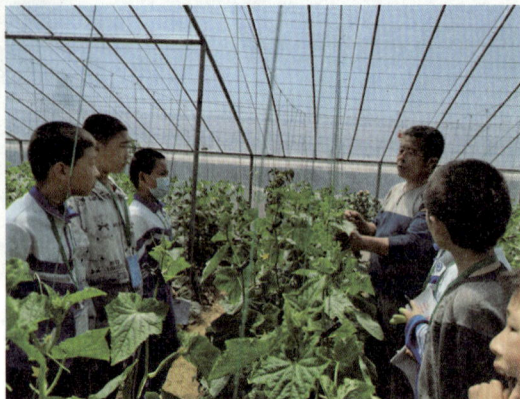

学校在操场北侧一块区域开辟了袖珍种植园，以时令蔬菜种植与野菜山苜楂管理为主，每个班级依照蔬菜习性特征，可以自主确立种植种类。学生将所学知识与劳动实践有机融合，在参与中能够发现问题、解决问题，在出力流汗的过程中，体悟劳作之艰辛与收获的快乐，磨砺了意志，淬炼了品格。

拓展性劳动教育有高度。"这是我在老师的指导下制作的桌面吸尘器，它的创作源自家用电吹风的工作原理，我将进风口改装为吸尘口，用两个空矿泉水瓶作为收纳器，用玩具上的小马达作为动力源……"这是在2018年烟台市创意智造大赛决赛现场，来自二十里店镇中心小学的肖晨煜同学，正在烟台市教育局会议大厅向各位评委介绍自己的作品。该作品获得烟台市创意智造大赛二等奖。

将劳动教育赋予时代内涵，是学校对劳动育人的深化与探索。学校结合校情和学情，大胆将信息技术与劳动教育课程结合，开发以"创客+"为主的劳动智能课程，如创意智造、手掷飞机航模和Kitten编程等。在2021年烟台市信息技术与创新大赛中，学校共有29名学生获奖，学校获得烟台市中小学信息技术创新与实践大赛优秀组织奖。学校还将美术与劳动教育有机融合，开发了衍纸、珠珠绣、太空泥、钻石画、草编等课程,学生通过优秀的作品展示出造型美、色彩美,更展现劳动之美。

三、劳研并举:继往开来绎芬芳

在学校的公民教育展示活动现场,海阳市综合实践教育室张敏主任说:"公民教育一直是二十里店中心小学的名片,学校取得过很多优异的成绩。希望学校还是要积极探索公民教育与劳动教育的融合,将劳动教育融入实践之中,融入科研之中,努力建构适合学校的劳动教育课程体系,探索劳动教育范式。"

二十里店镇中心小学作为烟台市首批公民教育示范学校,学校抓教研改革,形成了《关于农村垃圾处理问题研究》《关于农村老人经济来源研究》《关于校车运行机制的问题研究》等典型案例,产生了良好的社会效应。学校的烟台市级公民教育重点课

题"核心价值观视角下中小学公民教育实践活动开展现状研究"已顺利结题。在公民教育中,学生设计的分类垃圾焚烧池、老人智能拐杖、节约型浴盆以及参与村民开辟的校车避让岛等,不仅得到了与会代表的一致赞赏,还在烟台、海阳比赛中屡次获奖。

"学校在2020年被评为海阳市劳动教育示范单位。下一步,我们将进一步规范劳动教育评价,与科研相结合,以劳促育、科研兴劳,努力培养具有劳动素养的新时代小学生。"校长杨国志对未来的学校劳动教育做出了规划。

劳动创造美好生活,劳动实现伟大梦想。学校以"实践活动基地"为载体,积极开展新时代劳动教育,将实践教育工作做实做细,培养有责任有担当的新时代好少年! 学校会牢记时代责任,不断砥砺前行!

海阳市朱吴镇第一小学

  海阳市朱吴镇第一小学1964年建校,最初为乡镇完小。2001年撤乡换镇,更名为朱吴镇第一小学。学校现共有教学班5个,学生130余人。在校教职工30人。学校本着"为学生的一生幸福奠基,为教师的持续发展铺路"的办学宗旨,坚持"党建引领品质立人"的办学理念,以"基于核心素养的学、教、评一致性的品质课堂研究"为基点,以"校本教研、品质阅读"为切入点,以"提高教师专业化水平,培养学生的健全品格和优良习惯"为落脚点,努力构建"学习化、研究型、包容性、开放式"的和谐文明新校园。近年来,学校先后被评为"烟台市教科研先进单位""烟台市书香校园""烟台市教学工作先进单位""海阳市教学工作先进单位"。

书香氤氲　行稳致远
——海阳市朱吴镇第一小学"立人"教育品牌建设纪实

当太阳从山头上露出笑脸，宁静温婉的校园便染上了一层金黄；当金黄的阳光射透窗玻璃映到黑板上，安静祥和的教室里便有了书声琅琅。坚持用阅读引领成长，是朱吴镇第一小学连续四任校长坚持十几年的事。

"学生通过阅读成长为博学文雅、底蕴丰厚、充满梦想的人；教师通过阅读成长为远离浮躁、学养深厚、超越自我的人。"这样的理念让朱吴镇第一小学的阅读工作目标不是仅仅定位在显性的内容上，而是定位在引导师生走向更为广阔的阅读之路，让阅读滋养师生的生命和人格的"立人"大方向上。

一、一日三读，让阅读如呼吸般自然而然

"阅读不能改变人生的长度，但可以改变人生的宽度。阅读不能改变人生的起点，但可以改变人生的终点。"朱吴镇第一小学在阅读活动开展的过程中，舍得把书拿出来，善于把时间移进去，让全体老师参与其中，开展全科的阅读引领。在保证学校里"书籍映眼，随手可读"的基础上，学校又将阅读从时间和空间上进行延展，形成"晨诵、午读、暮分享"的一日三读模式。

一个专用小书包，一本优秀儿童读物，一份阅读记录单，一次阅读分享。每天的这"四个一"让学生在阅读的过程中积累着、分享着，使阅读成为每日里自然发生的事情。烟台市读书小明星姜俊康同学说："在书中我学到了无穷无尽的知识，感悟到许许多多的人生哲理，更激发了我为建设伟大祖国而努力学习的动力。书就像是我的一位良师，随时随地地指引我走向成功。"

携带着美丽的梦想、蕴含着赤诚的信念、展开着美好的历程，朱吴镇第一小学坚信：学生唯有与书相伴，才能在灵动、跳跃的文字中拓宽视野、点燃智慧、绽放美丽，最终成就幸福人生。

二、三位一体，让阅读循环圈不断完善

英国作家艾登·钱伯斯提出了"阅读循环"一说，并指出"有协助能力的大人是阅读循环的中心点"。孩子所在阅读循环的每一个环节都离不开有协助能力的大人。对于孩子来说，能够成为"有协助能力的大人"的人有两类：老师和家长。因此，要带领孩子走向阅读之路，老师和家长需要走上阅读之路。基于此，朱吴镇第一小学通过开展多层次阅读活动，将老师和家长共同吸引进阅读队伍，打造"三位一体"的立体阅读模式。

老师、学生以及家长是朱吴镇第一小学用心培养的三个阅读主体，根据三个主体的发展需求，朱吴镇第一小学为他们打造了不同的交流和学习平台，又通过"百日阅读"活动为他们提供共同交流、分享、支持和鼓励的舞台。这样，这三个主体既有不同的阅读方式和阅读内容，又能够参与相同的阅读活动，形成了各有发展又紧密联系的状态。

"我陪伴儿子每天读书，读了五年。在阅读的过程中，成长的不只是我的孩子，我也在书里学到了很多。感谢学校一直坚持推动阅读。在今后的日子里，我还会与孩子一起坚持阅读的，让阅读成为终身的学习习惯。"书香家庭的家长程荣丽这样说。

其实，一个孩子就是一颗种子，他们像蒲公英会携带书香轻飏千里万里；一个家庭就是一个驿站，他们周流转运，一站站传递读书的热情。小手拉大手，越来越多的孩子和家庭与书为友，10 年、20 年、30 年、40 年……一个人到 10 个人，一个家到 10 个家……将好书推荐给更多的人去阅读、去欣赏、去品味，在朱吴镇第一小学看来，没有比这更令人愉悦的事了。

三、一誉三阶，让阅读评价螺旋促成长

一套完善的评价体系，必定是以激励为主要目标的。朱吴镇第一小学设立的所有阅读评价都以层层递进的激励为主。而且，在评价体系中不只是有对学生的激励办法，更有对老师和家长的激励措施。

在读书荣誉称号的设计上，学生层面分为"百日阅读小明星""书香少年"和"终身书香少

年"三个层级。在每学期的百日阅读活动中坚持阅读并打卡 100 天的孩子可以申报"百日阅读小明星"称号,两学期都得到"百日阅读小明星"的孩子可以在读书节中申请"书香少年"称号。两届"书香少年"称号的获得者可以凭图书流转档案申请"终身书香少年"称号。这样,学生在阅读的过程中可以通过不断积累的阅读量来申请相应的称号。教师和家长层面各设两个层级,教师层面分为"百日阅读指导老师"和"书香园丁";家长层面则分为"百日阅读优秀陪伴人"和"书香家庭"。

在阅读评价方式上,构建家长与老师共同配合的评委组,通过提问、交流等方式对学生的阅读情况进行评价。评价过程中,其他同学也是小评委,参与对同学的阅读评价过程中。每一个孩子是阅读者,也是评价者,在分享的过程中学习,在学习的过程中成长。

有标准、有方法的层递式评价,让每个层面的人都知道自己阅读过程中可以申请的荣誉,清晰地明确自己的阅读路线,使阅读成长的自我力量得到启动和发展。

"当我看到三两个小脑袋凑在一起津津有味地读书的时候,当我看到家长为孩子购买的一本本好书的时候,当我看到教师在工作之余捧起书籍的时候,我觉得一盏盏阅读的灯与我互相照亮,相映生辉,我觉得自己是一个幸福的校长!"王保洲校长这样说。

学校在推动阅读的路上,也收获了累累硕果。多年来,学校一直被评为海阳市书香校园,2013 年还被评为烟台市书香校园。

"腹有诗书气自华,最是书香能致远。"在书籍的引领下,校园里的每一位师生掠去内心的浮华,一边去关注自我的成长,一边去仰望星空。大家相互鼓励又充满理性将阅读的疆土不断拓展,在书香氤氲中,行稳致远。

海阳市朱吴镇第二小学

海阳市朱吴镇第二小学，创建于1956年，占地66亩，坐落于海阳市北部著名的地雷战之乡——朱吴镇。校园内，竹林悠悠，绿树成荫，形成"处处是风景，时时有花香"的诗意境界。在新时代品质教育的感召下，学校本着"为学生终极发展奠基，为教师终身学习铺路"的教育宗旨，以"竹品"和"人品"的有力契合，积极创建竹品文化校园，践行"开一方乐土，育一代英才"的教育理想。在全体师生的共同努力下，学校先后获得"烟台市规范化学校""烟台市安全文明校园""海阳市教学工作先进单位""海阳市教科研先进单位""海阳市疫情防控先进单位""海阳市综合实践先进单位""海阳市书香校园""建设朱吴红旗单位"等荣誉称号。

党建引领创新路，竹品教育铸英才
——海阳市朱吴镇第二小学"竹品"教育纪实

"办学要有思想，教育需要创新，治校需有灵魂。"这是朱吴镇第二小学校长徐秉锐一直秉持的教育理念。学校始终以"植悠悠竹林，育谦谦君子"为教育内涵，精心创建"竹品"文化校园，培养学生有"礼"有"节"的"竹品"人生。

一、审时度势，优势开发——竹品文化思路的来源

品质教育的呼唤。学校积极响应海阳市委、市教体局指示精神，开展以"立德树人"为根本宗旨，以打造"平安、高尚、和谐、卓越"的教育新样态为总体目标，以"新学校"建设、"新课堂"研究、"新教师"塑造三个维度为重点内容的新时代品质教育创建活动。

同心勾画的蓝图。2020年下学期伊始，徐校长组织全校党员干部、教师进行了一次集中深入的研讨，核心内容为创建校园"品质教育"。经过集思广益，最终形成决议，在学校范围内进行探索性改革，发掘、发展、发挥校园自然优势，精心创建"竹品文化"校园，将传统的儒家思想文化发扬光大，增加校园文化的内涵与底蕴，培养有"礼"有"节"的新时代人才。

得天独厚的优势。海阳市朱吴镇第二小学是"烟台市花园式学校"。校园里，郁郁葱葱的竹林随处可见，成为校园里一道最靓丽的风景，这为打造校园"竹品文化"创造了得天独厚的条件。

二、阐幽显微，深度挖掘——竹品文化丰富的内涵

确立竹品文化的核心内涵。竹品文化是君子文化，是古代贤达的追求和象征。白居易在《养竹记》中，将竹品人格化，喻为一种精神风貌，视之为理想人格的化身，以"本固、形直、心虚、节贞"寄予了竹品高度的评价。竹本固、固以树德，君子见其心；竹节贞，贞以立志，君子见其节；更有文人雅士称颂竹品有"十德"，即正直、奋进、谦逊、质朴、奉献、卓尔、善群、性坚、操守、担当，几乎涵盖

了"君子"的所有特质；后人又有高论"可敬者修竹，虽有能焚其身不能夺其节之傲骨，然捡碎石相围，就如画地为牢。纵春日和暖，不失凛凛然之。如人之君子，持操守不为繁华所诱，更显青翠本色"。综上所述，一言蔽之，竹品即人品。"竹品文化"教育的核心在于育养德才兼备的"君子"。这与时下所推行的社会主义核心价值观教育不谋而合。

确立校园竹品文化的发展方向。有节有度，坚韧不拔，虚怀若谷，节节拔高，无疑是竹品文化的精髓。落实到日常教育教学中，学校确立了新时代竹品文化的发展方向，即教学理念要竹枝般展现秀美；教学管理要竹丝般细致条理；教学活动要竹箨般层层跟进；教学目标要竹叶般脉络清晰；教学过程要竹花般活泼灵动；教学评价要竹竿般掷地有声；学生成长要竹笋般遒劲蓬勃；教师品质要竹节般高风亮节；教育精神要竹根般甘于奉献；教师胸襟要竹心般虚怀若谷；专业提升要破竹般迎刃而解。简而言之，竹品文化有它的"诗和远方"——为学生的终极发展奠基，为教师的终身学习铺路。

确立班级竹品价值目标和发展愿景。一年级定义为竹芽班，旨在学习竹子扎根泥土，拔地成节的品性，重点培养学生良好的学习习惯和积极向上的生活态度；二年级为竹节班，旨在学习竹子坚韧不拔，顽强不屈的气节，重点培养学生不拘小节，豁达乐观的胸襟；三年级为竹枝班，旨在学习竹子疏密有致，生机勃勃的风采，重点培养学生挑战自我，超越自我的气度；四年级为竹叶班，旨在学习竹子栉风沐雨，傲霜斗雪的品格，重点培养学生思维清晰，迎难而上的情怀；五年级为竹干班，旨在学习竹子壮志凌云，虚心向上的节操，重点培养学生淡泊名利，虚心好学的品行。

三、盘根错节，枝繁叶茂——竹品文化教育的落实

书香浸润，夯实竹品文化之基。学校成立了"芳草地"读书社，以文化沙龙、演讲比赛、名家访谈等形式，夯实竹品文化的根基，使之牢牢占据教师心灵一隅，成为现实教育教学活动的源头活水。要传播竹品文化，教师首先要成"竹"在胸，否则，师父不明徒弟拙，校园竹品文化的建设便形同虚设。

　　诗意盎然，根植竹品文化之魂。学校坚持"欲育其人，先育其心；欲育其心，先育其魂"的教育理念。经过反复筛选，为不同班级撷取了不同的咏竹诗篇，利用晨读、班会、品德课、传统文化课等时间指导学生诵读。如今，白居易的《题李次云窗竹》，郑燮

的《竹石》《新竹》《竹》，杨万里的《咏竹》等千古名诗已扎根校园，学生能够出口成诵。这些诗词从不同角度解读或颂扬了竹子的品性，无形中涵养着学生的竹品人生。

　　歌声悠悠，谱奏竹品文化之韵。学校创作了校歌《竹林悠悠》，歌词里既有对竹子的讴赞，也包含着对学生的希冀。贝多芬说，音乐是比一切智能、一切哲学更高的启示；先贤们则说，兴于诗、立于礼、成于乐。每天在早晨上课前、中午午饭时、下午放学后滚动播放《竹林悠悠》，歌声满校园，竹品润心灵。它是一种暗示效应，一种润物无声的人格育养。

　　点面结合，调和竹品文化之色。除了精神层面的育养，学校更注重来自生活实践的锤炼。一系列活动的开展为竹品文化的推行起到了"推波助澜"的作用：每个学期"竹品文化走进课堂"教师授课大比武活动，让品质教育与常规教学相融合；春天到来，"植一株翠竹，种一个心愿"活动，将学生的心与竹子牢牢牵系在一起；定期开展"画竹子"比赛，众多"小画家"脱颖而出，竹子生机盎然、壮志凌云的形象跃然纸上；用竹子叶片进行创意"竹子画"竞赛更具神韵，一枚枚小小的竹叶，寄托着学生们的灵感，也赋予了孩子们以激情；学期中开展的"我和竹子一起长"征文，则将孩子们对竹品文化的理解诉诸文字。言为心声，一篇篇洋洋洒洒的文字诠释着竹品文化对幼小心灵潜移默化的濡染；每个期末"竹品文化小标兵"的评选，则是对孩子们竹品文化的综合考量，在全校范围内树立了榜样。系列活动的开展，点面结合，立体化呈现，丰富多彩，成效显著。

四、品香审韵,衔华佩实——竹品文化成果的彰显

竹魂党建强意识。竹魂党建的引领,提高了党员干部的觉悟,公仆意识和奉献精神进一步强化,在创建竹品校园活动中,党员的模范带头作用体现得淋漓尽致,竹品文化赋予了党性新的内涵。

竹品课堂立形象。竹品文化融入课堂,丰富了课堂的文化内涵,激发了教师斗志。学校自推行竹品文化以来,教师的使命感更强,动力更足。"学高为师,身正是范",无论职业操守,还是业务素养都有了质的飞升,"立德树人"思想得到进一步巩固。

竹品文化砺品格。君子情怀已经在学生心中悄然萌发。每当唱起《竹林悠悠》,一股豪气油然而生,"未出土时先有节,及凌云处尚虚心"已经根植到学生的血脉之中;学生伫立竹林前,随口吟唱:不用裁为鸣凤管,不须截作钓鱼竿。千花百草凋零后,留向纷纷雪里看。竹子的高风亮节浸染着学生的魂魄,对人格的育养施以潜移默化的影响。

竹品校园成合力。竹品文化校园的创建,改变着学生成长的轨迹,也感染着每一位家长,他们看在眼睛里,感动在心头,纷纷寄予学校工作以高度的认可和全力的支持。许多家长感叹说,自学校推行竹品教育以来,孩子的表现判若两人,之前,"知难而退";现在,"迎难而上"。也有家长坦言,孩子一改之前的傲慢狂妄,变得低调谦逊,变化之大,简直难以置信。不少"迁"出的学生"回心转意",几经周折又转回了学校。因为,家长和孩子们在这里看到了明天,也看到了希望。

竹品教育结硕果。自学校开展竹品教育以来,先后有4名党员获得海阳市优秀党务工作者、海阳市优秀共产党员荣誉称号;有12名学生在海阳组织的各类活动中获奖,1名学生获"齐鲁生态环保小卫士"称号,学校自编自创的"竹竿舞"获海阳市艺术月一等奖并被烟台市教育局教育信息专门报道;学校开发的《竹笛制作》获烟台市创客大赛一等奖;2021年10月学校获得"海阳市书香校园"称号;学校的竹品教育系列活动先后被水母

网、烟台教育网、烟台大小新闻、山东直通车等媒体报道。

鲁迅先生说："不满是向上的车轮，能够载着不自满的人前进。"如今，这已然成为朱吴二小所有人的共识。我们相信，唯有不满，才有追求；唯有追求，才能进步。放眼未来，我们戒骄戒躁，且行且思，誓将"开一方乐土，育一代英才"的教育理想变成现实。

海阳市经济开发区中心小学

　　海阳市经济开发区中心小学,始建于1997年,现有教学班10个,学生328人。学校以"让每一个生命都精彩"为办学理念,以"教人求真、学做真人"为目标,以"真实做事、真诚做人"为校训,本着"成才先成人"的原则,着力培养"品优、体健、博识、担当"的学生。近年来,学校先后获得"山东省档案管理工作达标先进单位""山东省文学艺术教育先进学校""烟台市级规范化学校""烟台市校本教研工作示范学校""烟台市安全文明校园""烟台市科技教育先进单位""烟台市教科研先进单位""海阳市少先队工作先进集体""海阳市德育工作先进单位"和"海阳市教学工作先进单位"等荣誉称号。

守护生命本色，成就生命精彩
——海阳市经济开发区小学"生命"教育纪实

"生命本色，是什么？生命本色是绿色，如幼苗蓬勃向上，充满希望；生命本色是金色，如阳光乐观豁达，传递温暖；生命本色是五颜六色，如花儿五彩斑斓，向往自由……"说起学校教育，开发区小学李文纯校长侃侃而谈。

"我最喜欢开发区小学这样的平房，接地气，课间孩子们活动场地开阔，能跟阳光、空气、大地时时亲密无间，健康成长。""对，开发区小学小班化教学，孩子们能参与各样的文体、实践活动，老师们能随时关注到孩子的变化。"谈起开发区小学，家长们争相发言。的确，开发区小学面积不大，从校门口一眼能看到头，四排整齐的红瓦房中间由南北贯通的甬路隔开，甬路由南向北呈 15 度的小坡度缓缓而上，教室前面建有"袖珍"小菜园和水泥活动场地，整个校园绿树红墙交相辉映，充满田园色彩，静谧优雅，踏入其中让人突生"蹉跎莫遣韶光老，人生唯有读书好"的感慨。

开发区小学 60％以上的学生属于打工子女，学生基础层次不一，30 多名领导和教职员工用智慧和爱小心呵护每一个生命，让他们能绽放属于自己的精彩。正如海阳市教体局局长纪卫东所说："我们就要根据我们的地域特色，发挥教师特长，关注孩子的差异，让每一个家庭都能放心把孩子交给我们。"

一、构建以生长绽放为目标的生命课程体系

遵循学生发展规律，构建与生命成长相吻合的"生长课程"，是开发区小学思考的第一个课题。在课程内容上学校在创造性落实国家课程的同时引导全体教师因地制宜开发校本课程，目前共开设三个层次十二大类四十

多项特色课程；在课程落实方法上，学校在发挥教师特长的基础上聘请社会专业人士执教（如舞蹈、篮球、书法），同时探索学科间融合，培养学生的综合应用能力。让所有课程的落实都要努力成为引领学生追求真善美的过程，成为学生精神境界和生命品味不断提升的过程，同时也是学生心灵不断丰富和充盈的过程。

第一层次是固本课程，包括学校所有老师担任的国家课程、地方的文化传承课程和学校的道德素养及习惯养成课程。禾苗要健康成长必须要深扎根，要保证阳光雨露滋润。所以固本课程是必修课，必须刚性化落实，惠及每一个学生、生命成长每一个方面。要保证按课表、按大纲、按要求落实。重视双基训练、夯实学科核心素养。强调过程中讲与练结合、学评教一致、生与生互助，人人获得真知、感悟真情、落实真行，让学生的身心健康发展，实现我健康我精彩。

第二层次是拔节课程，主要有任课教师开发的知识拓展、思维训练、技能提升、劳动实践等课程。生命力旺盛的禾苗吸取养分多、根深叶茂，成长快，像竹笋拔节一般。拔节课程作为选修课让学生自主选择，给有需要的同学提供，主要通过活动拓展课落实。比如，早读时的数学小讲师活动，每学期所有学生能上台两次尝试当小老师，三分之一的学生能大方流畅完成讲解；再如，校园教室前的袖珍小菜园在让每个孩子经历蔬菜的撒种、管理、收获、烹饪的过程，体验劳动幸福的同时，涌现出一批劳动行家里手。拔节课程的实施，拓宽了学生的视野、深化了学生的思维、提升了学生的特长方面的技能、增强了生活实践应用能力，让学生的见识广博深刻，实现"我博识我精彩"。

第三层次是绽放课程，为选拔有特长的老师，学校聘请社会专家型人士开发的文学、艺术、科技、体育等方面的课程。每一粒种子因为品种不同成材也不同，有的靠绿油油的叶子装点大地，有的开出艳丽的花儿给人美的享受，有的长成参天大树供人乘凉。绽放课程作为特修课程让有潜质的学生在有专长的老师的带领下集中训练、专项发展，让活动成果绽放。如舞蹈表演、英语课本剧连年获得海阳市一等奖；飞机模型比赛3人获得烟台市一、二等奖等。通过各个层次的成果展示，让艺术之美陶冶情操、让科技之奇便捷生活、让文学之韵净化心灵、让社会参与传递温暖，让学生的技艺美丽绽放，实现我担当我精彩。

二、建设以核心素养导向的品质课堂

课堂是教育教学的主阵地，为全面落实求真教育，学校以培养"全面发展的人"为核心，以中国学生发展核心素养和学科核心素养为导向，关注课程意识和学科本质、关注学生的学习，从学生学习的角度来组织、设计、展开教学活动。基于此，学校品质课堂主要采用小组合作学习模式展开，即课前导学、自主学习—合作探索、交流展示—巩固练习、合作矫正—课堂小结、多元评价，着力培养学生善思、乐学、自主、合作的学习品质。

1. 课前导学，通过思维导航卡，引导学生思、查、练、研、记，初步学习知识，培养学生自主学习习惯，培养思维的主动性和广阔性。

2. 合作探索，通过小组交流展示，引导学生展、思、疑、辨、结，深入掌握知识，培养学生合作学习能力，培养思维的批判性和深刻性。

3. 巩固练习，通过梯次变式练习，拓展学生思维，培养学生综合运用知识的能力，培养思维灵活性和逻辑性。

4. 课堂小结，通过自我反思、多元评价，回顾课堂收获、构架知识框架，形成能力、享受成功体验，培养思维概括性和创造性。

三、培养求真务实、知行合一的品质教师

教师既承载着传播知识、传播思想、传播真理的责任，更肩负塑造灵魂、塑造生命的时代重任，学校围绕真爱、真研、真教全面提升教师品质。

1. 修师德，唤醒"真爱"。爱是师德的核心，这份爱是博爱，包含对教育的热爱、对同事的友爱、对学生的关爱。这份爱需要用行动来唤醒，并用行动去温润。

党员干部带头奉献"爱"。充分发挥党员干部的先锋模范作用，实行党员干部"一岗三带两示范"制度："一岗"指每一位党员干部要负责站好自己的值日岗；"三带"带一个班级、一名教师和一名学生，时时处处跟踪指导；"两示范"指思想上能以身作则、业务上能善于引领。这种实实在在的行动让学校时时漾起爱的晕圈。

教师教育信条启迪"爱"。学校设立"教育信条"墙，抒写每位教师的教育初心和梦想："爱是走进孩子心灵最近的路！""细腻体察、耐心引导，做一个有温度的老师！""真心爱学生、热心待工作、诚心做教师！""因为我的存在，使他人得到幸福，使集体得到温暖！""从零开始，持之以恒，静待花开！"这些朴素真挚的语句时时敲打着每个人的心田，激励着教师自己也启迪着他人，让校园爱意融融。

全员育人播撒"爱"。学校实行全员育人导师制，让每位教师都参与班级管理做学生的导师，每位学生都有导师负责。学校共有 6 名经过专业培训的心理咨询师，他们作为学校家庭教育团队每学期至少举办两次家庭教育讲座，与家长面对面交流亲子教育方法。活动的组织，增强了家校教育合力，让学生享受着爱的阳光雨露茁壮成长。

2. 强师能，落实"真研"。他们通过"三研"全面提升教师素养。一是研习书法，夯实教师基本功。每周设立 1 节教师书法课，名师执教，全体教师参与，

每周上交一份书法作业，每学期两次书法展。每天中午学科教师跟学生一起练习学科书写内容（汉字、数字、英语字母）。书法练习提高了教师的板书质量、指导能力，也让教师能静心潜行、专注工作。二是学科教研，提高教师专业素养。通过主题教研、课堂打磨、课例研讨、观摩名师等形式引领教师深入研究课标、教材、教法，全面落实学科核心素养，实现深度教学。三是研读名著，丰富思想内涵。每位教师每学期至少读一本教育名著或者教育刊物，提升教师的教育力。

3. 重实效，敦促"真教"。主要体现在教会知识、形成能力、激发兴趣三方面。主要通过"两测一评"评价教的效果，敦促教师"真教"。"两测"是指知识抽测和能力测评，如语文词语接龙和即兴作文、数学和科学实践操作、英语口语对话、道法临场调查等，既考查学生的学科能力又考查学生的坐立行、语言表

达、文明礼仪等习惯。"一评"是指每学期进行"你最喜欢的老师"问卷调查,反馈学生的学科学习兴趣。

下课铃声响起,学生有序、有礼、有节的课间活动,学生清脆悦耳的笑声都在向我们宣示着他们的快乐与幸福。"试玉要烧三日满,辨材须待七年期。"我们仿佛看到在开发区小学这片沃土上培育出的幼苗遍布祖国各地,散发着生命的芬芳。

第五章

学前教育
构建充满童真童趣的快乐家园

海阳市实验幼儿园

　　海阳市实验幼儿园成立于1953年,是一所省级实验幼儿园。现有实验幼儿园、凤城街道中心园、方圆街道中心园、核电幼儿园4所园区, 31个班级, 900多名幼儿, 130名教职工。多年来,实验幼儿园以"办人民满意的教育"为宗旨,秉承"以爱育人,用心教育"的办学理念,倡导"和谐、仁爱、唯美、温馨"的"和美"园所文化,培养"健康快乐、积极向上、文明自信、全面发展"的儿童。幼儿园连续荣获"海阳市'十佳'文明学校""烟台市托幼工作先进单位""烟台市文明幼儿园""烟台市'巾帼文明岗'""烟台市教育系统先进集体""山东省课程游戏化整体推进实验基地""全国足球特色幼儿园"等称号;分园凤城街道中心幼儿园、方圆街道中心幼儿园2020年被认定为省级示范幼儿园。

小游戏　大成长
——海阳市实验幼儿园游戏化课程建设纪实

"孩子们不仅仅是单纯地在玩游戏,其实里边的学问多了去了!在家里,我发现孩子知道了规则的边界,愿意探索,更加自立,也养成了好的习惯!这些都是在游戏中学会的。"中一班丹丹妈妈称赞不已。

"幼儿园要'以游戏为基本活动',引导他们在与环境的相互作用中得到发展",为落实幼儿园课程改革这一重要指导思想,实验幼儿园切实以儿童为本,实施游戏化课程,让幼儿在开放、自主、多元、快乐的活动中培养兴趣、挑战自我、放飞梦想。

一、环境改造大升级,因材施教育专长

环境是游戏质量提升的基本保障,是幼儿园课程的重要组成部分。该园努力打造"让每一面墙壁都会说话"的文化氛围,探索实行区域活动"双走制",让孩子们在游戏中成长。

室内"双走"真欢乐,区域游戏玩中学。游戏时间到啦,走廊上开始热闹起来!听,超市服务员在招呼:"都来瞧一瞧、看一看,今天超市大特价,便宜啦!快来买啊……";看,烧烤摊内生意火爆,服务员点菜、上菜更是忙得不亦乐乎;戴着听诊器为病人看病的医生;拿着"变美手册"给顾客

设计时尚发型的理发师……原来这是孩子们在玩角色扮演的游戏。

瞧,建构区内孩子们正在热火朝天地搭建着,来自不同班级的几个孩子聚在一起,奇妙的火花不断碰撞,孩子们手下的建筑风格也越来越多样,高楼大厦平地而起,童话城堡精致美观。当意见发生分歧的时候,请老师来做裁判。看着孩子们争先恐后地介绍自己的作品,看着孩子们一张张开心的笑脸,赵老师兴奋地说道:"'双走制'让孩子们的游戏变得更加热闹,孩子们得到了成长,老师也得到了成长。"

"玩中学"是幼儿最好的学习方式,也是最有意义的学习。区域活动"双走

制"就是对平行班级的区域活动进行统一整合，合理规划，适宜搭配，同级部幼儿任意选择喜欢的区域进行游戏，教师根据自己的指导特长选择指导区域的一种活动模式。园里共设置银行、建构区、科学发现区、数学区、种植区等 26 个独立区域，开设娃娃家、理发店、超市等 11 个公共区域。在游戏活动中，孩子的自我意识与伙伴意识迅速增强、交往技能与探究想象力都得到不同程度的提高。

小小萌娃多创意，户外游戏做中学。孩子们对户外环境创设有自己的想法：大班孩子吐槽"CS 野战区"，他们觉得那几个平方太小了。于是，幼儿园让孩子们自己设计图纸，并根据孩子们的设计图，将以观赏为主的绿化带调整为体能游戏区，将幼儿园野战区西侧的空地改造为轮胎山。为满足攀爬需求，孩子们设计轮胎攀爬墙，定期进行不同组合、不同形状的改造，使户外区域空间更加丰富和新奇。

"我看电视上打仗都有手榴弹""可是我们没有手榴弹呀"孩子们围绕着手榴弹展开了一系列的讨论，从手榴弹的形状、颜色、材料都进行观察和研究。一张张与众不同的设计图在他们的笔下诞生，一个个充满童趣的手榴弹跃然纸上，他们的奇思妙想令人惊叹，他们的精巧构思让人折服！没有材料怎么办，孩子们用废旧物品来制作，将旧报纸团成球，压扁，再压扁；将收集到的树叶、落花等自然物对手榴弹进行再创造，让手榴弹看起来更加"隐蔽"。孩子在充满自然气息和野趣的环境中游戏着、创作着……活动过程中，老师抓住幼儿的兴趣组织幼儿发挥聪明才智，动手制作沙包、报纸球、创意纸箱等，创新游戏内容，体验游戏多元玩法的乐趣。

陈鹤琴先生指出：凡幼儿能做的，让他自己做。"做中学"顺应幼儿好奇、好动的天性，让他们在动手过程中获得经验，认识自己的力量，促进其思维、动作等综合能力的发展。

2019 年实验幼儿园承办"海

阳市学前教育自主游戏现场研讨会"，全市 13 所幼儿园参加，受益教师 300 余名。"第一次见'双走制'这种游戏形式，真是打破了我对传统区域游戏的认知，不仅提高了孩子们的语言表达能力，还促进了孩子的社会性交往，真正提高了教师的游戏指导水平，我们回去也要试着学习……"参观教师对"双走制"的区域游戏有了更深一步的认识，纷纷表示这样的游戏才是真正让孩子参与其中的游戏。

二、体能锻炼大循环，挑战自我意志坚

实验幼儿园的户外活动一直坚持以幼儿健康快乐为目的，以自主游戏和体育锻炼为载体，不断挖掘健康体育的内涵，尝试开展体能大循环活动。

重参与与自主，释放孩子天性。每天上午 9 点半，操场上孩子们三五成群地结对而行，自主搬运材料器械，开始一天的户外体能大循环。

八仙过海，各显神通。海绵垫、平衡桥、组合梯搭建在一起；鞍马、滚筒、轮胎、拱门等有序地进入活动场地。音乐响起，运动场上一个个幼儿精神抖擞，身手敏捷：钻过攀爬网、翻过轮胎山、飞跃大滚筒、走过平衡木、两手一撑迅速跳过鞍马、越过障碍加速跑，然后爬到安吉箱上，和同伴比比看谁更快一点。一道道关卡，一组组障碍，一次次挑战，是对孩子们运动潜能的考验，激励孩子们在体育锻炼中，一点点突破自我，一点点获得更多的成就感。

"孩子们玩得太开心啦！多亏幼儿园的户外运动，我家孩子现在很少感冒了。"小一班彤彤妈妈说道，"尤其是户外大循环，这个活动实在是太好了。""当我们一家人出去玩的时候，子轩总是会向我们展示他在幼儿园学到的本领：跨跳、飞跃、鞍马等，他以前从来没有主动向我们展示过，户外大循环让他更加自信了。"子轩妈妈兴奋地说。

重观察与支持，展示教师"匠心"。"静萱从波纹管里出来以后，捡到了一个同样大小的波纹管。她试着用两只手同时滚动两个波纹管，但在滚动的过程中两个波纹管总是滚着滚着就分开了。她却不放弃，试图将它们掌握在自己手

中。琢磨了一会儿，她找到了方法：只见她两手同时扶着波纹管的边缘慢慢地往前推着波纹管走，自己的身体就在两个波纹管中间，这样两个波纹管就能够短距离地同时向前滚动了，找到方法的她开始不停地进行练习。我微笑着朝她点点头，她滚动得更欢了。"

这是孙会老师在"翻滚吧，波纹管"活动观察记录中描述的一个场景。孩子自主游戏中，老师不对游戏进行刻意控制，在顺应幼儿游戏意愿的前提下支持并推进幼儿游戏的开展。孩子在自主决策、自主规范、自主调控和自我负责的过程中成就自己。拿着相机正在给孩子们拍照的隋倩倩老师说："我在体能循环中发现了一个个了不起的幼儿，而且还发现教师越放手，幼儿越能干。每个孩子都能创造出一个属于自己的高水平游戏，不得不佩服他们。"

"老师在陪伴孩子们过程中，表现出的高度专业性，这是保证游戏化课程品质的重要条件。"海阳市教体局局长纪卫东在考察该园游戏化课程落实情况时说。

三、游戏多元大趣味，潜移默化养习惯

为扎实推进科学幼小衔接工作的开展，助力幼儿养成良好习惯，发挥自我服务意识，实验幼儿园一直把培养孩子的自理能力作为教育的重要环节，作为游戏开展的重要环节，家园协作，共同促进幼儿的发展。

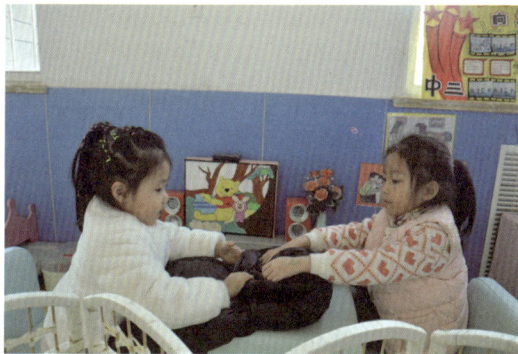

聚焦能力，让衔接更加有序。"小衣服，放放好，我来把你叠叠好……"娃娃家内，"妈妈"伊宁正在给宝宝叠衣服。园内通过开展"我是自理小达人""比比谁更快"等游戏，让孩子在游戏中养成良好的生活习惯。

教师通过梳理各个年龄段幼

儿的自理能力培养目标，制订培养计划，充分利用中午散步、如厕盥洗、睡前准备等时间，寓教育于游戏。在游戏中提高幼儿的生活自理能力、自我服务能力。一段时间过后，小班的孩子们慢慢学会自己穿脱衣服、使用勺子吃饭；中班的孩子能够自己叠衣服、自主取餐、分类整理；大班孩子成长为老师的小帮手，自己整理书包、系鞋带、照顾植物角，成为班级的小主人。

家园沟通，让孩子前行更加有方。游戏化的习惯和能力培养，不只是在幼儿园，还需要家庭的配合，家园理念一致才能形成教育合力。因此，该园注重实施两个策略。

一是注重发挥家长学校的职能。每学期定时开展两期家长课堂，将幼儿成长特点及游戏化教育理念传播给每一位家长。在此过程中，教师及时与家长进行沟通，了解家长的需求，解决家长的困惑，听取家长的想法，建立有效的家园协同机制。通过家园合作，共同促进幼儿的发展，做好幼小衔接工作。

二是注重家园课程的开放。家长来到幼儿园参加幼儿游戏课程，在课程中感受教师和幼儿在游戏过程中的角色参与，看到孩子在幼儿园的成长，学习如何参与幼儿游戏。"老师，孩子在家里能自己穿衣服，系鞋带啦，不但不用我帮忙，还用'自己的事情自己做'来教育我呢！""我家孩子现在回到家之后也会主动擦桌子、扫地，还说也要当小主人呢，她奶奶都说孩子长大了。我们看到孩子的进步真的特别开心、骄傲。""老师，孩子就愿意来幼儿园，早早入园可以照顾班内的花草、小鱼、小乌龟，可以帮助老师整理玩具，还能进区域玩游戏，坚持满勤，坚决不请假。"家长们对孩子的转变赞不绝口。

在幼儿教育中没有哪一个环节可以省略，幼儿的每一项能力都值得认真对待。家园合力，保护孩子渴望成长的意愿，在关键期让幼儿形成良好习惯。

实验幼儿园的游戏化课程受到孩子的喜爱，家长的欢迎，幼儿升入小学后各方面能力都得到一致认可。在课程实施的过程中，我们也收获着成果。2020—2021学年度先后有 18 个游戏案例、视频及教育活动在省市级比赛中获奖，其中《空中搭建引水渠》获得烟台市游戏案例视频解读一等

奖；作为课程游戏化整体推进实验基地，幼儿园承担了 13 个子课题研究，5 个子课题荣获优秀中期科研成果；承担山东省基础教育教学改革项目"幼儿园区域活动'双走制'研究"；烟台市"十三五"教育科学规划课题"幼儿一日生活活动组织与管理"已顺利结题并推广。

"孩子们的世界很奇妙，不是我们大人可以想象的，自主游戏正是让孩子在自主决策、自主调控和自我负责的过程中成为他自己，我们的游戏真真正正让孩子开心、家长放心。"海阳市委常委、统战部部长梁景俊在视察幼儿园工作时对幼儿游戏化课程开展的成果给予高度评价。从"为了儿童"到"始于儿童"，海阳市实验幼儿园回归儿童立场，保持教育初心，让孩子们脚下有力、眼中有光、心中有爱、茁壮成长！

海阳市亚沙城幼儿园

　　海阳市亚沙城幼儿园成立于 2014 年 9 月 9 日,省级示范性公办幼儿园。现有 10 个班,在园幼儿 300 余名,教职工 40 余人。自建园以来,幼儿园秉承"一切为了孩子"的办园宗旨,以"让幼儿园成为幼儿快乐成长的摇篮、让幼儿园成为教师自主发展的乐园、让幼儿园成为家长可以信赖的家园"为幼儿园发展目标,遵循幼儿发展规律,大力推进课程游戏化改革,注重教师专业成长和师德师风建设。先后有 16 人执讲过省、市级优质课,10 人在省、市级专业技能大赛中获奖,6 人获得山东省学前教育先进工作者、烟台名师、烟台市学前教育先进个人、烟台市安全管理先进个人等省市级荣誉。幼儿园管理规范,保教质量不断提升,先后荣获"烟台市学前教育先进集体""烟台市师德师风建设示范学校""烟台市安全教育和管理工作先进单位""烟台市三星级安全校园""海阳市安全工作先进单位""海阳市巾帼文明示范岗""海阳市三八红旗集体""山东省家庭教育示范基地""烟台市幼儿园课程游戏化整体推进实践研究优秀实验基地"等荣誉称号。

家园双轮齐联动　同心携手育未来

——海阳市亚沙城幼儿园家园共育纪实

"我有一个家,一个幸福的家……"音乐声中,王钧茹拉着爸爸妈妈的手,缓缓走上舞台,一家三口用甜美的歌声和欢快地舞蹈一起欢庆"六一",这是亚沙城幼儿园亲子联欢会上的一个片段。

"小兔子乖乖,把门儿开开……"当大灰狼长着血盆大口敲小兔乖乖家的房门时,台下静悄悄的,孩子们屏住呼吸,提心吊胆地看着蘑菇房里的小兔乖乖……这是王浩一家在亚沙城幼儿园庆"六一"亲子童话剧舞台上表演《小兔乖乖》的精彩一幕。

T 型台上,有驾驶恐龙战车,身着幻变铠甲的勇士;有头戴神秘面具,身披魔法斗篷的魔法师;有头戴花冠,身披彩纱的公主……这是亚沙城幼儿园庆"六一"创意时装秀上的亲子酷炫表演。

这一个个精彩镜头,是亚沙城幼儿园丰富多彩的庆"六一"活动掠影,也是新时代品质教育下家园共育的一个缩影。这些活动的开展,得益于一个群体——亚沙城幼儿园家委会。

2019 年 6 月,山东省教育厅张士瑞副书记来亚沙城幼儿园调研,在听到园长的汇报后曾赞叹道:"幼儿园就要拉紧家长的手,把家长带动起来参与到幼儿园的活动中来,你们的家园共育工作搞得有声有色,你们的小朋友太幸福啦!"

教体局局长纪卫东曾语重心长地指出:"要想教育好孩子,光靠幼儿园老师一己之力是不行的。正如我国著名教育家陈鹤琴先生所说:家园如一车两轮,同向行驶,才能更好地推动幼儿的成长。家园共育,我们一定要发挥好家委会的作用。"

为充分发挥家委会作用,亚沙城幼儿园在包维娟园长带领下,立足本园实际,成立由班级、级部、幼儿园为单位的三级家委会,并积极引领、指导家委会,开展丰富多彩的家园共育活动。携家长之手,对幼儿实施德智体美全面发展教育,促进了幼儿身心和谐健康发展。

一、交通协管:描绘靓丽风景线

每天早晨和傍晚,亚沙城幼儿园大门口都会响起一声声响亮而甜美的问候:"您好!""老师好!""老师再见!"……伴随着欢快的音乐,老师与家长完成了孩子入园、离园的交接。而此时,不管是刮风下雨还是严寒酷暑,家长们都会排着整齐的队伍,等待孩子进出幼儿园大门。这与建园之初家长蜂拥而至聚集大门口,以百米冲刺的速度跑到班级接送点"抢"孩子的镜头形成鲜明对比。

亚沙城幼儿园门口就是海隽路,周围没有停车场。每天上下学期间各种车辆汇集大门口,再加上其他过往车辆和接送孩子的家长穿梭其间,经常造成交通阻塞。这时,家委会积极倡导家长自发组织起来做交通协管员。他们组织家长轮流负责大门口东西两边的交通,提醒家长在指定区域整齐停放车辆并在大门口排队等候。现在,家长们排列整齐的队伍与路边有序停放的车辆,构成一幅靓丽的风景,这是亚沙城幼儿园的日常一隅。

教体局宋晓勇副局长曾翘指称赞:亚沙城幼儿园的家长素质确实高!特别喜欢亚沙城幼儿园大门口这幅文明有序、温馨融洽的画面,这也体现了亚沙城幼儿园家长的文明素养。

由于上下学期间家长接送孩子时间点比较集中,安保工作压力大,家委会又组织家长志愿者参加由幼儿园、公安民警、社区义警组成的亚沙城幼儿园联合护学岗。现在,每天上下学期间,幼儿园大门口经常会看到几位身着志愿者背心的家长导护员穿行于东西两侧,协助保安执勤,他们正在为孩子上下学保驾护航。

二、家长义工:心系师生献爱心

在亚沙城幼儿园,经常活跃着一支特殊的队伍——家长义工队,无论是幼儿园的老师、家长还是孩子,都是他们牵挂的对象。每当幼儿园有要事急事时,这支由家委会组建的家长义工队就会挺身而出。班上另一老师生病住院，小刘老师成光杆司令，家长义工前来救急照顾小朋友。看到窗户脏了，爬上窗台擦窗户；种植区的菜地需要平整，家长扛着锄头来了；孩子演节目需要化妆，家长带着化妆品来了；孩子升班要更换教室，家长们一呼百应，肩扛手抬，一会儿工夫，教室、寝室就从一楼搬上三楼；当听说老师装饰环境急需松果，家长不顾腿疾，夜里骑着电动车到海边黑松林，打着手电筒摘了一袋子送了过来……

家长们的行为感动着老师，当老师向家长义工表达谢意时，他们却不好意思地说："你们不要客气啦，你们做老师更不容易，既要组织照顾孩子吃喝拉撒睡，又要教孩子学知识、练本领，支持老师工作，就是支持自己孩子的发展！"

这支义工队不仅忙碌于各班，还经常活跃于幼儿园的食堂。屋外春寒料峭，而亚沙城幼儿园的食堂里却格外热闹。十几个家长义工身着工作服、头戴厨师帽，手持面团，或揉或团，或压或擀，偶尔还要用上刀剪，一会儿工夫，一只只栩栩如生的面燕儿立在面案上……明天就是清明节，为了让孩子们按照我们当地习俗吃上清明节的面燕儿，食堂义工们应约齐聚幼儿园食堂，一展身手，用她们灵巧的手做出孩子们喜欢的面燕儿。看，孩子们手捧热乎乎的漂亮面燕儿，个个爱不释手。

几乎每个跟吃有关的传统节日，亚沙城幼儿园都不落下。而每到需要时，食堂里就会有家长义工们的身影。五月初五包粽子，七月初七烙巧果，八月十五做月饼……孩子们吃着香甜的巧果和月饼，嚼着软糯的粽子，在品尝传统节日美食的同时，也感受着来自家长义工的深切关爱。而义工活动也让家长亲身体验了教师的不易,拉近了家长与老师的距离。

家长助教:进驻课显堂身手

"嘀嘀……"一辆满载装备的消防车驶进亚沙城幼儿园大门。不是幼儿园着火了,这是消防员叔叔给师生们做消防知识讲座来了。孩子们围着消防员叔叔指着消防车好奇地问这问那:"这个云梯怎么能上天?""管子里的水是从哪里出来的?""哎呀,消防员叔叔的帽子可真大!""消防员叔叔的靴子好重啊!"看到神奇的消防车,孩子们兴奋极了。

"要是着火了,小朋友要赶紧呼救,并拨打火警电话119……"这是在消防大队工作的吴浩的爸爸正在给小朋友上消防安全教育课。

为了充分挖掘各行各业家长的专业资源,丰富教育内容,亚沙城幼儿园组织开展家长进课堂活动。这一活动得到家委会的积极响应,他们动员在特殊行业工作或有一技之长的家长,走近孩子,走进课堂,成为幼儿园特殊的"教师团队"——助教。

这些助教的介入,让幼儿园的课堂内容更丰富了,交警爸爸王斌给孩子讲交通规则,孩子们学做小交警有模有样;医生妈妈邹俊俊教孩子们如何保护牙齿,知道换牙后长出的第一颗牙叫恒牙;陈方瑞的爸爸在科委上班,他给孩子们讲地震知识,让孩子们知道了地震来了怎么办;而建党七十周年开展的"爸爸妈妈讲红色故事",更是成为孩子和家长津津乐道的事情。有的家长为了确保讲述的故事能够吸引孩子,在家里提前备足了功课,道具、课件一应俱全,课堂上声情并茂,孩子们被深深地吸引住了。通过参与这些活动,家长们在收获成功喜悦的同时,也体会到了老师们的辛勤付出和教学的不易。

"家长是幼儿园的同盟军,是教育幼儿的重要合作伙伴,只有拉好家长的手,家园形成合力,才能教育好孩子。"这也是园长包维娟对家长工作的深刻理解和经验之谈。在海阳新时代品质教育背景下,亚沙城幼儿园将与家长携手,积极打造家园共同体,努力构建教育同盟军,实施高品质的幼儿教育,让家园这辆"双轮车"同向行驶,载着孩子们幸福快乐地驶向美好的未来。

海阳市凤城街道中心幼儿园

　　海阳市凤城街道中心幼儿园成立于2011年4月，占地面积3465平方米，建筑面积2573平方米，是海阳市第一所公办街道中心幼儿园，隶属于海阳市实验幼儿园，现有6个班级、175名幼儿、28名教职工。幼儿园师资力量雄厚，各种设施配备齐全，环境温馨，绿化美化宜人。多年来，幼儿园坚持以培养"全面发展的幼儿"为教育目标，以"发展孩子、服务家长、成就教师"为宗旨，贯彻"以爱育人，让生命之花尽情绽放"的教育理念，对幼儿实施全面、科学的教育，培养"健康快乐、积极向上、主动自信、全面发展"的儿童。2020年3月幼儿园被认定为山东省省级示范幼儿园，2021年11月被评选为烟台市学前教育先进单位。

传统文化浸润下的成长乐园
——海阳市凤城街道中心幼儿园传统文化课程建设纪实

"古诗朗诵和唱歌舞蹈结合,形式真新颖!"

"孩子们的京剧表演真有韵味!"

"孩子上幼儿园以后变得越来越有礼貌了,真是太感谢老师了。"

"传统文化可千万不能丢!幼儿园的教育理念真是不错!"

……

晴空万里,阳光明媚,在以弘扬传统文化为主题的庆六一文艺会演舞台上,海阳市凤城街道中心幼儿园的孩子们正为大家呈现一幕幕精彩的演出。《中华孝道》《古诗新韵》《少年志》……孩子们神采奕奕、声情并茂地吟诵、演唱着一首首经典;《拔苗助长》《戏说脸谱》《国学武术》……孩子们惟妙惟肖的舞台剧表演,向台下观众传递着传统文化的神韵。

海阳市凤城街道中心幼儿园成立于2011年4月,是海阳市第一所公办乡镇中心幼儿园。幼儿园2020年被评为山东省省级示范幼儿园、2021年被评为烟台市学前教育先进单位。园所开办之初,园领导便对幼儿传统文化教育格外重视:"幼儿阶段是传统文化教育的关键时期,一个人只有从小接受传统文化的熏陶,才能为日后继承和弘扬传统文化打下坚实的思想基础。"

新时代品质教育注重幼儿的终身养成教育,凤城街道中心幼儿园根据幼儿的身心发展规律和年龄特点,通过研传统文化、扬传统节日、体传统节气、玩传统游戏四位一体,采用不同渠道、不同形式,由浅入深、循序渐进地对幼儿进行中华优秀传统文化教育。

一、研传统文化,创新特色课程

《关于实施中华优秀传统文化发展工程的意见》提出"全面复兴传统文化"的重大国策,要求把中华优秀传统文化全方位融入教育各环节,贯穿于教育各学段。作为一所乡镇幼儿园,我们不禁思考:对于传统文化,到底该采取何种方式和策略来丰富和充盈孩子,并将其融入幼儿一日活动中呢?在执行园长刘海梅的统筹组织

下，幼儿园每周定期开展传统文化课程教研活动。

张伟主任表示："很多传统节日不单单是一个节日，它与我们的生活密切相关，节日背后的历史文化更值得后人去学习和传承。"姜超老师说："在优秀的中华传统文化中，不仅有节日节气文化，还有剪纸、折纸、雕刻等艺术创造活动，我们可以在艺术活动中融入传统文化元素，既增强艺术活动的趣味性，又更好地进行传统文化教育。"赵洪瑜老师认为："幼儿园以游戏为基本方式，我们应该把传统文化内涵渗入游戏中，让孩子'学'与'乐'相辅相成，幼儿园可以组织舞龙舞狮、划龙舟等活动。""咱幼儿园的教研和学习氛围太浓厚了，我们在这里真是学到了不少东西！"鲁东大学的实习教师杜艳和许昊铭感慨道。

经过集体研讨、反复修改，历经近一年的时间，幼儿园终于在 2019 年完成了符合园情的园本课程"中国传统节日和节气里的传统文化"。园本教材共设计了 24 节传统节气主题活动、12 节传统节日主题活动以及 45 首相关古诗和 36 则相关故事。教师采用图片、视频、绘本等多种形式为幼儿介绍传统节日和二十四节气的时间节点、习俗、饮食、诗词等，以此体验传统节日和二十四节气的无穷魅力，促进幼儿的全面、多元发展。

二、扬传统节日，传承民俗文化

"二月二龙抬头，风调雨顺又丰收"，伴随着锣鼓声，龙娃们舞动着长龙飞腾而入："二龙戏珠""神龙摆尾"，龙娃们一起一伏、一屈一伸，形成了大气势的舞龙景观，祝福着祖国的明天越来越好。

"五月五是端午，吃粽子赛龙舟"，一片片粽叶在孩子们手中翻折，呈现出一颗颗形状各异的小粽子。粽叶飘香，孩子们品尝着自己的劳动成果，谈论着端午节的来历，爱国情感和动手能力在活动中得到提升。

"爷爷我喂你吃水果。""奶奶我给你捏捏肩膀。""姥姥我爱您，您辛苦了。""奶奶我长大了，可以做很多事情了。"这是凤城街道中心幼儿园举办"金秋重阳节,浓浓祖孙情"活动中的一幕。活动结束后,徐建豪的姥姥热泪盈眶:"孩子在家从没为我做过事情,我真的是太感动了。"臧雪言奶奶十分认可:"这样的活动太有意义了,孩子回家后有好吃的先拿给我吃,感觉孩子长大了,懂事了。""孩子现在回家看见我就过来抱抱我,真是太暖心了。"重阳节活动中,孩子们感受和体验到了老人的爱和辛苦,并学习着用自己的方式表达孝心,把爱融入生活。

传统节日是根植于民族民间土壤中的活态文化,具有万古常新的文化精神和与时俱进的传承活力。凤城街道中心幼儿园秉承着弘扬传统文化的理念,将传统节日以多种形式融入幼儿的教育和生活,滋养着幼儿的心灵。

三、探传统节气,弘扬民族智慧

走进凤城街道中心幼儿园,廊道上的二十四节气挂图,充满了浓郁的民族风情,孩子们对节气知识充满了好奇,走廊里总会看见三三两两的孩子意犹未尽地与同伴讨论、交流着走廊上的节气知识。"我们中国有二十四个节气。""立春是春天的开始。""大暑是一年中最热的时候。""冬至到了冬天会越来越冷的,冬至还要吃饺子呢。""我会朗诵清明的古诗……"孩子们在亲切、自然、和谐的文化氛围中感受着民俗风情带来的古朴与典雅,彰显着传统文化的艺术性。

春分预示着万物生长,在园本课程"春分"主题活动中,孩子们开始了对春天的探索。"我种的是辣椒。""我种的小白菜。""我这是萝卜。""用泥把种子盖上,再浇点水。"种植区里孩子们自己松土、播种、填土、浇水;美工区孩子们在纸伞、草帽、风筝上描绘着眼里的春天,成为幼儿园里一道亮丽的风景。寒露一到秋风凉,孩子们观赏菊花、制作菊花、品菊花茶……丰富多彩的活动让孩子们感受到寒露的节气特点。古人说"春生冬至时",自冬至起,白昼变长、阳气回升,代表下一个循环开始。冬至到了,

老师和孩子们一起在张仲景"祛寒娇耳汤"的传说中探寻冬至的由来,在朗朗上口的《数九歌》中体会寒冬的规律,在亲手制作糖葫芦的过程中感受劳动的快乐……屋外寒风萧瑟,温暖的活动室里,孩子们正忙着向家长学习包饺子,揉面、擀皮,再包上满满的饺子馅、轻轻捏边,一个个可爱的饺子就这样诞生了。美味的饺子端上来,孩子们先请爷爷奶奶、爸爸妈妈品尝,团圆的饺子吃在嘴里,暖在心间。

凤城街道中心小学徐鹏涛副校长来幼儿园参观时由衷感叹道:"幼儿园优秀传统文化的氛围太浓厚了,孩子们在环境的熏陶下,不知不觉就传承了我们中国的优秀传统文化。"

四、玩传统游戏,点亮快乐童年

丢手绢、跳皮筋、扔沙包、切西瓜、抓石子、跳房子……一系列孩子们喜闻乐见、丰富多彩的传统民间游戏,为幼儿园的户外活动增添了别样的乐趣,让孩子们在这个信息化时代重拾纯真童年的快乐。

户外游戏时间,操场上到处是孩子们的身影。操场的一边,"老鹰"正使出浑身解数捕捉"小鸡","鸡妈妈"则奋力保护着自己的"小鸡",在一捉一护中,孩子们玩得酣畅淋漓。"彤彤,手绢在你身后,快跑,快点捉住倪老师……"00后的倪老师,跟孩子们玩着丢手绢的游戏,在你追我赶中感受民间游戏带来的乐趣。80后的马老师忍不住感慨:"好像一下子回到了小时候,那时没有手机、没有精致的玩具,每天放学后几个好朋友凑在一起跳皮筋呀、编花篮呀,玩得可开心了。""对呀,看着孩子们游戏时无忧无虑的样子,仿佛看到了儿时的自己。"同为80后的张老师脸上露出开心的笑容。在一日活动中的过渡环节,孩子们聚在一起"指鼻子""翻花绳",将传统游戏融入一日生活。在传统游戏中,孩子们不仅感受到游戏的乐趣,得到体能的发展,更传承了一代又一代中国人的朴素智慧与生活趣味。

在传统游戏教研时,倪老师遗憾道:"我小时候玩得最多的就是玩具,从没玩过这些游戏，但是来到幼儿园，跟孩子们一起游戏后，我发现传统游戏不仅能给孩子带来快乐、锻炼孩子各方面的能力，还能让我和孩子们拉近距离，快速消除陌生感，我觉得真不应该把我们的传统游戏丢掉。"

习近平总书记指出："优秀传统文化是一个国家、一个民族传承和发展的根本。"自建园以来，凤城街道中心幼儿园秉承着"以爱育人，让生命之花尽情绽放"的理念，在传统文化教育的大背景下，科学开展各项保教活动。幼儿园以丰富的视听环境营造传统文化氛围，以传统节日、二十四节气为载体开展有层次的主题活动，在一日活动中有机渗透传统文化教育，让幼儿从小接受优秀传统文化的熏陶，让孩子们在耳濡目染、亲身亲历中，沉淀、积累、传承中华优秀传统文化，在优秀传统文化的浸润下快乐成长。

在传统文化熏陶下，孩子们日新月异的变化不仅让家长惊喜万分，更获得了小学老师的一致认可："凤城街道中心幼儿园的孩子兴趣爱好广泛，知识面宽泛，待人接物彬彬有礼。"春风化雨，润物无声。幼儿园是继承和传播中华优秀传统文化的重要基地，作为幼教工作者，我们要充分发挥自己的职责，让孩子们对传统文化由喜欢到铭记，由铭记到弘扬，真正在新时代品质教育里绽放出更加绚丽的光彩。

海阳市华彬幼儿园

　　海阳市华彬幼儿园是一所普惠性民办幼儿园，创办于2015年8月，占地面积39600平方米，其中，户外体育智能运动场地8500平方米，有机蔬菜种植基地40亩。现有7个班级，300多名幼儿，33名教职工。华彬幼儿园以"创一流育人环境、一流服务质量、一流教育模式、一流特色园所"为办园宗旨，践行"游戏为幼儿基本活动，一日生活皆教育，我运动、我健康、我快乐"的教育理念，促进幼儿身心健康和谐发展。2017年、2020年幼儿园先后被认定为烟台市市级示范园、山东省省级示范园，已获"烟台市二星级安全文明校园""烟台市三星级食堂""海阳市三八红旗集体""烟台市课程游戏化实验基地"荣誉称号。

运动·健康·快乐
——海阳市华彬幼儿园"运动课程"建设纪实

高跷行走、滚筒前行、攀爬跃墙、吊环飞度、竹竿民族舞等各式运动游戏在数千平方米的操场上同时展开，欢笑声、呐喊声，声声入耳。这就是海阳市华彬幼儿园一年一度的冬季运动会场景。

"有我们小时候上蹿下跳，爬树玩泥巴玩耍的样子了，但游戏种类花样比我们小时候多，这才是真正的童年嘛！""天天这样锻炼，孩子哪还有体质差的，现在的孩子还真需要这样锻炼。""锻炼不仅仅是强身健体，对孩子们的性格发展、智力开发都非常有益！"……孩子们出色的表现，引得参与其中的家长们啧啧称赞。

建设"体育强国""健康中国"，这是党的十九届五中全会绘制的宏伟蓝图。习近平总书记在陕西省安康市平利县老县镇中心小学考察调研时说："现在的孩子普遍眼镜化，这是我的隐忧。还有身体的健康程度，由于体育锻炼少，有所下降。文明其精神，野蛮其体魄，我说的'野蛮其体魄'就是强身健体。"以此足见，总书记对儿童体育锻炼的高度重视。

"学前教育倡导因人而异对儿童实施体智德美劳全面发展的教育，《3～6岁儿童学习与发展指南》中，健康领域位于五大领域之首，这足以说明健康领域的重要性。"华彬幼儿园由丽华园长在建园之初跟中层领导们讨论道。在前期的考察及与同行的交流中，她发现多数幼儿园对孩子体质健康重视程度不够，孩子们在"健康"方面的发展，尤其是"体"的发展不尽人意。受家长们"不让孩子输在起跑线"思想的影响，有的幼儿园因大量教授知识，而挤占孩子的运动游戏时间；有的幼儿园考虑运动中存在的安全问题，而缩手缩脚；有的幼儿园却因场地有限，有些运动游戏只能搁浅……这些现状的调查，为后期工作的创新开展提供了研究基础。"我们做教育，不能忘了教育的初心，不能因为困难而改变初心。"由园长是这样说的，也是这样做的。她深刻意识到强身健体对幼儿身心发展的重要性，始终把幼儿的健康放在首位，围绕"运动游戏场地的打造、运动游戏内容的设置、运动游戏专业的指导"等方面开发了"运动·健康·快乐"园本课程，促进幼儿身心和谐全面发展。

内容之变，让运动有方向

"运动是强身健体的首要手段，我们除了要把运动作为孩子健康的第一保障，还要知道孩子们喜欢什么运动，什么运动对幼儿的发展有利，否则不能真正满足孩子的成长需求。"由丽华园长如是说道。她多次南下北上，请教国内外知名专家，从运动内容的选择、体育器材的设置等方面进行系统优化与整合。

在构建运动课程体系方面，华彬幼儿园根据幼儿的年龄特点确定活动内容，在专业体育设施的有力保障下，做到传统游戏与现代游戏的有机结合。幼儿还可以根据自己的兴趣特点选择活动内容，做到既面向全体，又关注幼儿的个体差异。

在感统训练室里，孩子们可以通过触觉板、踩踏石、颗粒大龙球，进行触觉的锻炼；通过云梯、滑梯、滑车、平衡踩踏车、圆筒吊缆、平衡板、平衡步道，进行平衡能力的锻炼；通过跳袋、独脚凳、圆形跳床，锻炼幼儿大肌肉群的力量；通过万象组合、创意接龙等设施，锻炼幼儿手部小肌肉的灵活性。

根据民间传统游戏的价值，华彬幼儿园将传统游戏内容进行优化、整合，形成园本教材《传统游戏探索与创新》，涵盖民间攀爬游戏、平衡游戏、跑跳游戏、水上游戏、情景游戏等 63 个，玩法 160 多种。

有了基本体能锻炼基础，孩子们会有更高的挑战欲望。华彬幼儿园积极借鉴东营市利津县第二实验幼儿园的运动经验，为孩子们引进了大型攀爬器、荡桥、独木桥、悠绳、高空滑索、秋千、水车、跷跷板、轮胎墙、爬绳、爬杆、软梯、铁索桥、单双杠、土战壕、磙子等20多种专业体育器械，锻炼幼儿的体能，增强幼儿勇于挑战、不惧困难的勇气。

场地之变，让运动有保障

游戏场地是开展运动游戏的保障。华彬幼儿园在建园之初，将户外运动场地作为重点规划设计项目。首先是确保面积一定宽敞，户外运动场地面积达8500平方米。其次在游戏场地的规划设置上，做到硬化与软化相结合，绿化与

美化相结合，洼地与山坡相结合。孩子们在硬化地面上进行拍球、跳房子、滚轮胎、推小车、打陀螺、滚铁环等运动游戏；在软化地面上进行踢球、跳绳、跳竹竿、老鹰捉小鸡等运动游戏。战壕里玩藏猫猫，山坡上玩争夺山头赛，CS野战也能玩得热火朝天……每一处场地都有其独特的价值，每一处场地都有其独特的风景。闲暇之余，孩子们在草地上打个滚，采朵野花，编个花环，无比惬意。

原海阳市委书记李波莅临参观时表示："华彬幼儿园给我的感觉只能用两个字来形容，那就是'震撼'，相信由丽华园长一定会带领团队把华彬幼儿园打造成一所引领幼教发展的品质幼儿园。"

"这才是幼儿园活动场地应有的样子，这才是孩子们喜欢的幼儿园，是孩子们健康成长的乐园。"海阳市教体局副局长包令敬参观时说道。

理念之变，运动也是学习

从最初每天不足 2 小时的散步式户外运动，到如今每天专门体育训练 2 小时。在这短短 5 年多的时间里，户外运动已成为华彬幼儿园孩子们每天期盼的大事，孩子们玩得游刃有余，运动花样创新不断，他们更加迷恋幼儿园的户外运动场地了。

"以前我总感觉孩子们大量的户外运动时间占用了其他领域的学习时间，不如让孩子们学点显性知识，背背儿歌、唱唱歌曲，锻炼孩子的记忆力，开发孩子的智力。"华彬幼儿园王蕊老师说，"经过一段时间的训练，我发现孩子们的饭量大了，睡眠好了，精气神足了，上课注意力集中了，就连调皮的孩子因为运动也变得守纪律了。"

"运动课程的开设改变了我的教育观，不是只有端坐在教室才是学习，孩子们在运动中的学习更有价值，运动给孩子们提供了自主探究的机会，提供了交流合作的机会，运动让孩子更勇敢自信，抗挫抗压能力更强，更令人欣慰的是，运动教会他们懂得感恩和互相谦让，这些都是其他课程所无法比拟的。"华彬幼儿园的任素雨老师在研讨中发表了自己的观点。

"我的孩子从小体弱多病，送孩子上幼儿园时就有顾虑，孩子在家怕热着，出去怕冻着，爷爷奶奶天天捧在手心呵护着，幼儿园运动量这么大能行吗？"

中二班的徐新凯妈妈刚送孩子入园时惴惴不安，"可孩子入园后出乎我的意料：一是孩子特别喜欢幼儿园，很快就适应了幼儿园的生活；二是孩子回家后能够自己的事情自己做，自理能力有了很大的提高；三是最令我高兴的，就是孩子入园后体质反倒比在家强

多了。"这是一个家长最真实的心理变化。

运动课程的开设,给孩子的长远发展带来积极的影响,带着良好习惯和坚强意志品质的他们升入小学后,总会得到了学校老师的一致好评。"华彬幼儿园的孩子入小学后上课普遍专注,回答问题积极,独立性强,会交往。"新元小学王璇老师称赞道。

运动磨炼了孩子们的意志,发挥了内在的优势;运动增强了孩子们的体质,激发了孩子自主学习的原动力;运动让孩子们学会了交往,从容应对未来的机遇和挑战;运动让孩子们体验了成功,更培养了孩子的品格优势。运动游戏课程悄然在华彬幼儿园扎根、发芽、结果。华彬幼儿园教师对幼儿园的做法由先前些许的担心、彷徨,到后期非常赞同;家长由先前的观望、质疑,甚至是反对,到最终非常认可。

不忘初心,方得始终。目前,华彬幼儿园已由 2016 年的 50 多名幼儿发展到 300 多名幼儿,办园规模得到了突破性的进展。2020 年华彬幼儿园顺利通过山东省级示范幼儿园的验收,2021 年获"烟台市幼儿园课程游戏化优秀实验基地"荣誉称号。

在古希腊奥林匹克阿尔菲斯河岸的岩壁上保留着这样一段格言:如果你想聪明,跑步吧;如果你想强壮,跑步吧;如果你想健康,跑步吧。为了孩子的健康成长,华彬幼儿园将继续秉承"我运动,我健康,我快乐"的教育理念,文明其精神,野蛮其体魄,为孩子的终身发展奠基。

海阳市方圆街道中心幼儿园

　　海阳市方圆街道中心幼儿园坐落于方圆街道南城阳村，是一所政府投入的乡镇中心幼儿园，隶属于海阳市实验幼儿园分园，占地面积1.06万平方米，其中建筑面积2600平方米。幼儿园自2014年开园以来，一直以"培养富有个性，人格健全，习惯良好，全面发展的儿童"为目标，以"发展孩子，成就教师，尊重家长，服务社会"为宗旨，初心如磐，履践致远。2016年12月学校被评为烟台市级示范幼儿园，2020年3月被评为山东省省级示范园，2021年11月被评为烟台市学前教育工作先进单位。

知礼重仪扬文明之风　修真养德润品质童年
——海阳市方圆街道中心幼儿园礼仪教育纪实

随着一声甜甜的"老师您好"，伴着清晨的第一缕曙光，方圆街道中心幼儿园的孩子们踏着快乐的步伐入园啦！门卫伯伯和保健老师用热情的微笑、真诚的问候回应着孩子。一句句温暖的话语，一个个爱护的动作，感染着家长，影响着幼儿，整个幼儿园氤氲着浓浓的礼仪气息。

礼序乾坤，乐和天地。习近平总书记指出："礼仪是宣示价值观、教化人民的有效方式。"为让幼儿从小学礼，知礼，懂礼，用礼，方圆街道中心幼儿园于2016年开始对幼儿进行礼仪启蒙教育。

一、教育化的环境创设，营造文明的礼仪氛围

优化物理环境，更新生活空间。为发挥环境潜移默化的礼仪教育功能，方圆街道中心幼儿园的老师们通过搜集材料、阅读书籍、借鉴网络等方式，将幼儿园物理环境焕然一新。

"见老师，微微笑，说声老师好"，"早入园，不迟到，见老师，问声好。小朋友，也问到，别父母，不忘掉……"幼儿园大门上的文明礼仪标语吸引着前来参加海阳市自主游戏研讨会的老师们。走进大门，花草边、小路旁一个个温馨提示牌；活动室山墙上布满幼儿、家长、教师在园行为规范；外墙上有关于文明礼仪教育的绘本图片；活动室墙上与礼仪教育要求相一致的儿童画纷纷映入眼帘……参观的老师们频频驻足感叹："如此生动有趣又蕴含教育意义的环境，孩子怎么可能不喜欢！"正在老师们沉浸其中的时候，"礼仪小明星"王锦皓已经将椅子搬了过来"老师您好，请坐。"童萌幼儿园邢月本园长接过椅子并竖起大拇指，"谢谢你，你真了不起。"她感慨道，"环境对幼儿良好习惯的形成有着积极的支持作用，方圆街道中心幼儿园将礼仪文明渗透到幼儿园的每个角落，时刻提示幼儿一言一行要符合礼仪规范。"

优化精神环境,开辟游戏场域。游戏是幼儿园最基本的活动,可以有效加强幼儿对学习的热情。为此,方圆街道中心幼儿园寓礼仪教育于游戏活动中,创设了"待客礼仪""交通礼仪""同伴交往礼仪"等情景游戏。为幼儿礼仪交往提供了良好的心理环境。

小班"小熊请客"游戏中,徐嘉仪扮演的"小熊"正在为自己的"好朋友"(小狗、小兔、小猫)准备丰盛的"食物";中班的"遵守交通规则"游戏中,"小交警"们身穿"警服",英姿飒爽地指挥"交通","小司机"们有序地开着"车";大班拥挤的"超市"活动里,"收银员"面带微笑地为"顾客"结算"商品"……在游戏中幼儿通过体验和表演,将抽象的礼仪知识化为具体可模仿的文明行动。

二、多样化的课程模式,培养良好的礼仪习惯

生活化课程渗透礼仪。方圆街道中心幼儿园本着生活即教育的原则,立足实际,利用幼儿在园一日生活中的入园、游戏、进餐、午睡、如厕、离园等环节,评选出众多"礼仪小标兵""礼仪小明星"。

早入园时,"文明礼仪小标兵"们身披红色绶带,自信地站在自己的"岗位"上,以热情、大方的态度迎接每一位来园的小伙伴,暖暖的笑容伴随着清晨的阳光融入每个人的心间。大一班的家委会组长王睿杰妈妈每次来园时都会说:"礼仪教育融入生活中是幼儿园的明智之举,睿杰从以往的以自我为中心变得待人真诚有礼貌。"

如此熏陶尚礼,孩子们互相"攀比"的是谁帮助别人多,谁关心别人细,谁的行为好,大家都争做"礼仪小标兵",幼儿园形成了"人人有礼貌、个个懂礼节、处处讲礼仪"的良好园风。

主题化课程践行礼仪。"文明始于心,习惯践于行。"李玉婷主任在"如何开展丰富有趣的礼仪活动"研讨会中这样说道,"幼儿应在主题活动实践中养成良好的礼仪习惯。"为此,方圆街道中心幼儿园以各种节日为载体积极开展礼仪主题宣传活动。

2021年在"爱在重阳镀金秋　红霞晚照敬老情"活动中，园领导及教师带领大班孩子到方圆街道南城阳村孤寡老人刘战家里，为老人讲故事、唱歌、整理房屋……"爷爷年纪大呀，头发白花花，我给爷爷倒杯茶呀，爷爷笑哈哈。"大班宋煜璇小朋友一边唱着歌一边给爷爷倒茶。老人在"小天使"的歌声中愉悦地表示："我本来过着孤独的生活，这一下子有了温暖，谢谢你们对我这个老人的关怀。"

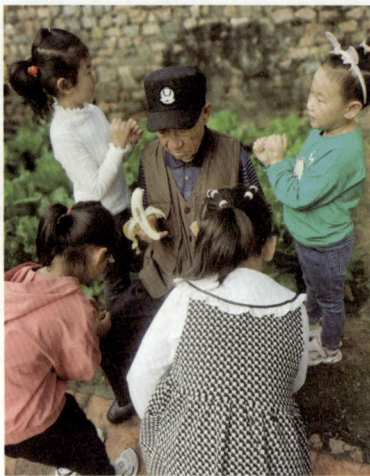

三、互动化的家园工作，开展同步的礼仪教育

家庭是人生的第一个课堂，对文明养成的重要作用不可替代。幼儿文明礼仪内化于心、外化于行与家庭的培育密不可分。方圆街道中心幼儿园竭尽所能，助力打造"家庭文明礼仪典范"，力将礼仪文明之风吹向千家万户。

创建"文明家庭"，提升礼仪素养。 "孝敬父母是家庭礼仪的一部分，也是中华传统美德。每逢节假日，我们全家都会去孩子的爷爷奶奶那里，给老人做做家务，聊聊天，让老人心情保持愉悦，同时孩子在有爱的礼仪氛围中也深受影响。"

"以前回家就是玩手机，虽然想为孩子做榜样，但是总是光说不做，幼儿园的'文明家庭'评选活动，给了我动力。我和孩子妈妈做了每天做一件礼仪小事的规划，这件事可以是'喝汤不出声音'，也可以是'关门轻轻'。在点滴小事

中，我们三口之家严格要求自己，不知不觉地形成了良好的礼仪习惯，也评选上了'文明家庭'。"

"文明家庭"表彰大会上，来自各个班级的代表通过分享自己的经验和感想，将礼仪文明之风吹向了千家万户。

选拔"孝亲小模范"，树立礼仪标杆。 2020年寒假疫情期

间,幼儿园利用线上"小课堂"鼓励幼儿参与"孝亲小模范"的评选活动。从班级群的视频中可以看到:小班的张亚雯正在拿着比自己高的扫帚帮妈妈扫地;中班的孙梓皓正踩着小椅子认真的洗碗;大班的薛紫晴正戴着围裙帮奶奶揉面……

丰富的线上礼仪活动让老师们收到了来自不同家长的心声。"王老师,我家孩子在我下班的时候,急忙跑过来给我拿拖鞋,还说妈妈辛苦了。""杨老师,今天晚饭时,小艺主动分碗筷,以前都是在看动画片,等着我们喂,太感谢你们了,孩子变化太大了。"……此类活动让家长看到了幼儿的改变,从思想上开始重视礼仪教育,实现了幼儿园教育和家庭教育的协调同步。

海阳市教育和体育局局长纪卫东曾说:"人无礼则不生,事无礼则不成,国无礼则不宁。"弘扬民族文化,加强文明礼仪教育,培养品行优秀接班人是所有教师的责任和使命。

礼仪如饰,装点人生,品德如花,美丽心灵。海阳市教育和体育局学前科科长王永超说:"教孩子礼仪就是教他优雅地过一生。"我们相信只要种下美好,就一定会花开心间,灿若朝霞。于此,方圆街道中心幼儿园全体教师将以身作则,率先垂范,让可爱的孩子们变得彬彬有礼、落落大方!

海阳市诚祥幼儿园

  海阳市诚祥幼儿园成立于 2010 年 3 月,占地 5000 余平方米,建筑面积 1860 余平方米,户外活动面积达到了 3140 余平方米。诚祥幼儿园始终以"为孩子一生奠基、对孩子终生负责、为家长全程服务"为宗旨,秉承着"用爱成就未来"的教育理念,通过新颖丰富的活动,为孩子们提供宽松、自主、自由的发展空间,促使孩子们的体能、智能、情感全面发展,成长为人格健全、对社会有用的人。2011 年 12 月 28 日,被认定为烟台市市级示范园,2020 年 3 月 17 日被认定为山东省省级示范园。

回归自然　收获幸福
——海阳市诚祥幼儿园自然教育纪实

"我爷爷家的菜园里种了很多的蔬菜，过几天就能吃了，我们也种蔬菜吧。"

"我们的菜园这么大，种辣椒吧，我不怕辣。"

"辣椒太辣了，又不是你一个人吃，种生菜和黄瓜吧，我们都喜欢吃。"

"西红柿又酸又甜，可好吃了，要不我们就种西红柿吧！"

"对呀，西红柿撒上白糖可好吃了。"

"我爷爷家菜园里，刚种了很多西红柿小苗，我拿来一些，我们就种西红柿吧。"

"那得先把地整一整"……

春意融融的午后，孩子们散步之余，围着种植园里的一块空地，展开了七嘴八舌的讨论，讨论着种植那些事。

著名教育家陈鹤琴先生说："大自然、大社会都是活教材，儿童的世界是自己去探讨、去发现的。"亲近自然是儿童的天性，大自然的一草一木，一花一石都对孩子有着莫大的吸引力，是孩子们最真实、最丰富、最具吸引力的学习环境。对孩子来说，最生动的课程正是来自生生不息的大自然。

为唤醒孩子们心中的自然，给孩子们提供更多与自然接触的机会，诚祥幼儿园姜梅青、任瑞香两位园长科学合理地规划户外活动场地，开辟了700多平方米的种植园地，打造孩子们亲临自然、接触自然的天然乐园。

一、立足本土，打造自然活教材

从春天的种植，夏天的灌溉，秋天的收获，到冬天的施肥养护，在诚祥幼儿园充满激情的种植园里按部就班地发生着。幼儿亲历种植活动，既可以了解常见农作物的生长过程，懂得成长的不易，感受劳动的艰辛，又可以体验探究与收获的快乐。

春种——见证种子的力量。孩子们播撒下一粒粒自己喜欢的作物种子，整地、翻土、播种、移苗、浇水，各司其职。每天在户外活动时、餐后散步中、离园活动前，孩子们都会来看一看，种子发芽了吗？什么时候会长高……孩子们

认真地交流着自己的发现与疑问,热切地期盼着小种子的破土而出。

夏长——体验生长的快乐。孩子们细心地照顾着小菜苗,浇水、放苗、除草、疏苗,一起观察小菜苗的变化。他们也总是冒出大大的问号:虫子会吃掉小嫩叶吗?叶片有没有长大点?夏天的雨后,他们成群结队地到菜园里捕捉菜叶上的蜗牛,一点一点发现生长的秘密。

秋收——获得丰收的喜悦。夏去秋来,种植园里蔬菜成熟,瓜果收获,孩子们挖萝卜,收白菜,摘石榴,摘葫芦,相互合作,共同体验收获的快乐。

冬暖——延续生命的成长。玉露生凉,冬季来临。孩子们一起在地里挖菜窖,储藏萝卜与白菜的同时,不断发现新的奥秘:大树怎样过冬,地里的荠菜为什么还是绿的……冬季虽然给我们带来了寒冷,但孩子们探究大自然的热情依旧不减,孩子们在种植园中的学习不断发生。

四季更替,种植园里每天都有孩子们的身影。花开花落,孩子们在种植园里和花草一起生长。

二、放眼社会,创设自然大课堂

孩子们生来就与自然紧密连接,能够敏锐地捕捉到大自然的信息。诚祥幼儿园的自然教育不仅在幼儿园的种植园地,还在家乡的每一个角落,海边、公园、湿地和高山……自然教育不仅发生在老师和孩子之间,也在每一个家庭中萌芽,扎根。

春天,开展"寻找最美春天"的摄影活动,让爸爸妈妈和孩子们一起发现美,记录美;夏天,和孩子们一起到海边,去沙滩,逛植物园;秋天,走进大山,一起远足秋游,一起帮幼儿园附近的农民爷爷收花生,一起走进绿色生态园……孩子们在收获美的同时,还会通过表征画、舞蹈来表现美,通过谈话交流分享美,真正让美常驻孩子们心中。

每次活动收获的不只是孩子,家长们也会发出感叹:"原来大自然中也有这么多的教育资源。幼儿园的做法,让我们长见识了!"

"我们愿意幼儿园做这样的活动,不光孩子喜欢,我们也喜欢,我们也愿意花时间陪孩子上山下海,给孩子带来快乐。"

"我把孩子送诚祥来,不图别的,就图孩子每天能更接地气。"

家长越来越认可诚祥幼儿园的自然教育,越来越喜欢诚祥幼儿园。

三、抓住契机,立足自然巧施教

"不是只有带孩子去了大森林、沙滩和海边,就是进行自然教育了;也不是只有在特定的季节和天气,才能进行有趣的探索活动。在自然教育的路上,我们的宗旨是不放过任何契机,给孩子们最真实、最亲近的体验,无论春夏秋冬,无论阴晴冷暖。"姜梅青园长是这么说的,也是这么做的。

大自然的一草一叶、一花一石都被诚祥的孩子们搬到室内,创设自然角、种植区,形成浓缩的大自然。春生夏长,秋收冬藏,依然可以让孩子们迸发出奇思妙想,用捡回来的树叶进行拓印、粘贴,把秋收回来的果实进行创意加工大变身……

2021年的第一场雪,又让诚祥幼儿园变成了冰雪乐园,老师和孩子们兴奋地迎接着大自然给予的这份礼物。

"快看雪花落到我的帽子上、衣服上了!"

"我也是我也是,雪太好看了,像在空中跳舞。"

"你看,我伸手的时候雪花落在我的手上,一下就化了,太神奇了。"

"我的雪球来了,看招!"一个孩子抓起一把雪,揉成团,就扔了出去。

…………

老师和孩子们在银装素裹的世界里跑着、跳着、玩着、闹着,打雪仗,在雪上画画,堆雪人,观察着植物上的雪……他们用自己独特的方式感受着冬天,一串串活泼的小脚印映衬着孩子们的无限欢乐,爽朗的欢笑弥漫着整个幼儿园。

回到教室,老师们紧紧抓住教育契机,围绕"雪"这一生长点,继续带孩子们探索雪的奥秘,用画笔表征玩雪的快乐,用语言表达着心中的喜悦。

正如海阳市教体局包令敬副局长所说:"自然教育课程,是诚祥幼儿园保教工作中的重要一环,这里的老师爱每一片叶,爱每一朵花,甘做自然教育的实践家,启迪幼儿智慧,给幼儿带来快乐与幸福。"

海阳市轻工幼儿园

　　海阳市轻工幼儿园创建于 1976 年，占地面积 5537 平方米，是山东省省级示范幼儿园。园内设有小学、少儿艺术团、亲子活动中心，先进的办学理念，系列化的教学研究成就了婴、幼、童一体化办学的新景象。幼儿园里，"艺术教育"以点带面，锦上添花；"体育教育"人人参与，人人健康；"自主教育"落地生根，全面开花。轻工幼儿园承接烟台市课程改革现场会并在烟台市幼教范围内两次开放，先后被评为"全国教科研先进单位""国家级'优秀实验基地'""山东省托幼工作先进集体""烟台市先进幼儿园""山东省舞蹈考级定点教学单位""海阳市儿童文化艺术教育示范园""国家级非物质文化遗产海阳大秧歌少儿传承基地"。

舞动艺术之美　绽放七彩童年
——海阳市轻工幼儿园舞蹈艺术教育纪实

海阳市轻工幼儿园是海阳市首家省级示范幼儿园,建园 40 多年以来,始终秉承"拥抱阳光、快乐成长"的教育理念,大力开展舞蹈艺术教学,在舞蹈中发现孩子天赋、挖掘孩子潜能、培养孩子特长。几年来,舞蹈艺术教学硕果累累,多次在烟台电视台、胶东大剧院、山东教育电视台等高规格舞台上进行表演。舞蹈《下雪啦》《炫紫春晓》《女孩与仙鹤》《娃娃扭》《山枣熟了》《矮人与公主》等多个节目在"小荷风采"全国少儿舞蹈大赛、山东省"小飞天"奖少儿舞蹈大赛、山东省大众艺术节等比赛中获奖。骄人成绩里蕴含着孩子们对舞蹈艺术的理解与热爱,蕴含着一代又一代轻工幼儿园教师们的汗水与智慧。

一、环境育人,在潜移默化中陶冶情操

"艺术能影响孩子的精神健康和智力发展,我们就要为孩子提供最优质的艺术场所。"轻工幼儿园董事长谭仕钦说道。

作为海阳市开展舞蹈艺术教学最早的单位之一,轻工幼儿园高度重视环境的育人作用。为改善艺术教学环境,园领导多方筹措资金,先后新建了一个 380 多平方米的多功能大厅、两个 110 平方米的舞蹈训练教室,努力为孩子提供最优质的艺术活动场所。

合理利用每一寸空间。走进轻工幼儿园,很容易被其艺术氛围所吸引,四处散发着艺术气息。教学楼里,悬挂着各种舞蹈动作形象图,让孩子们时时能感受到舞蹈动作之美;走廊的墙上,有老师和孩子们共同绘制的秧歌角色图;教室墙面上,有完整的秧歌阵式图。富有艺术气息的环境使孩子们通过潜移默化的熏陶,加深了对秧歌人物形象的了解,做到了教育无痕。

营造良好的家庭艺术氛围。"染于苍则苍,染于黄则黄",幼儿期是熏陶渐染化的开始,提供良好的家庭艺术教育氛围对孩子的发展影响深远。对此,轻工幼儿园通过家长会、《致家长的一封信》等形式,向家长宣传和谐家风的重要性,支持鼓励亲子互动,赢得家长的广泛支持。看到家长发过来一张张亲子律动、亲子舞蹈、孩子单独表演的照片,浓浓的艺术氛围感人至深。

走进社会大舞台。社会是孩子们成长过程中不可缺少的大舞台。轻工幼儿园经常组织孩子们到新元广场进行现场演出,师生们编排出的精品舞蹈类节目,多次参加海阳电视台春节晚会和烟台电视台庆六一联欢会等舞台演出,利用广阔的社会舞台开拓孩子们的视野,培养孩子的自信心与公众表现力。

琪琪小朋友是班级岁数较小的一个,性格比较内向,平时话语不多,活动不太积极,但自从参加了舞蹈学习,她逐渐变得大方、开朗起来。每当音乐响起,她就能立刻投入其中,翩翩起舞,显现出极高的艺术天分,用优美的舞姿深深地打动了观众的心。2020年家长汇报演出结束后,家长们反响热烈。"以前孩子不爱运动,动作不协调,现在通过学习舞蹈,提高了身体素质,克服了孩子惰性,增强了孩子的自信心,非常感谢轻工幼儿园给孩子搭建了这么好的舞蹈艺术平台。"琪琪妈妈激动地说。

二、课程引领,在舞蹈教学中感受快乐

"跳舞并不是人人都要成为舞蹈家,而是在舞蹈中培养涵养与自信,培养一种内心、气质和整个生命的状态。"这是轻工幼儿园全体教师在舞蹈教学中践行的信条。

艺术是开启智力大门的金钥匙,而舞蹈艺术教育在幼儿成长过程中的重要作用尤现突出。在舞蹈表演过程中,幼儿身体的每一个细胞都沉浸在当下的活动中,对幼儿身心发展起着不可替代的作用。轻工幼儿园利用舞蹈这一艺术教育资源,在创建品质教育过程中助推幼儿园品质教育的追梦情怀,真正为幼儿

成长打下坚实基础。

结合幼儿特点选材。在课程设置上,从幼儿的兴趣出发,根据幼儿的年龄及心理特点,选取适合孩子发展的题材,通过游戏化教学将舞蹈艺术纳入孩子的一日生活中。教师们在音乐欣赏与律动中培养孩子的兴趣与节奏感,通过有趣的教法吸引孩子积极参与舞蹈艺术,去感受美、欣赏美、表现美、创造美。这些孩子们喜闻乐见的教学形式,受到领导、家长及幼儿的一致好评。市教体局姜翠荣副局长给予高度评价:"轻工的艺术教育真的是名不虚传。"

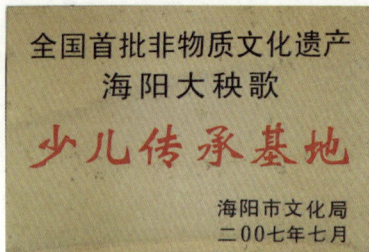

全国首批非物质文化遗产
海阳大秧歌
少儿传承基地
海阳市文化局
二〇〇七年七月

构建特色舞蹈文化。轻工幼儿园坚持以民间艺术为载体,构建具有浓郁地方特色的舞蹈文化。在建设海阳市第一支幼儿秧歌队期间,通过合力教研,从教法上创新,形成一套完善的园本课程体系,并在山东省首届幼儿园优秀课程资源评选中荣获二等奖。轻工幼儿园被海阳市文化局授予"全国首批非物质文化遗产海阳大秧歌少儿传承基地"及"海阳市文化艺术教育示范园",这一园本课程通过区域游戏与传统节日的结合,在传承过程中培养幼儿对本土传统文化的喜爱之情。

走进幼儿园,听到"咚七咚七咚七呛"的声音,追声音望去,幼儿园一角老师和孩子们在欢快地扭着海阳大秧歌,是那样惬意、舒服,孩子们脸上洋溢着快乐的神情;另一群孩子在院子布置的秧歌阵式图上练习走阵式。置身其中,不觉被孩子们浓浓的传统艺术之情所感动。

"自从学习舞蹈艺术后,我家宝贝体质比以前好很多""我家孩子现在特别能吃苦,做事累了也要坚持""我家孩子动作发育晚,练了舞蹈艺术最大的受益之处就是动作比以前协调很多""舞蹈对孩子的性格养成帮助太大了,以前我家小孙女特别怕生,自从学习舞蹈后,孩子的表现力大大提升,现在能大胆在众人面前表演节目了"……一次舞蹈展示活动后,家长们笑逐颜开,美滋滋地分享着孩子的进步。

三、理念提升，在艺术探索道路上不断前行

"孩子要在艺术上有所发展，教师的艺术素养和对艺术的敏感度是关键。在内强个人艺术修养方面，我们一定要走在前沿。"这是于传红园长对教师提出的基本要求。

轻工幼儿园高度重视教师艺术素养的提升，采取研训一体化的教研模式，从细化培训内容、精化问题研究入手，通过一系列的研训活动，促进教师专业素养的提升。还经常将老师派出去学习培训，聘请专业团队每月进园培训，让教师成为舞蹈艺术教育落地生根的主力军。迄今，已有多名教师被烟台市教体局授予艺术类优秀指导教师称号。

"我之所以如此热爱舞蹈，最终归功于轻工幼儿园，是轻工幼儿园的老师让我喜欢上了舞蹈。"现在山东大学读研的文海玲同学说。

如今，轻工幼儿园开设艺术课已经 20 多年了，一批批孩子在这里通过艺术教育提升了素质，实现了德、智、体、美、劳全面发展。"随着海阳新时代品质教育的深入实施，幼儿园的舞蹈艺术教育进入快速发展期，我们一直会坚守初心使命，让孩子在最纯真的时光里接受最优质的艺术教育，让他们在艺术的摇篮里健康茁壮成长。"于传红园长如是说，如是做……

海阳市海康幼儿园

　　海阳市海康幼儿园位于海阳碧城工业区海康路3号,占地总面积4770平方米,建筑面积2333平方米。海康幼儿园成立于2016年9月,2019年9月加入了烟台市最大的幼教集团——童心教育集团,2021年被认定为山东省省级一类园。目前海阳市海康幼儿园共有托、小、中、大8个班级,在园幼儿190人,教职工32人,其中,专任教师16人。幼儿园一直秉承"用爱心呵护幼儿健康快乐成长,玩中学、乐中学、做中学"的办园理念,真诚地为家长服务,促孩子身心健康和谐成长。海康幼儿园是精神的田园、育人的乐园以及孩子们幸福的家园。

让心灵之树盛开鲜花
——海阳市海康幼儿园"心理健康"教育品牌建设纪实

"海康园是我家,沐浴阳光下,春风细雨滋润着,朵朵小鲜花……""老师好,园长妈妈好,保安叔叔好!"伴随着欢快悦耳的歌声、孩子们响亮的问候声,海康幼儿园的老师和孩子们又开启了快乐的一天。

"这是一所温暖有爱又专业的幼儿园。""海康幼儿园的园长来自童心教育集团,她是山东省百佳园长、国家二级心理咨询师、家庭教育高级指导师,有着30多年的幼教工作经验,吃住都在幼儿园,全身心地为孩子和家长服务。""幼儿园不仅吃得好、玩得好、学得好,还非常重视孩子的心理健康教育。""我们也是慕名而来,孩子转到海康幼儿园后自信大方、不挑食了,变化很大!"海康幼儿园的家长经常这样发自肺腑地向四处打听为孩子寻找高品质幼儿园的家长介绍着……

一、专业的心理沙盘,疗愈孩子幼小心灵

2020年6月,因疫情影响,幼儿园延迟4个月才开学,因习惯了与家长居家生活、玩耍,很多孩子产生了程度不同的依赖和依恋心理。刚开园复课,在多数幼儿园门口,不想入园的"小神兽"们号啕大哭,家长们绞尽脑汁,实在不行就强拖硬拽,最后孩子们只能被迫入园。但海康园的孩子们,来到幼儿园后多是蹦蹦跳跳、头也不回地就进了幼儿园,为此,海阳电视台还进行了《"小神兽们"归山后,如何快乐入园》的专题报道。在采访过程中,记者曾赞叹道,原来海康幼儿园有一位专业的园长,还是一位懂心理教育的园长。

2014年10月,时任童心教育集团业务总监的周艳梅到美国耶鲁大学参加了为期半个月的

"儿童早期心理咨询项目走进幼儿园"的培训,学习了很多对儿童进行早期心理干预的有效方法和策略。2019年9月,童心教育集团接管了海康园,周园长来到海康园后,首先发挥自己的特长,自费购买了专业的心理沙盘,为孩子们提供心理教育服务。

周园长每天早晨来园时都会在园门口观察,发现入园哭闹的孩子,会及时与家长沟通,并带孩子玩沙盘游戏,每次和孩子玩沙盘游戏,周园长都会耐心陪伴他们半个小时以上,通过孩子们摆放的物件,来判断他们内心存在的问题,帮助他们释放不良情绪,增强安全感。通过沙盘游戏,这些孩子很快就能高高兴兴独自入园了。

二、神奇的魔法瓶子,释放孩子不良情绪

"我生气了,我生气了,我是一条喷火龙——"在海康幼儿园的心理健康教育课堂上,孩子们用力晃动着自己亲手制作的亮晶晶的情绪魔法瓶,"呼——呼——呼——"做三个深呼吸,向外喷火,然后再次晃动瓶子,说一声"巴拉巴拉变变变",把魔法瓶倒置过来,静静地看着瓶子里亮晶晶的粉末从瓶子顶部慢慢沉淀、沉淀……不良情绪得到了充分的释放,慢慢地消失。十一假期期间,孩子们把自己制作的情绪魔法瓶带回家,在妈妈生气要发火的时候,会递上魔法瓶,让妈妈消消火。家长们反馈说:"这个情绪魔法瓶还真的很管用呢!"

海康园每个教室里都有一个温馨区。在这个温馨区里,有情绪温度计、情绪转盘、情绪魔法瓶、吹龙、各种可爱的毛绒玩具,还有解决问题的魔方,魔方上贴了八个不同的解决问题的方法。哪个孩子有情绪了,就可以到温馨区里静静地待一会儿,在情绪温度计画出自己的情绪,转动情绪转盘识别一下自己的情绪,用情绪魔法瓶或吹龙宣泄一下,然后投掷解决问题魔方,找一找解决问题的办法。

在一次次科学的引导和教育下,幼儿园里任性、乱发脾气、有攻击性行为的幼儿越来越少。很多家长反馈说,以前孩子在家里发脾气,自己缺乏耐心,态度简单粗暴,孩子情绪不好,家长也无所适从。现在和孩子学会了很多处

理情绪的好方法,还会用批评孩子八句话和孩子进行沟通,孩子变得听话懂事了,在家里不再经常哭哭闹闹乱发脾气了,亲子关系也越来越好了。

三、体验式心理课堂,引领家长自我成长

"孩子是父母的一面镜子,看到孩子的问题,先调整家长的教育行为。"这是海康幼儿园一直坚持的家庭教育理念。

针对目前家庭教育中普遍存在的问题:父母在家玩手机较多,忽略对孩子的教育;孩子任性、发脾气;家长自我情绪管理不良;亲子沟通有障碍等,周园长精选了"家庭教育规划""如何培养幼儿的好习惯""童年的秘密""与父母的连接""亲子沟通技巧""家长自我情绪管理技巧""心理刮痧,让生命之树盛开鲜花"等 12 个主题课程,在对家长的家庭教育指导过程中加大了心理学的运用,取得了很好的效果。2021 年 4 月,由周园长主编的中国学前教育研究会"十三五"课题研究成果《家庭教育学中做——金牌家长特训营里的故事》一书由光明日报出版社出版发行。

海康幼儿园开办了家长学校,每月开展一次家教讲座,通过体验式的家长课堂,有效改善了夫妻关系和家庭情感。家长们懂得了倾听和共情的技巧,学会了如何管理好自己的情绪,尝试着理解、接纳、尊重和正向表达,家里的爱流动起来了,家庭越来越幸福。

一位家长反馈说:"让我感触很深的是听完《爸爸妈妈,请您陪陪我好吗?》那堂课。我恨自己在孩子最需要我的时候,把时间给了手机,把忍耐、关心和微笑给了虚拟网络。作为妈妈,我没有用心陪孩子,没有听过孩子的心声,更没有想过孩子的感受……当天回家,我做的第一件事就是跟孩子道歉:'儿子,妈妈对不起你,妈妈没有好好陪你,妈妈错了,以后妈妈改!'儿子没有说话,走过来抱着我并对我说:'妈妈我爱你!'那一瞬间,我控制不住自己,哭了。儿子说:'妈妈,别哭了,我以后再不惹你生气。'儿子抱了我很久很久,那一刻我知道,我的爱和陪伴才是孩子最想要的。"

同时，家教讲座使家园互动更有效。当家长回归到"教育者"的定位上，不仅和教师形成合力帮助孩子养成好的习惯，而且让家长设身处地从教师的角度看待事情、解决问题，增深了教师和家长的相互理解。

老师们说："之前，好多家长对我们的工作不理解，我们的交流总不在一个频率上。现在好了，家长非常理解、支持老师的工作，父母好好学习，孩子天天向上，现在孩子们的行为习惯越来越好，学习兴趣越来越浓厚。"

每每谈及幼儿园的发展，周园长无不自豪地说："海康幼儿园的家长是我们园的铁杆粉丝，无论他们走到哪里，都会情不自禁地宣传到哪里！海康园从接管后幼儿数量最低谷57人达到了现在的190人。"

"用爱心呵护幼儿健康快乐成长，玩中学、乐中学、做中学"是海康幼儿园全体教职工一直秉承的教育理念。让每一张笑脸都灿烂，让每一个生命都绽放，让心灵之树盛开鲜花，是海康幼儿园全体教职工一直在践行的教育初心。

"时有落花至，远随流水香。"天气晴方好，海康幼儿园的小花们在暖暖的阳光下尽情绽放生命的可爱与美丽！2021年12月，海康幼儿园已顺利通过了山东省省级一类幼儿园的验收。此刻，海阳市幼教界一颗新星正在冉冉升起！

第六章

职业及其他类教育

建设师生幸福成长的神圣殿堂

烟台轻工业学校

　　烟台轻工业学校是国家首批重点中等职业学校，占地12.77万平方米，在校师生2600余人，设有数控技术、机电技术、计算机等多个专业和7个"三二"连读专业。近年来，学校秉承"弘德励志，精技致远"的办学宗旨，践行"立德为上，能力为本，技能为根，创新为魂"的育人理念，锐意进取，开拓创新，努力创建职业教育品牌。学校先后荣获国家"教育部'十五'重点课题研究工作先进单位""全国零犯罪学校""国防教育特色学校""全国青少年普法先进单位""山东省职业教育先进单位""山东省教学示范化学校""山东省教育科研先进单位""山东省园林化学校""烟台市职业教育先进集体""烟台市文明单位""烟台市教育系统先进基层党组织"等多项荣誉称号。

立足品质职教　奏响职教强音
——烟台轻工业学校新时代品质职业教育发展纪实

烟台轻工业学校紧紧围绕职业教育提质培优的总体要求，全面贯彻落实国家大力发展职业教育相关政策，以教育部、山东省人民政府《关于整省推进提质培优建设职业教育创新发展高地的意见》及烟台市《关于进一步加强职业教育内涵建设的意见》《海阳新时代品质教育行动纲要》为依据，不断深化教育教学改革，推进育人方式、办学模式、管理体制创新，强化学生技能培养，着重学生德育发展，不断加强学校内涵建设，提质培优，打造职业教育品牌，提高职业教育服务经济社会发展的能力，努力办好社会认可人民满意的职业教育。

一、强化党建引领，筑牢精神之基

学校党委加强党员学习培训力度，深化党性教育，充分发挥党员教师在学校各项工作中的模范带头作用。创建"率先垂范，情系轻工"党建特色品牌，开展"党员示范岗"评选活动，校园党建文化建设持续推进。学习强国各类指标均走在全市前列，连续两年被中共烟台市委宣传部评为"先进学习组织"，隋微微等6名同志被评为强国"学习之星"。与社区高效联动，积极参与党支部领办合作社，帮扶后进村和贫困户工作，学校党委先后被海阳市委授予"五个好"基层党（工）委，被中共烟台市委教育工委授予"烟台市教育系统先进基层党组织"。

二、守严疫情防线，建设平安校园

学校严抓疫情防控各项工作。学生在校期间每天晨午晚检，教室开窗通风、非课堂时段消毒，校园内每天消毒消杀，多举措严把师生"入校检测关""教学秩序关""食宿质量关""心理疏导关"，做到教学和疫情防控常态化工作"两手抓""两不误"，全力保障师生生命健康安全。学校防疫工作在省市各级疫情防控督导检查中均获得高度评价，是海阳市唯一一所蓝标学校。学校线上教学计划和课程评价模式得到省级督导检查组高度评价，并在全省推广。学校上下时刻绷紧安全弦线，做好 24 小时校园值班无缝对接，落实"一岗双责"，定期排查、及时整改校园安全隐患，实现"校园零伤亡、零事故、零恶性事件"目标。积极开展法制教育等各类普法教育活动，学校党委书记、校长孙智照和孙世生等多位老师被评为全国青少年普法工作先进个人，学校被评为全国青少年"零犯罪"学校、烟台市三星级安全校园、三星级安全食堂。

三、加强专业建设，提升教学质量

围绕海阳市产业发展结构，学校重点打造机电、汽修、焊接、幼儿保育等优势专业。其中，机电和汽修专业被评为山东省品牌专业，汽修专业被评为山东省现代学徒制试点专业，与海嘉、樱坤等企业密切合作共同育人。学生专业技能和职业素养提升显著，各专业、工种在省市级技能大赛中获一等奖 6 个，二等奖 27 个，三等奖 58 个。实施"青年教师成长培养工程"。通过开设名师工作室、"送出去、请进来"等方式对青年骨干教

师进行重点培养，孙建飞等 30 多名教师获烟台市优质课和教师技能大赛一等奖；张爱斐老师的思政课被认定为山东省中等职业学校建设学习贯彻党的十九大精神"特色示范课堂"；孙小娟等 2 名教师被评为烟台市教学能手；刘宁等 2 名青年专业教师获评烟台市教坛新秀；高佩岩等 5 名专业教师被评选为海阳工匠；姜波等 2 名教师被评选为海阳市首席技师。连续多年开展校园技能文化节，向社会各界展示职教发展成果。近年来，有 287 名学生通过春夏两季高考升入本科院校，有 2074 名学生升入专科院校。

四、创新德育形式，强化立德树人

坚持"三全育人"，形成"每周有重点、每月有主题"的德育序列化。充分

发挥海阳市"地雷战纪念馆"和"许世友将军在胶东纪念馆"等红色教育资源优势,紧紧抓住"中华人民共和国成立70周年""中国共产党建党100周年"等关键时间节点,加强学生爱党、爱国、爱社会主义教育;以校"青春海洋志愿服务大队"为依托,开展志愿服务活动;发挥海阳红色文化优势,引海阳大秧歌、螳螂拳等非遗文化进校园,大力宣传工匠精神,培植校园工匠精神文化内涵,学生综合素养得以全面提升。推进心理咨询服务工作,助力学生健康成长。校团委被烟台团市委授予"五四红旗团委"和"烟台市学雷锋最佳志愿服务组织",包春先同志获山东省职业院校团委书记技能竞赛一等奖。学校学子孟耀颖获"烟台市最美中职生"称号;刘新怡获"山东省最美中职生标兵"称号和"大智之星"齐鲁学子奖学金,烟台市获此殊荣的唯此一人。

五、改善办学条件,倾心服务师生

学校先后投资4000余万元用于基础建设和实训设备更新。新建汽修实训大楼及实训车间,对电工电子车间等进行了理实一体化升级改造,高标准保障教学、培训、技能鉴定的需求;建设高规格录播室,完善微课慕课制作室软硬件建设,建立和完善教学资源库,打造数字化校园;改善校园天网监控系统,安装一键报警器,提高安全技术防范能力;更新食堂电气化设备和学生宿舍生活设施,办公楼、教学楼、宿舍楼增设智能饮水机,配套冬季取暖设施,接入城市取暖管网,全面改善师生饮水、用餐、供暖等条件;绿化美化亮化校园,师生学习工作幸福指数不断提升。

六、强化校企合作,保障优质就业

学校定期开展"企业大走访"活动,全方位了解企业机制和岗位需求变化,及时调整人才培养方案。全力拓展区域内新的就业渠道,与青岛海尔联合开设冠名班,实施协同育人;与方圆集团、海嘉汽车城、樱坤汽车城、青岛海信、青岛三利等企业联合建立稳定的校外实训基地。弘扬工匠精神,扎实开展实习和就业指导,严格规范学生顶岗实习程序,全力保证学生对口实习就业、优质就业。

近年来,为区域经济发展输送3000余名技能人才,学生优质就业率达98.63%,使得优秀毕业生能够扎根海阳、立足海阳、服务海阳。

七、发挥办学优势,服务市域发展

充分发挥学校办学优势,积极依托市重点工作和重点项目建设,全方位拓展培训市场。紧紧抓住新能源转换各类人员培训有利时机,主动提供优质的服务,送技进厂,送教进村,面向企事业单位和下岗职工、农民工等开展各类技能培训,年培训达3000余人次。特殊工种上岗证培训及考试过关率85%以上,处于烟台市领先水平。承办了农村两委专科学历培训工作,多名学员被评为山东省优秀学员。持续加强与国家开放大学等高校合作,开设工商管理、会计等多个专业,建立在线学习平台,随时为学员在线指导、答疑解惑,全年招收成人专本科学员200余人,成人学历在读生400多人。

八、支援防疫防火,帮扶乡村发展

学校积极响应市委、市政府和上级教育主管部门的工作号召,讲政治、顾大局,215名教职工奋力支援东村、方圆街道38个值守点的疫情防控工作,156名教职工圆满完成兴海社区11个卡口为期45天的社区疫情防控值守任务。

为做好全市森林防火工作,154名领导、教职工先后下沉到里店、盘石镇26个防火点圆满完成了为期61天的护林防火任务。学校中层以上领导干部走访慰问帮扶辛安镇19户贫困家庭,了解群众生活困难、发放扶贫慰问金,并选派干部担任小纪镇西口村驻村第一书记,助力乡村振兴。吕光辉等3位同志在海阳市脱贫攻坚工作中成绩突出获得嘉奖。

成绩来之不易,发展更有信心!今后,烟台轻工业学校将紧紧围绕海阳市委、市政府和各级教育主管部门的工作思路与要求,以建设山东省示范性中等职业学校为发展契机,提振精神、锐意进取,努力使学校各项工作再上新台阶,取得新成效,竭尽全力让学校教育提升新品质,迈向职教新高地。

海阳市教师成长学院

　　海阳市教师成长学院历史悠久，始建于1930年，当时名为海阳师范讲习所，其后多次易名，于1981年正式改建为海阳县教师进修学校，2021年8月，正式挂牌为海阳市教师成长学院，学院共拥有教职工48人，其中，高级教师24人，本科学历46人，组成一支实力雄厚的教师培训队伍。近年来，学院"全力建设教师幸福成长的神圣殿堂"，以"新学校"建设、"新教师"塑造为工作目标，工作开展扎实有序。学院因在师训、干训工作中成绩突出，先后于1989、1991、1993年被烟台市政府市教委授予"师训、干训工作先进单位"称号，2003年被评为烟台市安全文明校园。展望未来，海阳市教师成长学院将持续强化教师培育功能，为海阳新时代品质教育助力。

且持梦笔书奇景　日破云涛万里红

——海阳教师成长学院"新教师"塑造行动纪实

"为党育人践初心，为国育才担使命。"走进海阳市教师成长学院，影壁上醒目的大字映入眼帘，这是学院成立的宗旨，也是全院教师肩负的教育使命。海阳市教体局局长纪卫东指出："理想的学校是师生快乐相处、幸福成长的神圣殿堂，也是师生离开之后仍能经常想起的精神家园。"作为全市培育教师的主阵地，学院将"全力建设教师幸福成长的神圣殿堂"作为首要目标，积极落实"新教师"塑造行动，助推海阳新时代品质教育高质量发展。

一、校本培训助成长　蓄势待发新征程

"培育铸魂育人的大先生"是学院坚守的核心理念。打铁还需自身硬，无须扬鞭自奋蹄，要培育"大先生"，首先自身要成为"大先生"。

"大先生"要有广博的教育情怀。"志于道，据于德，依于仁，游于艺"，李文玲老师通过深刻解读将2000多年前孔夫子万世师表的形象呈现在大家眼前。另有一位老师深有感触地说"这句论语与习近平主席倡导的有理想信念、有道德情操、有扎实学识、有仁爱之心的'四有'好老师有异曲同工之妙。"教室内，一句简短的"论语"引发了大家对如何做"好老师"这一话题的深度思考和热烈讨论。老师们不时用手机拍摄上课精彩瞬间，不时提笔将思想的闪光点记录在学院统一购置的《论语》书上。

每日《论语》诵读是学院老师们期待的必修课。教师成长学院院长冷雪冰指出，要常态化、长效化开展中华传统文化涵养师德工程，抓住"千人百日行""论语天天学""感悟分享会"等丰富多彩、行之有效的学习形式，通过"诵读＋讲解＋交流"层层递进的环节，引导全体教师"学思践悟"，真正将高尚师德内化于心，外化于行。

目前，学院全员全方位全过程师德养成和师德建设已初见成效，师德师风培养已真正融入教师生命成长历程。学期内全体参学老师踊跃发言50多人次，撰写体会、交流家书30余篇。学院自

编自演的论语情景剧《梦回春秋》，生动地展现了《论语》教育思想在后世的传承和发展，得到了全市教育工作者和广大市民观众的一致好评。努力打造一支有理想信念、有道德情操的学院团队是学院不变的初心，让广博的教育情怀成为学院不竭动力的源泉！

"大先生"要有深厚的专业素养。教师成长学院姜景副院长说："作为教师，只有获得了教育生命的成长，才会拥有诗和远方，才会获得独属于教师的幸福！"

为提升学院教师的专业素质和业务能力，促进其快速成长，根据培训需求，学院启动了"请进来"促提升、"走出去"学经验的培训方案。其一，充分借助全市教育人才资源，每周设立专家讲座日，由院领导提前联系邀请教育界专家登门授课。一学期共邀请6位专家为全体教职工授课10余场次。其二，创造机会、提供平台，鼓励教师外出学习。制定并实施了《海阳市教师成长学院兼职教研员实施方案》，首次遴选教师成为兼职教研员，并跟随教体局各学科教研员外出听课，掌握最新课堂动态。学院以培训需求为导向，设置了教学类、班主任工作类、学校管理类、教师素养类、家庭教育类等校本培训课程。一方面，遴选有专业特长的教师执教，提升课堂授课能力；另一方面，通过培训形成教师教研共同体，充分发挥团队的协同作用，共同快速成长。

近半年，学院李荣老师执讲的烟台市小学主题班会优质课"教育从赏识开始"荣获三等奖；李英杰老师顺利通过层层选拔，获得了"烟台市教学能手"称号；李文玲老师申请的烟台市级课题"新教师培训的课程设计与实施的研究"已成功立项；牟琳老师的绘画作品两次入选中国美协举办的国家级展览。

二、三级培训提师能　砥砺奋进正当时

多年来，学院坚持分层指导、分类培训的原则，创新教师培训的机制、模式与策略，多层次、多渠道、多形式开展培训三大工程，助力教师专业成长。

实施引领工程，打造海阳教育领军人才。一位好校长，成就一所好学校。学院着眼于铸就教育领导高地，引领校长专业发展，培养教育家型校长的卓越品质。对于学校管理者来说，一是提升理论素养，二是提高实践能力。围绕这两大培训目标，学院外聘了潍坊市坊子区博文学校王伟芝校长从"以学生为中心的学校治理"方面对校长进行专业培训；精选了海阳市一些先进学校的校长做典型交流，让校长们感悟这些先进学校的发展内涵、校园文化建设、全面落实"双减"政策进程中显现出的独特魅力，学习借鉴先进的办学思想、高效管理、质量提升、教学改革、教师专业化发展等方面的成功经验。

目前，学院举办了海阳市幼儿园园长任职资格培训班，海阳市小学校长任职资格和提高培训班，全市 240 名幼儿园园长、副园长和小学校长、副校长参加

了培训班,精准辐射,搭建起思想引领互助平台,提高了小学校长和幼儿园园长任职能力。

实施提升工程,培植海阳教育中坚力量。 教师是立校之本,只有一流的教师队伍,才能打造一流的学校,而名师名班主任更是学校师资队伍的中流砥柱!为了进一步加大"名师名班主任"的培养力度,使其迅速成长,从而造就一支德才兼备、富有创新能力的骨干教师队伍,带动全市教师整体素质的提高,促进教育质量和办学水平的全面提升,学院协助教师工作科组织了"名师名班主任培训班"。培训采取专家讲座和互动交流等多种形式,开阔名师名班主任人选的专业视野,提高其专业能力;组织60多名烟台市教坛新秀参加入选教学大比武活动、选取部分名师名班主任承担青年教师培训讲座任务,积极为区内骨干教师搭建发展平台,让他们在展示中完善自我,在互动交流分享中提升教学智慧。

实施夯基工程,储备海阳教育新生力量。 自2016年起,结合《中小学教师专业标准(试行)》,学院在教师工作科的指导下开展了新聘任教师上岗前、试用期、发展期和提高期四个阶段的培训。

"我是一名光荣的人民教师……"教师们面对鲜艳的国旗,全体肃立,右手举拳,庄严宣誓。铮铮誓言,句句铿锵,声声嘹亮……2020年新入职教师在教师工作科李丽科长带领下进行了庄重而严肃的宣誓活动,新教师倍受鼓舞,激情澎湃，带着一腔热忱走向三尺讲台，决心用青春和热血来捍卫这个职业的神圣！

　　四个阶段的培训使新入职青年教师逐步成长为德才兼备、教学个性鲜明、具有教育创新能力和终身学习能力、能够胜任教育教学工作的合格教师。

　　"我很幸运自己是这三年系统培训中的一员，这些培训犹如我成长路上的台阶，只要踏踏实实走好每一步台阶，成长就是自然而然的事情；它们又是我成长路上的灯塔，总是在我迷茫时给予我力量，指明前进的方向。成长是如此的幸福！"2017年入职的王藤老师在期满考核获得一等奖时满激动地说。

　　"长风破浪会有时，直挂云帆济沧海。"正如海阳市教体局局长纪卫东强调的："教师要在工作中研究，在岗位上修炼，成为教育教学的行家里手，成为学生生命中的贵人。"教师成长学院将以海阳新时代品质教育打造为契机，积极全面开展"新教师"塑造活动，为区域教师素质的整体提高奠定基础！

海阳市中小学综合实践学校

  在海阳市亚沙新城海韵路 12 号矗立着一座崭新的科技感十足的现代化建筑，这就是年轻的海阳市中小学综合实践学校。学校于 2015 年经海阳市教育和体育局批准成立，是海阳市唯一一处中小学生集中开展综合实践活动的学校。学校综合楼面积 5708 平方米，截至目前共投入资金 360 多万元，完成了金工、木艺、光纤动画、机器人、航模、科技自由行、电烙画、金属丝工艺、模拟驾驶、物联网体验室、创意工程建造坊、液压机械创造坊、陶艺和心肺复苏共 14 个实践活动室硬件建设，开设了核电科普展室、校园流动科技馆 2 个活动场馆。自 2017 年 10 月启动运行至今，每学年接待 8000 余学生开展活动，受到了师生、家长和社会的一致好评。学校先后获得了"烟台市社会科学普及教育基地""烟台市劳动教育先进单位"等荣誉称号。

描"三彩"画卷，绘"实践"蓝图
——海阳市中小学综合实践学校"三彩"教育纪实

"行是知之始，知是行之成。"在海阳市中小学综合实践学校的功能室里，多变的木板、生动的烙画、闪烁的光纤、舞动的机器人……丰富的综合实践课程，不断提升着同学们在价值体认、责任担当、问题解决、创意物化等方面的意识和能力。老师"搭台"，学生"唱戏"，同学们在实践中"玩"出精彩，习得知识，体验快乐，收获成长。

学校以创建"红色引领，匠心育人"党建品牌为抓手，坚持"知行合一，实践创新"的办学理念，在立足课程体系的基础上，着眼课堂建设、育人方向，提出了打造"多彩"课程、"异彩"课堂、"出彩"人生的"三彩"教育发展构想，以期丰盈学校教育的内涵，引领综合实践人牢记使命、砥砺前行。

一、聚焦课程创新发展，"多彩"课程搭建体系

"没有成功经验可以借鉴，我们就自己闯出一条路来。"海阳市教育和体育局局长纪卫东果断地说。

芽苞初放。"在海阳没有专门开设综合实践活动的场所，我们就'走出去，引进来'。"海阳市教育和体育局综合实践处副主任张敏如是说。为了突破学校发展瓶颈，推动学校尽快投入运行，近 3 年的时间，综合实践处先后组织教师 450 余人次赴江苏、山西等省以及山东临沂、青岛、威海、潍坊等地的全国劳动和综合实践活动教育先进基地学校进行跟岗培训学习。零距离的实地培训，让教师迅速成长为专业的综合实践指导者。2017 年，我们开课了！

茁壮成长。海阳市行村初中姜奕彤："同学们所有的付出在这微冷的秋日里焕发出璀璨的光芒，相信这次实践活动可以为同学们的初中生活增添丰富而厚实的底色！"为期一天的综合实践活动，同学们或在物联网室绞尽脑汁探索编程的奥秘，或在电烙画室平心静气体验妙笔生花的喜悦，或在创意搭建室欣赏通力合作的成果，或在心肺复苏室感受争分夺秒的紧迫……随着更多的功能室投入使用，学校不断推动课程资源开发，已有 12 个专业校本教材完成编写、印刷，成为指导综合实践课程的有力抓手。

硕果累累。自建校以来，学校课程体系建设以坚持发展学生的"实践能力和创新精神"为宗旨，以"锲而不舍，开拓创新"的基地精神为课程内核，逐步构建起了以黄、蓝、绿为底色，以劳动教育、创客教育和科学实践三大类课程为

依托的"多彩"课程体系。

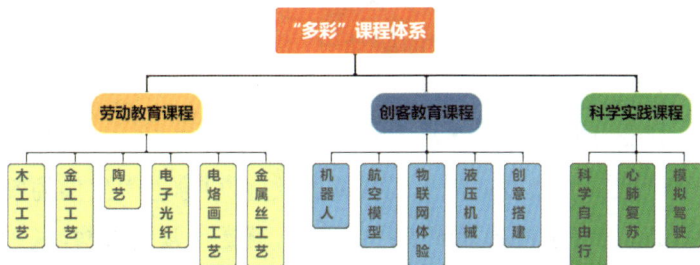

课程体系建设没有终点。新学期，学校课程开发采取校内党员教师与民间非遗传人共开发、同教研的方式，以研发"非物质文化遗产"课程为载体，以开设"葫芦画"课程为抓手，深入挖掘学校课程与非遗文化的契合点，努力做好非遗传承。

二、"353"模式持续驱动，"异彩"课堂绽放光彩

"学校特色育人的核心场所是各功能室、是课堂。我们的活动指导不仅要保证是一个开放、完整、多维度的实践探究过程，更要凸显其张扬个性、彰显生命的独特育人价值。"海阳市中小学综合实践学校校长李洪光在学校会上多次说道。

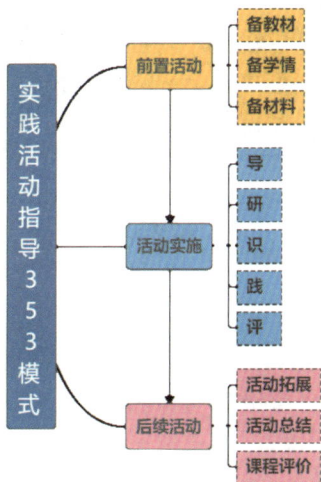

备课有模式。经过多轮课堂研讨、专家指导，以小组合作学习为"形"，以动手实践体验为"主"，以综合素质提升为"标"的"353"探究实践式活动指导模式已成为学校课程特色。课前，研究教材、分析学情、准备材料；课中，导入－研究－认识－实践－评价保证了课堂的高效实施；后续活动对课堂进一步总结、提炼、升华。刚刚调入海阳市中小学综合实践学校的王伟晓老师说道："一直担心综合实践课不会上、上不好，没想到有这个可以直接借鉴的模式套用。"353 模式的施行体现了全体教师对教师职业的至诚敬畏、对技能的精益求精、对学生的高度负责,匠心课堂绽放光彩。

堂堂有特色。在"353"模式的驱动下,老师们又根据各自课程特点,设计了丰富多彩的课堂活动。航模制作,由室内走向室外,放飞、调试、竞赛;电烙画引入十二生肖等中国元素;金属丝巧工艺的小组合作环节充分利用了平板……各式各样的课堂活动,激发着学生们探究的欲望,引导着学生们的实践活动不断深入。海阳市美宝学校慕嘉诚说:"物联网,就像一张蜘蛛网,联系着世间万物,小时候最遥不可及的名词不就是'科技'吗?而经过综合实践,埋在物联网上的那片令人难以明白的迷雾也被打散,实践确实有趣,但也能悟出道理:'科学永远是人类进步的前锋'。"学生钱宸宇说:"我们仿佛进入了一个多姿多彩的积木世界。妙趣横生的创意搭法,神奇妙密的结构方式,规整一统的整体布局,都在向我们诠释着拼搭的乐趣。"

三、匠心筑梦助力成长,"出彩"人生领航方向

习总书记指出:"大力弘扬劳模精神和工匠精神,在为实现中国梦的奋斗中争取人人出彩。"学校以一以贯之的工作态度,不断追求技艺精湛的匠艺,精益求精的匠志,服务学生的匠德,立足"多彩"课程、"异彩"课堂,多措并举,努力写就师生"出彩"人生。

自 2017 年 10 月启动运行以来,每学年接待学生活动人数 8000 人以上,有 300 余名学生所撰写的实践活动感悟获得一、二、三等奖。海阳市实验中学冷凯歌说:"一缕缕阳光洒在每个人的身上,照耀着我们的脸庞。我们奔跑着,一次一次的放飞模型,青春的美好与活力从我们的身上散发着耀眼光芒。航模上承载着我们的希望与梦想,我们努力追逐,朝着梦想,努力奋进。"

学校坚持以青年教师专业发展为抓手,以教育科研为突破口,全面提高教师队伍整体素质,建立了一支适应教育发展和学校发展要求、师德高尚、业务精湛、结构合理、身心健康的专业化师资队伍。学校运行以来,先后有 1 名教师在省级会议上出示研讨课,2 名教师分别执讲了烟台市级优质课和烟台市级公

开课，6 名教师执讲海阳市级优质课，2 名教师被评为烟台市教科研先进个人，2 名教师获得海阳市教育系统优秀共产党员等荣誉称号。

　　此外，以"一校一品"建设为契机，学校努力推动党务、政务、教务全面发展。在安全方面坚持"红心向党，安全在岗"的一岗双责制度，全体教职工努力做好安全隐患排查、扎实开展安全演练、不断提升安全素养；在教育教学中，老师们扎根课堂，深耕教研，注重立德树人实效，教学效果突出；在品牌宣传中，成立了信息宣传团队，在烟台新闻网、搜狐网、烟台教育、海阳教育、今日海阳等多方宣传的稿件已达 30 余篇；在学校活动中，唱红歌，读经典，书党恩，赛强国，老师们在比学赶超中不断激发学校发展的活力；在服务社会方面，尽己之力为学困生公益赠书，多次送急救课程进学校、进社区、进企业，已成为学校工作的一大亮点。2021 年，海阳市中小学综合实践学校被评为"烟台市劳动教育工作先进单位"。

　　海阳市教育和体育局局长纪卫东说："影响学校发展的堡垒，必须打破。"目前，有限的活动场所已经满足不了学校发展的需要，在上级部门的关怀下，规划布局新校址已经列入日程。雄关漫道真如铁，而今迈步从头越。接下来，海阳市中小学综合实践学校将整体谋划、创新推进、分步实施，争取早日打造成特色鲜明的综合性实践教育基地，为海阳市新时代品质教育注入新的活力。

海阳市竞技体育学校

　　海阳市竞技体育学校是海阳市唯一一所集训练、科研、教学为一体的三集中体育运动学校，学校隶属九年义务教育学校。目前在校生105人，设置四至八年级五个教学班，开设跆拳道、摔跤、柔道、散打、短跨、男中长、女中长、跳跃、篮球共9个训练队。在职教练员15人，文化课教师38人。学校有400米标准田径场，3个篮球场，1个沙滩训练场，现规划建设2400平方米室内训练场馆和餐厅一个。在烟台市第十届运动会青少年组比赛中共获金牌206.5枚，获体育道德风尚奖6个。学校被烟台市人民政府授予"贡献奖"单位和"体育训练工作先进单位"荣誉称号。

以德促体 以体育人

——海阳市竞技体育学校"德体融合"教育品牌创建纪实

有人说音乐的魅力在于它的旋律，舞蹈的魅力在于它的节奏，而体育的魅力就在于它的健康和美。生命之美在于它时时刻刻都处于运动之中，而体育，恰好集中了这种美。力量的拼搏，耐力的考验，默契的展现，它将耐力与技巧，速度与优美，力量与精神同时体现到了极限，赋予人无限的启示与动力。

少年强则国强，海阳市竞技体育学校深入贯彻落实习近平总书记提出的"文明其精神，野蛮其体魄"的重要指示精神，牢固树立"以德促体，以体育人"的教育理念，打造"德体融合"教育品牌。并不断创新德育工作思路，将文化课堂、训练场和赛场作为学生思想道德建设的主阵地，并引导学生科学训练，在全体师生的共同努力下，学校训练成果日益显著，为烟台市以及国家体育发展输送了一批又一批的体育人才。

一、选材是基础，训练是保障，青少年选材训练成效显著

王震校长说："在抓好招生、训练、输送的同时，积极整合全市体育资源，推动体教融合，为海阳市竞技体育发展打下坚实基础。"教练员每年春季、秋季两次选材招生，跑遍全市每一所学校，走进每一个班级，记下身体素质好、有体育天赋的学生，并与家长联系沟通，邀请家长、学生来学校参观、了解，在 2017—2020 四年赛季周期，每年招入体校的学生 70 多人。每个教练员都按照

计划安排上好每一堂训练课,因材施教、量体裁衣,让每一个进入体校的学生都能人尽其才、练有所得,健康有序发展,学校训练整体水平取得质的提升。

二、输送全面化,比赛有突破,竞赛梯队建设硕果累累

海阳体校作为基层训练单位,高度重视输送工作,积极与上级各训练单位对接,为他们输送优秀的体育人才,并打破了原有教练对口输送框架,使海阳籍学生在烟台体校所有项目全面发展、遍地开花。

2021年9月19日,第十四届全运会柔道比赛混合团体决赛中,山东队以4比1战胜北京队赢得冠军。山东队中的海阳选手赵忠禹,与队友一起团结拼搏赢得了这枚金牌,这也是海阳市运动员在该届全运会为山东队贡献的第一枚金牌。9月22日,赵忠禹带着荣誉和金牌回到母校——海阳竞技体育学校,记者在竞技体育学校见到了他,朴实帅气的他不忘感谢母校的培养,向学校和老师们表达了谢意。市体育运动服务中心副主任兼海阳竞技体育学校校长王震和市体育运动服务中心副主任王林为赵忠禹准备了鲜花,祝贺他

取得优异成绩。

同年,在烟台市第十届运动会中海阳市代表团较上一届提升2个位次,比上一届多参加4个项目,金牌总数增加了33枚。在24届山东省运动会上海阳输送的运动员获得16枚金牌。

三、教体结合，以德育人，课堂建设融入体育元素

"When is Yao Ming's birthday? It's on September 12th. When is Zhu Ting's birthday? It's on May 29th. What do ou want to be when you grow up? I want to be a volleyball player." 课堂上娴熟的师生对话，课堂中融入的体育元素，让学生对课堂学习充满热情。教师带领学生到现场观看沙排比赛，身临其境，让学生真切体会到英文学习并不是遥不可及，而是同一个圈子里触手可及的同路人的故事。"足不出户，却可以神游天下"上双方积极竞答，这与学生的竞技体育精神高度吻合，学生也产生亲切感，从而愿意主动加入课堂。这一切都来源于学校集体备课。

教师的工作不仅是教书，更多的时候需要发挥团队力量。积极开展"集体备课"活动，让每一位教师的智慧和才干都能得以体现。深入挖掘每堂课的体育元素和德育渗透点，让学生真正实现全面发展，最终落实奥林匹克教育价值。

四、管理前行，思想引领，努力提高管理水平

政教室紧紧围绕学校"以德促体，以体育人"的办学理念，与各科室密切合作，开拓进取，积极探索，努力提高学生管理水平，创造安全、健康向上的良好育人环境。

以勤奋、上进、博学、好学为突破点，结合体校办学特点，狠抓学生行为规范的管理，突出抓好"学、用、查、纠"四个环节。学，学期开始，班主任带领学生认真学习了"中小学生守则、中小学生日常行为规范、宿舍管理制度、一日常规"等规章制度；用，将指导思想体现并落实到学生的在校训练和学习中；查，教练、教师、学生会的同学

坚持24小时值班,对学生的文明礼仪、日常行为、卫生、作息等各方面进行督查并记录;纠,将教练、教师及学生干部督查情况反馈到各个班级,班主任指导学生对本班存在的问题进行纠正。重视和加强学生安全管理,学校与学生、家长签订了各种安全责任状,明确了职责,政教室不定时地对违反学校安全规定的学生进行座谈。教师、教练员24小时昼夜值班,确保了校园安宁,师生平安。做好与家长的联系工作,各班主任建立了家长联服群及家访记录,密切了学校与学生家长的关系,取得了家长的理解、支持,家校携手强化了学生的管理力度,起到了很好的教育作用。

海阳市竞技体育学校校长王震表示,要坚持"以德促体,以体育人"的教育理念,打造"德体融合"的教育品牌,要落实立德树人的根本任务,积极培养有理想、有担当、争一流、重品行的体育人才。希望体校的孩子们能坚定理想信念,保持积极乐观的人生态度,勤学苦练、传承体育精神、争做优秀的体育人才,为海阳市竞技体育发展贡献力量。

海阳市特殊教育学校

　　海阳市特殊教育学校于 1975 年 12 月筹建，1976 年 3 月正式招生。2005年，随着社会的进步和人口质量的提高，聋儿生源逐年下降，学校开始转型，招收轻度智力障碍学生，学校进入新的发展阶段。2006 年 5 月正式更名为海阳市特殊教育学校。2019 年 5 月，学校搬迁至新校址，占地面积 6580 平方米，建筑面积 2318 平方米。学校设有资源中心、感统训练室、唱游教室、家政训练室、情景教室、心理健康室、职业训练室、微机室、语言训练室、个训室等功能室，为学生的康复训练和学习提供保障。"办好特教，圆梦人生；尊重差异，赏识个体；开放教育，多元发展。"让每个孩子得到最好的发展，是学校的办学宗旨和根本目标。学校以课程实施标准化，教学方法创新化为切入点，构建"学校教育为主体、送教上门为补充、远程教育为延伸"的特教办学体系，努力让每一名残障学生接受公平而有质量的教育。

和爱共助，让折翼天使浅空飞翔
——海阳市特殊教育学校"和爱"教育品牌建设纪实

步入特教学校的校门，就如同走进如诗如画的风景里。课堂上，因为向往远方，孩子们坚韧地锻炼肢体、发展脑力；操场上，因为渴望阳光，孩子们执着地努力行走、奋力奔跑；餐厅里，因为心中有恩，孩子们勤快地打扫卫生、洗刷碗筷……这些"折翼天使"的自强让所有人相信：命运的挫折可能不期而遇，但遇见人生的彩虹一定需要顶风冒雨的跋涉。

习近平总书记指出，需要以"格外关心、格外关注"的精神办好特殊教育。姜兰花校长秉持"教育即生长"的教学理念，立足于特殊儿童发展实际，提出了建设"和爱"教育的要求。全校教职员工以"功成不必在我"的精神境界、"功成必定有我"的责任担当，走出了一条彰显新时代品质教育的特色化办学之路。

一、校内校外协同育人，构筑"和爱"教育

姜校长在教师会上动情地说："特殊教育是充满博爱精神、展现人性之美的神圣事业，心怀大爱坚守初心，理应是全校师生共同的价值取向和行动指南。"

"医教结合，智慧康复"，教育与康复相结合。 在康复教学中，学校以学生个性能力为起点，遵循"小步子多循环"原则，将课程内容、课程技术、课程资源做到最优化。

坚持课程内容弹性化。谭秀萍老师执教的优质课"小兔子乖乖"将对特殊学生的沟通与交往训练与语文学科教学相结合。以教学内容为载体，创设趣味情境，运用角色扮演法引导学生练习沟通与交往的技巧，做到了"康中有教，教中有康。"

坚持课程技术现代化。"右手拿红色的波波球，左手拿蓝色的波波球，瞄准屏幕上活动的飞碟，轮换双手用球击打它，开始——"多感官训练仪前，辛爱彤全神贯注，按照张建功老师发出的指令，全力以赴地练习。"我觉得自己的手越来越灵活了，以前我不喜欢康复课，后来学校新进的机器让我觉得训练跟玩游戏一样，而且张老师的鼓励也让我看到自己的进步。"辛爱彤开心地告诉校长。

坚持课程资源最优化。利用好家庭与社区资源，将学校康复、家庭康复、社区康复有机结合。为了辅助孩子康复，纪润生的妈妈坚持带纪润生到社区卫生服务站用气针疗法调整经络功能；为了增强孩子对音乐的敏感度，她带孩子到新元广场跟着秧歌队的节奏练习打鼓。"只有家校合作，孩子才能得到更好的发展。"纪润生妈妈深有感触地说。

"送教上门，一生一案"，公平与质量相统一。我们应该静下心来思考，每位残疾孩子都应得到健康成长。副校长于庆晓说："我们要积极探索重度适龄残疾儿童居家接受教育的方法，对不能到校学习的残障儿童做到送教上门"。

在"送教上门"过程中，学校选派责任心强、业务水平高且具有丰富教育、康复经验的教师，实行"一人一案"，侧重对残疾儿童进行文化知识传授、身体机能康复、学生潜能开发。切实提高其感知能力、语言能力、运动协调能力、生活自理能力和社会适应能力。让学生在家中依然可以得到最优质的教育。王莺洁的姥姥告诉已多次送教上门的林荣竹主任："莺洁一见你们来，眼睛都不舍得从你们身上离开，兴奋得连饭都吃不下了，知道你们对她好，就想跟你们一起学习一起锻炼，我是打心底里感谢你们，自从你们来我家送教后，她的状态越来越好了。"

二、课上课下结合教学，搭建"和爱"生活

特殊教育终极目标是让学生适应社会、融入社会，能够成为生活自理乃至自食其力的独立的社会公民。姜校长强调："要重视开设生活适应和职业训练课。"

在生活环境里学习生活。学校以学生的生活为核心，围绕个人生活、家庭生活、学校生活、社会生活构建课程体系，让学生能够适应生活、热爱生活。

"午饭后，回办公室的路上，从郑晓娜老师的班级走过，从半开着的门里看到了窗台上那一盆盆的花草。阳光透过窗户，静静地流淌在每片叶子上，暖暖的、柔柔的，像极了一群孩子在接受她一次次的抚慰。"王元德老师在日记里写下这样的话。

生机盎然的花草，是学校每个教室的必备。这让教室更接近生活，让美更融入生活。除了将教室布置得生活化以外，学校还配有家政教室，模仿家庭布置，家具一应俱全。每个周学生都会在老师的带领下，进行擦桌子、扫地、叠被褥、家庭美化布置等家务劳动。另外，学校情景教室中有邮局、超市、医院等与生活息息相关的模型，教师创设适宜的学习情景对学生进行训练，让学生在真实的环境中体验生活，帮助学生获得体验和感悟，发展其解决生活实际问题的能力。

在生活实践里创造生活。为了让学生更好地融入社会，学校研究编写了适合学生的校本教材，于每周三下午给学生安排生活实践课。"你做的花卷真好吃！"刘永香老师拍拍纪华荣的头，竖起大拇指夸奖他。这是在学生学习制作花卷的课堂上发生的一幕。此前，老师带领学生到食堂制作花卷，老师们手把手地教学生做花卷。揉面、擀面饼、刷油、撒盐、卷饼、切面剂子、按压或拧花……老师在做中教，学生们在做中学。生活实践课程，真正让学生学会自己照顾自己。

在用心陪伴里热爱生活。律动室内，王全卉主任正在教学舞蹈《听我说谢谢你》，这群肢体和智力都有残疾的孩子们，不光动作不协调，对音乐的感悟力也是参差不齐。即便如此，她还是不厌其烦、手把手地辅导他们。

每一天，王培玲主任洗完学生的脏衣服后，都会去操场上晾晒。没有嫌弃，没有勉强，她心甘情愿地花上一节课的时间给学生洗干净晾好，她总是平静而淡然地做着这一切。

每一次，孙春梅主任遇到流出鼻涕的学生时，都会贴心地帮学生擦干净。类似给学生擦鼻涕、系鞋带、整理衣服之类的事，学校的老师们做得太多太多。

在学校老师日常的工作里，不知装了多少这样的事情。"自己有温度，才能给别人温暖！"这是每一个特殊教育学校老师的共同信念。"和爱"共助，合和与共，大爱无疆，在特殊教育学校里，只有坚持，没有放弃，老师愿让每一位折翼的天使在美好的生活中逆风飞翔。

社会各界齐送温暖，建设"和爱"大家庭

党和国家对特殊教育事业的关心与支持，在全社会营造了一种关爱特殊孩子的氛围，也塑造了使特殊孩子获得公平教育机会的社会环境。越来越多的社会各界爱心人士走进特殊教育学校，他们以实际行动支持特殊教育事业，给特殊儿童送来了关爱与温暖。

2019 年，烟台市亚琦纺织有限公司员工在总经理刘炳国的带领下先后两次来到特殊教育学校送温暖、献爱心。他们捐赠了不同样式的书包近 50 个、不同种类的书籍百余本，送来了 40 件保暖的棉服和 30 双舒适的鞋子。总经理刘炳国紧紧地握住校长的手，动情地说道："我来到这里，确实被特教教师们的无私奉献与孩子们天真的笑容感动了，你们确实在用心办人民满意的教育，加油，我们支持你们！"

2021 年 12 月 3 日，海阳核电设备厂的 12 名青年第三次乘坐一辆大巴驶入特殊教育学校。他们采取寓教于乐的教育方式，通过播放卡通交通安全常识宣传片和交通事故案例警示片等方式，教孩子们如何安全过马路、识别安全标识等基本生活技能。课程结束后，他们把学生带到自己组装的感统训练器材前，一边耐心为孩子们讲解玩法与用法，一边亲自示范，在他们的引导下，孩子们乐

在其中。他们还为孩子们送上了彩笔、画板、油画棒等各种学习文具以及万花筒、弹力球等益智小玩具，鼓励孩子们好好学习、热爱生活。他们的行动让特殊儿童深切感受到社会的关爱与温暖。

2020 年 11 月，市志愿者协会七好公益的志愿者来到特殊教育学校，为特殊儿童送上了 20 箱

新鲜的苹果。志愿者和孩子们围在一起折纸、做游戏、画画,孩子们为大家表演了精心准备的手语歌曲《感恩的心》,舞蹈《你是太阳,我是星星》。志愿者亲切的笑容和温暖的语言感染着在场的每一位师生。短暂的陪伴,所有人的脸上都洋溢着开心的笑容。志愿者崔佳欣说:"看到这些折翼天使们都能够积极向上地面对生活,对我们来说也是一个不小的收获。"

"爱是教育的基础,是教师的源泉,有了爱才有教育的生机。"冰心老人的这句话无时无刻不在提醒着每一位教师要用心呵护和关爱每一位特殊儿童,努力用爱为这些特殊儿童架起一座通往幸福的桥梁。"春风化雨润顽童,爱生如子暖人心"。修子涵家长为于国秀、于桂玲、孙春梅老师及保育员刘姨、初叔送来的锦旗上的这句话,正诠释着特教人无私奉献、润物无声的特教魂。

后　记

　　海阳是革命老区,曾因"地雷战"而闻名全国,海阳的"德育序列化"和"系列达标课"对全国的基础教育改革产生过深远影响。2020年,海阳市教育和体育局站在新的历史起点上,为深入贯彻党的十九大精神和全国教育大会部署,不断推动海阳教育事业科学、健康、持续发展,系统构建了海阳新时代品质教育体系。

　　海阳新时代品质教育以习近平新时代中国特色社会主义思想为指导,以立德树人为根本任务,以打造"平安、高尚、和谐、卓越"的教育新样态为总体目标,坚持"求真务实、提质增效、协同共进、守正创新"的基本原则,扎实开展"新学校"建设、"新课堂"研究、"新教师"塑造三大行动,倡导全市教育工作者"快乐工作、健康生活",将"求实、奉献、协作、创新"的海阳教育精神转化为实实在在的教育改革行为,进一步提升各级各类教育的品质和效益,培养德智体美劳全面发展的社会主义建设者和接班人,推进海阳教育现代化,办好人民满意的教育。

　　本书是海阳新时代品质教育的三大行动之一"新学校"建设成果,详细介绍了海阳教育主管部门宏观的战略决策和基层学校微观的改革举措。首先,做好顶层设计,海阳市教体局指导县域学校在充分调研的基础上,厘清学校发展愿景,明确育人目标和发展优势,制定学校发展规划,为推进学校教育改革、提升办学质量提供切实可行的发展蓝图。其次,研发精品课程,各学校坚持育人为本、德育为先,充分挖掘地方优质德育资源,形成学校富有特色的精品德育课程;积极探索国家课程校本化实施的有效路径和策略,形成一批指向学科核心素养的精品课程群;创造性地开展综合实践活动,合理而适度地开发满足学生个性发展的校本课程。再次,加快组织变革,赋予政教处、教导处、教科室、党建办等现有组织机构以新的职能,适应教育改革的现实需要;设置课程研究中心、教师发展中心、学生指导中心等非行政性组织机构,研究解决学校当前乃至未来教育发展中面临的重大问题;成立学科教研联盟、教师发展共同体、科研工作坊等研究团队,开展系列化、合作式教研活动,依靠集体智慧解决教育实践中的突出问题。

本书是海阳教育人集体智慧的结晶,它凝聚了海阳市教体局领导、专家团队、基层学校校长、幼儿园园长和广大教师的心血与智慧。2021 年 11 月,在海阳市教体局召开了首次书稿讨论会,办公室、党建办、安全办、教育装备与技术研究室、师训科、基教科、艺术科、体育与卫生科、综合实践科、学前科、职业与继续教育科、教科室等科室主任参加研讨,在海阳市教研室主任刁伟波的主持下,与会人员商定了书稿的结构框架,明确了各章撰写任务的具体分工。2021 年 12 月,召开了撰稿人培训会,教科室李云辉主任结合基教科和综合实践科提供的样章,为撰稿人解读了书稿的结构框架、写作风格和写作技巧。2022 年 1 月,召开了书稿审定会,冷海涛、耿平、李圣荣、刘彩琴、王志华、张魏魏、李文玲、张颂、隋运梅、曲新美、孙俊杰、甄艳玲、刘静静等 13 位编辑按照分工,对初稿进行了审定,对通过审定的稿件做了进一步的修改与校对,对没有通过审定的稿件提出了修改建议。2022 年 2 月,各章节的内容全部完成修改与校对。

本书由海阳市教体局主持撰写,海阳市教体局局长纪卫东作为海阳新时代品质教育的发起人,带领全市各级各类学校、幼儿园深入推进新时代品质教育改革,取得了丰硕的改革成果,纪局长倡导"一边改革,一边总结",及时将改革成果进行汇总整理,为本书的创编留下了翔实的研究资料。在书稿创编过程中,纪局长对全书的结构框架提出了精准具体的指导意见,对该书的意义和价值进行了深刻独到的阐释,他先进的教育理念和开阔的教育视野对该书的创作完成起到了积极的示范引领作用。海阳市教研室主任刁伟波全程参与书稿的创编工作,具体负责书稿的策划和参编人员的组织协调,并最终完成书稿的审定工作。李云辉负责对撰稿人进行培训,对书稿的结构与内容进行优化调整,对书稿进行多次修改校对。王婧姝具体负责会议的组织、人员的联络和书稿的汇总工作。

在海阳新时代品质教育实施的过程中,我们的改革成果得到了郭振有、陈如平、陶继新、张文质、黄爱华、卢臻等全国知名教育专家的赞誉和推荐;在本书撰写过程中,烟台市教育局和海阳市委、市政府的领导都给予我们很多专业指导和亲切关怀。在此,向各位领导、专家表达诚挚的谢意!当然,本书只是海阳新时代品质教育的阶段性成果,受创作时间和编者的视野、格局所限,该书依然存有一定的问题和缺憾,在此,我们希望广大教育工作者,特别是怀揣梦想、坚韧前行的同道者提出宝贵的意见和建议。下一阶段,我们将持续深化新时代品质教育改革,带领全市师生共同追寻教育的诗和远方!

编 者

2022 年 3 月